C0-ASZ-908

■ Cuales son los principales requisitos, y asuntos de vital importancia en materia de inmigración. Cuotas e información a cerca de más de 25 tipos y categorías diferentes de visas disponibles para viajar temporalmente a los Estados Unidos. Visas de negocios, turismo, estudios, intercambios culturales, trabajadores del campo, etc.

■ Cientos de palabras de uso cotidiano en inglés; no solamente con su correspondiente traducción literal, sino también tal cual se pronuncian. Una guía práctica de pronunciación, de mucho beneficio y gran ayuda para estudiantes de inglés.

■ Cómo seleccionar por su propia voluntad y deseo, la ocupación que realmente más le convenga de acuerdo a sus planes y capacidades, para trabajar y hacer de ella una fuente independiente y permanente de ingresos.

■ Cómo conseguir un empleo que le permita capacitarse ahí mismo, y luego usar esos mismos conocimientos para independizarse y trabajar independientemente por sus propios medios

■ Cómo trabajar independientemente y ganar dinero, mientras que al mismo tiempo se esta capacitando y adquiriendo experiencia en una lucrativa ocupación a nivel profesional.

■ Cuáles son las mejores formas de producir dinero con una computadora en casa, y como es que millares de estadóunidenses lo están haciendo así, con muy satisfactorios resultados.

■ Cómo y donde buscar muchas oportunidades lucrativas, que son muy poco conocidas, especialmente por inmigrantes recién llegados.

■ Donde encontrar asesoría gratuita por parte de ejecutivos retirados que trabajan como voluntarios, con el fin de enseñar a personas interesadas acerca de cual es la manera más práctica y económica para abrir un negocio pequeño, sin altos riesgos y con un bajo capital.

■ Enterese cuáles son las instituciones del Gobierno Federal, encargadas de proteger y fomentar la libertad de empresa, mediante el apoyo y asesoría a propietarios de negocios pequeños recién establecidos.

■ Cuales son la entidades oficiales que ofrecen apoyo a la pequeña y mediana empresa, con recursos financieros a través de instituciones bancarias privadas.

■ Cual es la mejor ocupación para adquirir fácilmente una casa en Estados Unidos, y que es lo que se tiene que saber antes de empezar a buscar.

■ Vera usted anécdotas, casos, e historias de personas emprendedoras que han empezado desde el punto cero, y quienes nos enseñan cómo es que han logrado sus objetivos y arribado a la meta deseada. Casos que sirven como excelentes lecciones de superación personal, e independencia económica.

■ Usted va a encontrar aquí docenas de fuentes de información para obtener importantes publicaciones, revistas, manuales y libros, como también catálogos de productos, herramientas y mercancías relacionadas con cada determinada ocupación.

■ Entérese de cuales son las razones y el por qué, vivir, estudiar y trabajar bajo un mismo techo, en los últimos años se ha convertido en la base del Nuevo Sueño Americano.

I

Todo lo anterior y mucho más, en un apropiado libro que no solamente sirve para orientarse e informarse, sino también como una guía esencial para salir adelante y poder hacer buen dinero en este rico país del norte.

De tal manera que si usted amigo lector no se encuentra satisfecho con su empleo actual, y está contemplando la idea de independizarse; o si no sabe todavía a que se va a dedicar cuando arribe a los Estados Unidos, en este libro va a encontrar respuestas que le van a ayudar a resolver esos problemas actuales, y mejorar así su situación económica.

COMO TRABAJAR POR SU PROPIA CUENTA EN LOS ESTADOS UNIDOS

Guía práctica de información y orientación para todo inmigrante hispano con instinto emprendedor, que necesite saber como abrirse paso y hacer dinero por su propia cuenta, en cualquier ciudad del territorio norteamericano.

Por J. F. ARANGO DUQUE

Traducción del mismo autor, de la obra titulada:
"HOW TO CREATE YOUR OWN INDEPENDENT BUSINESS"

United States of America MCMXCVI

PRIMERA EDICIÓN

Copyrigth © 1997. COMO TRABAJAR POR SU PROPIA CUENTA EN LOS ESTADOS UNIDOS. - 40 Ocupaciones independientes para escoger.-
Quedan todos los derechos del autor reservados.
Prohibida la reproducción en su totalidad o en parte a través de algún medio mecánico o de fotoreproducción, sin la debida autorización del autor.
Se permiten breves citaciones en periódicos, revistas y otros medios de comunicación electrónica.
Para más información a este respecto dirigirse a J.F. Arango-Duque, P.O. Box 190-181, Miami Beach, Florida 33139

Diseño grafico integral y formación electronica a cargo del señor Guillermo Huerta González, propietario de DISINT en la ciudad de Mexico D.F.

International Standard Book Number, ISBN: 0-9655750-0-4
Personas interesadas en adquirir copias adicionales de este libro, pueden solicitarlo en cualquier parte del mundo, con solo citar dicho número.

LIBRARY OF CONGRESS CATALOG CARD NUMBER 96-092821./ Esta publicación se encuentra catalogada con dicho número, en la Biblioteca del Congreso de los Estados Unidos, en Washington D.C.

PRINTED AND BOUND IN U.S.A.
IMPRESO EN LOS ESTADOS UNIDOS DE AMERICA.

DEDICATORIA

In memoriam: Esta obra la dedico

muy especialmente a la memoria de mi padre,

el Señor Don FRANCISCO JOSÉ ARANGO ECHEVERRY ("JAE")

quien muy bien me enseño desde temprana edad,

como hacer de situaciones negativas,

hechos realmente positivos.

EL AUTOR

ROCKFORD PUBLIC LIBRARY

v

ACKNOWLEDGMENTS /Agradecimientos

Mis más sinceros agradecimientos van para todas aquellas entidades públicas y privadas, que muy desinteresada y gentilmente me apoyaron facilitandome material esencial e importante, el cual hizo posible en gran parte la realización de esta obra. Entre ellas se destacan principalmente:

U.S. Dep. of Labor/Departamento del Trabajo de los E.U.

U.S. Dep. of Education/Departamento de Educación de los E.U.

U.S. Immigration and Naturalization Service/Servicio de Inmigración y naturalización de los E.U. (INS)

Small Business Administration/Administración (nacional) de Pequeños Negocios. (SBA)

Harold Washington, Miami Dade, y New York Central Public Libraries/Bibliotecas publicas de Chicago, Miami y New York.

También le estoy muy agradecido a todas aquellas personas emprendedoras, que voluntariamente accedieron a narrarme sus valiosas anécdotas, lo cual representan hechos que se traducen claramente en admirables ejemplos de superación personal y económica.

A cada una de ellas, les reitero mi deuda de gratitud por permitirme usar sus interesantes historias, las cuales no solamente sirven de motivación para otras personas con iniciativa propia, sino también como útiles y prácticas lecciones, que inteligentemente pueden ser aprovechadas por futuros emprendedores, deseosos de realizar algún día el nuevo Sueño Americano, y poder así disfrutar de todas las comodidades que tiene para ofrecer esta inmensa y rica tierra de las grandes oportunidades.

"COMO TRABAJAR POR SU PROPIA CUENTA EN LOS ESTADOS UNIDOS"

TABLA DE CONTENIDO/INDICE.

SPA 650.108968 A662c
Arango Duque, J. F.
Como trabajar por su propia
cuenta en los Estados

CAPITULO I

CAPITULO II

CAPITULO III

INMIGRACION

CAPITULO IV

Prólogo

UN LIBRO PARA PERSONAS EMPRENDEDORAS, INTERESADAS EN SALIR ADELANTE EN LOS ESTADOS UNIDOS

El libro que en estos momentos tiene usted en sus manos mi estimado amigo lector, fue diseñado exclusivamente con el fin de ayudar a personas con iniciativa propia, tanto inmigrantes de habla hispana que ya viven en Estados Unidos, como también para futuros inmigrantes.

En primer lugar, va a ser de mucho beneficio para todas aquellas personas inmigrantes que ya viven en este país de las oportunidades, por la sencilla razón de que van a encontrar algo que tal vez han andado buscando desde que llegaron, pero que desafortunadamente, debido a lo inmenso de este territorio y a la barrera del idioma, no les ha sido posible encontrar.

Estos factores, aunados a la falta de tiempo y a la cierta desconfianza que se siente en un país extraño, no les ha permitido enterarse de tantas oportunidades distintas que hoy más que nunca, se encuentran al alcance de quienes se empeñen en buscarlas.

En segundo lugar, también sirve para todas aquellas personas emprendedoras, fuera de Estados Unidos, que están contemplando la idea de viajar a este rico país del norte, pero que no saben concretamente a qué se van a dedicar, una vez arriben a territorio norteamericano.

A estas personas les va a beneficiar de manera muy particular, ya que por ejemplo: si usted se está preparando para viajar y probar suerte, después de que lea este libro, tendrá una idea más clara, no solamente acerca de a que se va a dedicar, sino que también obtendrá información e instrucciones, para saber cómo y por dónde empezar de la manera más práctica y apropiada.

Ello se hace posible, gracias a que dentro de las próximas páginas, usted se va a enterar por sí mismo, de todo un nuevo mundo de oportunidades que le esperan para escoger. En esta obra, no solamente va a tener usted la oportunidad de elegir libremente dentro de más de 40 ocupaciones expuestas, la forma o manera más apropiada para poderse ganar la vida trabajando independientemente en cualquier ciudad de los Estados Unidos, sino que también va a aprender cuáles son los pasos más apropiados a dar, y las instrucciones necesarias para convertir una de esas mismas ocupaciones, en un negocio propio que produzca buena rentabilidad, y que inclusive pueda ser manejado desde su misma casa, puesto que todas las ocupaciones seleccionadas permiten hacerlo así

Como resultado, después de haber leído y analizado detalladamente este libro, para cuando llegue a territorio norteamericano, no sólo sabrá a qué se va a dedicar exactamente, sino que también va a tener mejores conocimientos acerca de cuáles son los medios más apropiados, y en dónde buscar importante información adicional, lo cual le va a servir mucho y le ayudará para empezar a actuar y a lograr así sus principales objetivos.

En pocas palabras, se trata de un libro-guía de orientación e información, escrito exclusivamente para personas con iniciativa propia, tanto de un lado como del otro, que tienen el deseo de progresar independientemente en los Estados Unidos, pero que no tienen la más mínima idea de cómo, ni por dónde empezar.

Se tiene conocimiento de que una de las principales causas por las cuales fracasan muchos inmigrantes en territorio estadounidense, es por la falta de orientación e información, acerca de cómo establecerse debidamente desde un principio. Desgraciadamente a esto se suman otros factores, como lo es la inmensidad del territorio estadounidense y la barrera del idioma, razones por las cuales miles de inmigrantes extranjeros, ni siquiera se enteran de la existencia de libros como este. Por lo tanto, no saben cuáles son los pasos más apropiados a seguir con el fin de salir adelante y dejar así de vivir bajo la esclavitud de un sueldo.

A este respecto, y como este libro también se encuentra disponible en otros países de habla hispana, vale la pena recomendar que si usted amigo lector no vive en Estados Unidos, pero sí tiene familiares trabajando aquí, y quienes tal vez no se encuentren conformes, o que por una u otra razón estén teniendo dificultades en hayar un trabajo menos bajo o servil, ellos le van a agradecer mucho el que usted les haga saber acerca de la existencia de este libro, puesto que precisamente en él van a encontrar las instrucciones más apropiadas, acerca de cómo y por dónde empezar a abrirse paso en medio de tantas oportunidades, quizás hasta ahora desconocidas por ellos, y lo que es mejor aún: poderlo hacer trabajando de manera independiente y por cuenta propia.

NO CAIGA EN LA MISMA TRAMPA
QUE CAE LA MAYORIA

Con los conocimientos que encierran los próximos capítulos, usted va a evitar que le suceda lo mismo que les ocurre a miles de inmigrantes, quienes por llegar "a ciegas", con poco dinero y sin ninguna información de esta naturaleza, caen en el primer trabajo o "chamba" que encuentran, y por lo tanto, no les queda otra alternativa que conformarse con ello, hasta que llega el tiempo en que les despiden o corren, sin ninguna explicación. Como consecuencia, siempre se están quejando de su "mala suerte" por tener que andar de trabajo en trabajo, entre malos y peores.

Desafortunadamente, la mayoría de esas personas, que aun viviendo en Estados Unidos, por una u otra razón, jamás se enteran de que en este rico país existe un sinnúmero de oportunidades, que evitan el tener que esclavizarse trabajando toda una vida como simple empleado, a cambio de un sueldo mediocre, que como muchos lo saben, casi siempre sólo alcanza apenas para sobrevivir.

No hay que olvidar entonces que, para impedir tan desagradables experiencias y evitar el tenerse que quedar "atascado" en un mismo punto y sin ningún futuro, bien vale la pena leer este libro de principio a fin. De tal manera, para cuando termine de hacerlo, ya no solamente usted tendrá el objetivo deseado y concreto, sino que también va a saber exactamente a qué se va a dedicar desde un principio.

Vale recordar que, según estudios realizados, se ha logrado establecer que los inmigrantes extranjeros que más éxito han logrado en Estados Unidos, han sido aquellos que ya sabían exactamente a lo que venían y por consiguiente, a qué se iban a dedicar. El resto consistió en empezar a actuar inmediatamente, con empeño y persistencia.

J.F. Arango Duque

NOVEDOSAS IDEAS PARA APLICAR EN OTRAS PARTES

Aparte de los dos segmentos anteriores, es decir, los de personas tanto de un lado de Estados Unidos, como del otro, también aparece un tercer segmento de individuos que se pueden beneficiar mucho con toda la información ocupacional y de negocios que en este libro se encuentra recopilada.

Específicamente se trata de que los casos, fórmulas e ideas aquí expuestas, son hechos que han funcionado con muy buenos resultados para miles de personas en la Unión Americana. En consecuencia, la mayoría de tales ideas también pueden ser asimiladas y aplicadas para hacer que de igual manera funcionen en otros países. Hay que tener en cuenta que muchas de las cosas novedosas que suceden en Estados Unidos, después de un tiempo empiezan a emplearse o ponerse en práctica en muchas otras naciones.

Ello claramente indica que: mucha de la información contenida en este libro, también es de gran utilidad para ser leída por aquellas personas emprendedoras en otros países, quienes siempre andan en busca de buenas y novedosas ideas, para ponerlas en práctica y explotarlas a su manera.

Por lo tanto, sin tener necesidad de viajar a Estados Unidos, cualquier persona con iniciativa propia, en otra parte del mundo, también va a encontrar en esta obra una excelente fuente de información y lucrativas ideas para asimilar y poner en práctica fuera de los Estados Unidos.

LO QUE VIENE: Después del capítulo primero, en donde se explican ampliamente cuarenta de las ocupaciones medias con mayor demanda en la actualidad, y que también sirven para abrir un negocio, usted se va a encontrar con el segundo capítulo, que ha sido dedicado a explicar los más prácticos y económicos medios de capacitación, en cada uno de los campos u ocupaciones que forman parte de este libroguía.

Más aún, en el capítulo tercero aparece una serie de muy importantes datos que se deben de saber, sobre asuntos y leyes de inmigración. En él mismo se hace referencia, a más de 25 diferentes tipos de visas para viajar a los Estados Unidos.

Y por último, a manera de diccionario de traducciones, aparece el capítulo cuarto, junto con importantes observaciones relacionadas con el idioma inglés, razón por la cual este último segmento es tratado como otro capítulo adicional y no simplemente como un glosario común. Abarca absolutamente todas las palabras y frases en inglés que han sido empleadas a través de todo el libro, y de acuerdo a su uso cotidiano en cada respectivo campo, lo cual se presenta con muy buenos ejemplos prácticos de sus usos y aplicaciones en la vida real.

También es de destacar que cada frase y palabra contienen su respectiva traducción fonética, tal cual se pronuncian y suenan en una conversación normal.

Este último segmento, constituye un texto de gran utilidad para todas aquellas personas interesadas en aprender el idioma inglés, puesto que todos sus ejemplos reales y traducción fonética, representan una de las maneras más prácticas y sencillas, que facilitan mucho el aprendizaje de este idioma.

En resumidas cuentas, tal como podrá observar usted mi estimado amigo lector, es muy probable que en este libro no solamente encuentre muchos datos relacionados con lo que siempre le ha gustado hacer, sino que también va a encontrar información de vital importancia sobre cómo dar esos primeros más importantes pasos que son necesarios para lograr lo que se proponga hacer por su propia cuenta en Estados Unidos.

J.F. Arango Duque

INTRODUCCION

UN PAIS DIFICIL Y
EXTRAÑO AL PRINCIPIO

Comparativamente, a la gran mayoría de los extranjeros que arriban por primera vez a los Estados Unidos, en busca de mejores oportunidades económicas y progreso personal, les pasa algo muy similar a lo que les sucede a los toros de casta cuando los sueltan en medio de la plaza para que se dejen lidiar.

Muy inocentes de lo que les espera, y "encandilados" por ese brillante sol que caracteriza las tardes de toros, esos pobres animales arriban a la arena casi ciegos y totalmente desorientados. Sin saber qué dirección tomar, le tienen que hacer frente a la situación, embistiendo lo que primero encuentran a su paso.

Aunque parezca irónico, se trata de una cruel realidad, puesto que es una situación o un precio similar el que tienen que pagar al principio miles de inmigrantes que llegan en busca de una oportunidad, que les permita salir adelante y poder así vivir mejor.

El idioma, la cultura, las costumbres y el mismo envidiable *life-style* de los norteamericanos, "encandilan" casi a todo recién llegado. A una gran mayoría, estos antecedentes les hace el camino hacia adelante más oscuro e incierto, y con muchas atemorizantes incógnitas por despejar. Ese mismo temor e incertidumbre, son precisamente los factores que más les confunde y desorienta, obligándoles a tomar cualquier trabajo que primero se presente, por servil o sucio que sea, puesto que hay necesidad de comer y pagar un techo para resguardarse y descansar.

Irónicamente, a falta de saber el idioma y de no tener una orientación apropiada, muchos terminan viviendo en el país más rico del mundo, pero muy por debajo del nivel de pobreza.

Con bastante frecuencia, ello se hace más evidente muy en particular en épocas de alto desempleo, situación que merma considerablemente los trabajos disponibles; sólo basta con escuchar las noticias para confirmar los abrumadores números de despidos colectivos y *lay-offs* en todo el país. Como consecuencia lógica, los empleos en casi todos los campos y niveles se hacen cada vez más escasos y difíciles de conseguir, aun para los mismos trabajadores estadounidenses.

Para colmo de males, trabajar en Estados Unidos como empleado a sueldo, cualquiera que sea el rango o nivel, se está haciendo cada vez más insoportable, y de menos satisfacción personal. En la actualidad, ya es bien sabido que el ritmo corporativo exige más trabajo y producción, pero ofrece menos remuneración y beneficios.

Peor aún, para muchos nuevos inmigrantes recién llegados. La verdad es que de momento, al encontrarse de repente en un país extraño y de difícil comienzo, no solamente se topan con la barrera del idioma, sino también con una barrera laboral, por cierto muy desconcertante.

No obstante, como usted mismo podrá constatar a través de este libro, existen muchas nuevas oportunidades, muy distintas a las de tener que trabajar para otros a cambio de un sueldo mediocre y limitado. Oportunidades que no solamente permiten trabajar por cuenta propia y sirven para establecerse independientemente, sino que también ayudan para establecer una lucrativa fuente de ingresos permanentes; pero hay que tener en cuenta que ellas no se presentan de buenas a primeras, sino que es necesario saber cómo y dónde buscarlas.

Precisamente, teniendo muy en cuenta todos estos factores, y con el fin de proveer esa tan importante información, fueron creados y diseñados los próximos capítulos. Al saber aprovechar su lectura, con ello se logra que sea menos difícil y más productivo el comienzo en este país.

Suministrar la debida orientación e información acerca de cómo proceder en la dirección apropiada, y despejar muchas de esas incógnitas que al principio se presentan en un país extraño, fueron las principales necesidades que dieron origen a esta obra.

De ahí entonces que, ayudar a vencer esos obstáculos iniciales para lograr salir rápidamente adelante, ha sido el principal objetivo y propósito del libro que en estos momentos tiene usted en sus manos mi estimado amigo lector. De hecho, por muy difícil que sea este país, quien tiene en sus manos la orientación e información apropiada, podrá estar seguro de que va a poder salir adelante, porque en los Estados Unidos todo aquel que desde un principio se esfuerza por hacer algo positivo y productivo, más tarde encuentra su recompensa al cosechar los frutos de su propio trabajo.

> ## "Si al principio trabajas fuerte, el resto será fácil"
> **Selena**
> **Exitosa cantante Tex-Mex.**

LA CLAVE PARA SALIR ADELANTE EN ESTADOS UNIDOS, CONSISTE EN TENER INICIATIVA PROPIA

En la iniciativa propia que pueda tener una persona, radica el mismo espíritu emprendedor norteamericano, y evidentemente respresenta la clave para tener éxito con cualquier negocio que se desee emprender.

Paradójicamente, muchas personas tienen una interpretación confusa, y a veces hasta se asustan con la palabra *"entrepreneur"*, pues se imaginan que sólo se refiere a grandes y acaudalados empresarios, quienes se dedican a enormes y lucrativos proyectos cada vez que se les presenta la ocasión.

Pero no hay tal, en Estados Unidos también se conoce con el nombre de *entrepreneur*, a cualquier persona, aun sin títulos universitarios, hombre o mujer y de cualquier edad, que tiene iniciativa propia para emprender por sí mismo cualquier proyecto que se proponga, con fines de lucro. Es decir, que la principal consigna de un *entrepreneur,* es crear y levantar un negocio o empresa propia, cualquiera que sea, hasta un punto tal que produzca satisfactoria rentabilidad.

Con el mismo ánimo e iniciativa que se puede crear y emprender un puesto ambulante para vender limonada, también se puede crear y emprender una cadena o franquicia, para ofrecer cualquier tipo de servicios a domicilio.

De ahí entonces que toda persona que se lanza a la aventura de crear, montar y manejar su propio negocio, por pequeño o grande que sea, tiene todo el derecho y la satisfacción de considerarse como un *entrepreneur*.

J.F. Arango Duque

Para lograr una mejor idea acerca de cómo es que piensa y actúa el emprendedor norteamericano, sólo basta con observar algunas de sus principales características con las cuales más se identifican:

■ Odian perder el tiempo y tener que ser esclavos de un sueldo, ya que saben bien que ello sólo conduce a tenerse que dejar manipular y explotar por otros, razones por las cuales mejor prefieren actuar por cuenta propia y comenzar sus propios proyectos.

■ Más que todo, son personas de mentalidad independiente, y con iniciativa propia. Siempre están dispuestos a iniciar algo por sus propios medios con el fin de obtener principalmente satisfacción económica.

■ Jamás tienen miedo a tomar riesgos calculados para lo grar lo que se proponen.

■ Su principal meta, es siempre la de convertir un plan o idea en toda una realidad.

■ Son conscientes, y bien lo saben, de que actuando de tal manera es la única forma que les permite llevar la delantera en su respectivo campo.

■ Antes de proceder, se informan muy bien, para evaluar adecuadamente las posibilidades contra los riesgos que pueden existir al emprender un proyecto.

■ Valiéndose de su propia iniciativa, toman decisiones rápidas y actúan basados en la información que recaban por todos los medios posibles.

■ Saben exactamente cómo y dónde buscar la información más apropiada, con el fin de estar siempre bien enterados acerca de los próximos pasos más firmes a seguir.

En tal virtud, un *entrepreneur* que se fija una meta a donde llegar, y aprende a planear para dedicarse a levantar su negocio hasta un determinado nivel de prosperidad, tiene todas las posibilidades a su favor para convertirse en un verdadero empresario, con un brillante futuro asegurado de por vida.

Un buen ejemplo en este sentido radica en que, tan sólo con unos pocos dólares, pero con una buena y sólida idea sobre un determinado negocio en particular, muchos grandes empresarios y magnates de hoy, emprendieron ayer lo que en la actualidad son grandes y multimillonarias corporaciones norteamericanas.

Es muy interesante y a la vez instructivo, conocer cómo es que en Estados Unidos cientos de personas sencillas y sin altos grados académicos, han podido llegar más lejos de lo que ellos mismos se imaginaron, por ejemplo: Mary Kay, la emprendedora de la firma de cosméticos que lleva su mismo nombre. Lilian Vernon, que desde la misma mesa de cocina de su casa, emprendió lo que es hoy en día uno de los mejores y más conocidos catálogos de ventas por correo en toda la Unión Americana. Hugh Hefner, quien también desde su misma *kitchen table* en su apartamento de Chicago, creó y emprendió la hoy mundialmente famosa revista *Playboy*. El Coronel Harland Sanders, quien ya después de sus 60 años emprendió la cadena de restaurantes *Kentucky Fried Chiken*. Walt Disney, quien en un garaje, y en compañía de su hermano, emprendió el imperio de entretenimiento más grande del mundo. Tom Monagham, creador y emprendedor de Domino´s Pizza.

Bill Gates, el joven emprendedor que creó la famosa Corporación **Microsoft**. Steve Jobs, otro joven quien desde el garaje de su misma casa emprendió lo que es hoy en día, la mundialmente famosa compañía fabricante de las computadoras **Apple**.

Una lista de ejemplos de emprendedores famosos, tanto hombres, como también mujeres, puede fácilmente continuar, para dar cabida a un libro de muchas páginas.

No obstante, sólo basta con mencionar estos pocos nombres de personas con iniciativa propia, que con muy poco dinero, inclusive prestado en algunos casos, iniciaron un negocio pequeño, y con arranque y determinación supieron levantarlo hasta un punto tal, que hoy se han convertido en poderosas y multimillonarias corporaciones multinacionales.

Ello indica claramente que: en Estados Unidos todo emprendedor que realmente tiene empeño en lograr su cometido y trabaja duro en su causa, puede llegar tan lejos como se proponga.

¿TIENE USTED LO QUE SE NECESITA PARA SER UN *ENTREPRENEUR*?

A juzgar por esa misma iniciativa que usted ha tenido al adquirir este libro, ello no solamente demuestra que en realidad usted sí se encuentra interesado en salir adelante y progresar económicamente en este país de tantas oportunidades, sino que también con este mismo hecho, usted está demostrando mucha de esa misma curiosidad que a razgos generales caracterizan e identifican a todo buen emprendedor, pues ya sabemos que buscar la información más apropiada, es siempre una de sus mayores prioridades.

Permítame entonces, tomarme la libertad de felicitarle y a la vez reiterarle que usted también tiene mucho de emprendedor, de lo contrario, tampoco se hubiese tomado la molestia de haber leído hasta aquí.

En tal virtud, de aquí en adelante ya existe razón suficiente para poder tomarme la confianza de tratarle a usted respetuosamente, no sólo como un amigo lector, sino también como todo un futuro *entrepreneur*.

Por lo visto, con su misma iniciativa, ya empieza a darse cuenta de cuáles son los pasos más apropiados a seguir, para lograr por sus propios méritos la meta que se proponga alcanzar en los Estados Unidos.

UN BUEN CONSEJO Y RECOMENDACION A ESTE RESPECTO

Las biografías de los grandes emprendedores y titanes del capitalismo norteamericano, han sido desde hace muchos años una de mis lecturas favoritas, tanto que estimo haber leído ya más de cien, y aún continuo buscando y leyendo otras que encuentro.

A través de ellas, curiosamente he descubierto importantísimos anécdotas y datos que particularmente son factores que mucho han contribuido con el increíble desarrollo y adelanto de esta rica y poderosa nación.

También he podido llegar a la conclusión de que la mayoría de los *entrepreneurs* no nacen con dicho instinto, talento, virtud o como quiera llamársele, sino que más bien por necesidad o por un fuerte deseo de independencia económica, se van haciendo poco a poco.

En consecuencia, vale agregar a título de recomendación, que es muy importante y de mucho beneficio, leer y analizar las biografías de los personajes famososo más destacados que se relacionan con la industria u ocupación a la cual uno se dedica. Por ejemplo, quien trabaja el campo de restaurante o algo similar, mucho le conviene leer la biografía de Ray Kroc, el legendario emprendedor de la franquicia de los mundialmente reconocidos restaurantes McDonalds, como también la de Harland Sanders, quien inició su cadena de restaurantes que venden pollo frito, o la de Tom Monagham, creador de Domino´s Pizza.

Al fin de cuentas, la lectura de biografías de conocidos personajes, que con iniciativa propia han creado grandes negocios, suele ser de mucho provecho educativo, puesto que ahí aparecen anécdotas y ejemplos muy apropiados para tener en cuenta y seguir cuando se presente la ocasión. Sus grandes triunfos, junto con sus buenos y malos tiempos, sirven de lecciones que son como un espejo, en donde se reflejan los pasos dados en un productivo y exitoso camino ya recorrido por destacados emprendedores, de quienes hay mucho que aprender, e ideas valiosas que aplicar.

CREA TU PROPIO
HOMEBASED BUSINESS

Según estadísticas disponibles, en la década de los años setentas, había en los Estados Unidos 5 millones de *homebased business*. Esa cifra se duplicó en los años ochentas, y ya para mediados de esta década en curso, tal suma se ha disparado como proyectil balístico a más de 23 millones de este tipo de negocios, lo cual representa trabajo independiente para más de 26 millones de estadounidenses que trabajan *part-time* o *full-time* desde su propia casa.

¿Ello qué indica? La respuesta más apropiada es muy sencilla: los **homebased business** se han constituido como el medio más fácil, práctico y económico para dejar de trabajar como empleado a sueldo. En otras palabras, es un medio que le ha brindado a millones de personas la oportunidad de crear sus propias fuentes de ingresos, con el fin de crecer económicamente independientes, y de tal suerte, lograr así vivir mejor.

¿QUE ES Y COMO FUNCIONA UN *HOMEBASED BUSINESS?*

Como la palabra misma lo indica, se trata de un negocio basado en el mismo hogar de su propietario. Sin importar desde qué rincón, ahí mismo tiene su base de operaciones, uno de tantos negocios que en la actualidad mucho se prestan para ello. Bien sea desde una sala acondicionada o alcoba que es usada como **home office**, o también desde un ático, sótano o garaje, que son convertidos en un estudio o taller. O pór qué no, desde una misma mesa de cocina o comedor. Hay que reconocer que por algún lugar se tiene que empezar, y lo más importante es dar ese primer paso, desde donde sea.

Cabe recordar a este respecto, que desde modestos lugares, como algunos de los acabados de mencionar, han nacido muchas de las que hoy son grandes corporaciones norteamericanas.

Todo lo anterior, apunta a que las dos últimas decadas de este siglo, van a ser muy bien recordadas en el futuro, gracias el resurgimiento de los **homebased business**, puesto que además se trata de todo un fenomenal acontecimiento laboral, que ha cambiado radicalmente el mismo **life-style**, y la manera de cómo es que más de 26 millones de norteamericanos se ganan confortablemente la vida hoy en día.

Estos importantes sucesos de carácter ocupacional y de *self-employment,* o autoempleo independiente, han sido muy significativos para un enorme segmento de estadounidenses emprendedores, y para muchas otras personas capacitadas que ya estaban cansadas de los malos empleos, de patrones déspotas e irritantes, de constantes *lay-offs,* y peor aún, de sueldos mediocres que escasamente alcanzan para medio vivir.

De la misma manera, ha sido también un hecho bastante significativo para muchos inmigrantes emprendedores que han arribado a territorio estadounidense, con muchos ánimos y fuertes deseos de progresar por sus propios medios. Esta es una oportunidad que saben aprovechar muy bien, debido principalmente a que para ello se requiere corto tiempo de capacitación y poco capital para empezar. Tanto que inclusive, hay quienes están ganando dólares, aun sin haber terminado sus estudios.

VIVIR Y TRABAJAR BAJO UN MISMO TECHO: *THE NEW AMERICAN DREAM*

Después de haber leído y analizado cientos de artículos relacionados, y asistido a un sinnúmero de seminarios y disertaciones en la materia, como también entrevistado a muchos *homebased business entrepreneurs*, quienes con muy halagadores resultados han alcanzado sus propias metas y logrado sus más grandes objetivos, –algunos de estos casos aparecen como ejemplos instructivos en páginas posteriores– firmemente he podido llegar a la conclusión de que poder vivir y trabajar bajo un mismo techo, no solamente es un concepto al cual le ha llegado debidamente su mejor época, por tratarse de que en estos tiempos es una idea de sentido común, gracias a la proliferación de tantos nuevos medios altotecnológicos, sino que también por estas mismas razones, se trata de un fenómeno que se está convirtiendo en la base del Nuevo Sueño Americano.

Es así entonces como millones de estadounidenses hoy se ganan la vida trabajando desde sus mismos hogares, y por cierto, con tan satisfactorios resultados, que lo único de lo que dicen arrepentirse la mayoría, es de *"no haber empezado a hacerlo mucho más antes"*.

Evidentemente no cabe la menor duda, de que en la actualidad vivir, trabajar e inclusive estudiar bajo un mismo techo, se ha constituido en el medio más apropiado para poder salir adelante y progresar económicamente en los Estados Unidos de Norteamérica, puesto que lógicamente se trata de la manera más sencilla, práctica y económica para lograr fácilmente montar en casa un negocio propio, o *create your own homebased business*, y de tal manera poner una ocupación útil a producir dólares.

VENTAJAS Y DESVENTAJAS DE UN NEGOCIO BASADO EN CASA

Para estar seguro de que un *homebased business* es lo que más le conviene a usted mi estimado amigo emprendedor, y poder tomar quizás la más acertada de las decisiones a este respecto, sólo basta con leer y analizar algunos de los pros y contras que se desprenden de este práctico sistema:

Ventaja # 1.- SE REQUIERE POCO CAPITAL PARA EMPEZAR. Los costos de alquiler y otros servicios esenciales para poder operar en un local ubicado en un sector comercial suelen ser altos, y también hay que tener muy en cuenta que son *expenses*, los cuales se tienen que pagar aun antes de abrir las puertas del negocio.

Mientras que emprendiendo un negocio en casa, el ahorro de dichos costos hace que esta sea la razón de más sentido común, y una de las principales ventajas por lo cual cientos de personas emprendedoras se deciden por empezar de esta manera. Por ejemplo, un caso común es el de personas que a falta de suficiente capital, empiezan ofreciendo servicios de *catering* desde su casa, y después de un tiempo, una vez adquirida la experiencia, la clientela y los ahorros necesarios, abren su propio restaurante en un local comercial.

Más aún, en algunas ocupaciones sólo basta con tener los debidos conocimientos y las herramientas necesarias, para salir a prestar los correspondientes servicios en el mismo domicilio del cliente.

Ventaja # 2.- SE ES PATRON Y JEFE UNICO. De esta manera no sólo se tiene la satisfacción personal de ser propietario de un negocio independiente, sino que también se puede contratar personal para delegar trabajos y dar las órdenes correspondientes.

Ventaja # 3.- SE PUEDE VIVIR MAS COMODAMENTE. En este caso, se presenta la oportunidad para seleccionar un lugar cómodo para vivir, puesto que se puede escoger entre un centro urbano o una amplia casa en las afueras de una ciudad favorita. Quienes trabajan como empleados no siempre tienen esta confortable alternativa.

Ventaja # 4.- SERVICIO EXCLUSIVO. En la mayoría de los casos, se presenta la oportunidad de poder prestar servicios a domicilio, donde el cliente lo solicite y a la hora más conveniente para él.

Ventaja # 5.- MEJOR ORGANIZACION. Se puede permanecer mejor organizado, y mantener un mayor control sobre el negocio. Dado que todo lo más importante se puede tener siempre a mano, ello permite emplear más tiempo en asuntos urgentes o de mayor prioridad, como lo es atender nuevos clientes en sus respectivos domicilios.

Ventaja # 6.- HORARIOS FLEXIBLES PARA TRABAJAR. Quien labora en casa, o desde casa, tiene el privilegio de poder escoger un horario de trabajo y asignar sus horas dentro de un marco flexible, el cual le sea más apropiado y conveniente. Es decir que la mayor parte del tiempo puede trabajar el horario que quiera y como quiera.

Ventaja # 7.- SE AHORRA MUCHO TIEMPO Y AGRAVIOS EN LA TRANSPORTACIÓN. Tener que viajar casi todos los días de la casa al trabajo y del trabajo a la casa, constituye una enorme pérdida de tiempo, sin contar con la cantidad de agravios que de ello resultan.

Todas esas horas que un empleado malgasta conduciendo en función de su trabajo, o peor aún, cuando se ve obligado a usar el transporte público, es valioso tiempo que puede ser disfrutado o empleado en casa y sin preocupaciones de tal naturaleza. En un *homebased business,* todas esas horas pueden ser utilizadas de una manera más productiva. Tampoco hay que olvidar que, logrando un mejor control de nuestro tiempo, también le podremos dar un mejor control a nuestra vida, y por consiguiente, gozar de mejor salud.

Ventaja # 8.- SE AHORRA MUCHO DINERO. Cualquier empleado –así sea un gerente o un cajero– que se tome la molestia de sumar el costo total de lo que se gasta anualmente sólo en transportación y alimentación por fuera de casa mientras acude a su trabajo, es muy posible que se lleve una gran sorpresa.

Además, a ello forsozamente hay que sumarle también lo que cuesta la ropa formal de oficina o uniformes laborales. Mientras que con un *homebased business* existen miles de personas que trabajan con ropa normal y económica, inclusive los hay quienes trabajan en *shorts* o en sus mismas *pijamas* la mayor parte del tiempo.

Más aún, para todas aquellas personas con familia en crecimiento y que tienen que trabajar como empleados, ello también les representa un costo anual supremamente alto de guarderías infantiles u otros lugares en donde les cuiden a sus hijos mientras están ausentes de casa. En muchos casos, ese sólo gasto equivale a cerca o más de la mitad del sueldo que ganan trabajando como empleados.

Ventaja # 9.- SE DEDICA MAS TIEMPO AL CUIDADO DE LA FAMILIA. Indiscutiblemente que trabajando en casa, usted podrá dedicar más tiempo a su familia. Esta es una ventaja de gran importancia para todas aquellas personas que son padres y también tienen familia en desarrollo, puesto que les quedan más horas libres para estar al lado de los suyos y por consiguiente, les pueden cuidar y atender mejor la mayor parte del tiempo.

Cabe subrayar a este respecto, que una de las principales raíces del grave problema del pandillerismo juvenil norteamericano que existe hoy en día, se debe muy en particular, a que a los padres no les queda tiempo para cuidar a sus hijos por tener ambos que estar trabajando fuera de casa, irónicamente para mantener el hogar.

Ventaja # 10.- PUEDE HABER PARTICIPACION FAMILIAR. Familia que trabaja unida, permanece unida. Muchos **homebased business** se prestan para que otros miembros de la familia ayuden de una u otra manera a levantar y desarrollar el negocio.

En primer lugar, es bien sabido que una cuarta parte de este tipo de negocios en Estados Unidos, son esfuerzos conjuntos y compartidos entre un esposo y su esposa, tal como algunos ejemplos que vamos a ver más adelante en casos relacionados. Generalmente el marido se encarga de la parte laboral o activa de su ocupación, mientras que la mujer hace el *roll* de secretaria, ayudando con la correspondencia necesaria, y manejando algunos asuntos de contabilidad y administración.

En segundo lugar, con la familia alrededor, también se tiene la gran oportunidad de enseñarles a los hijos algo útil y productivo desde temprana edad. Por ejemplo, levantar una familia envuelta en un medio ambiente donde se utilizan y manejan computadoras, representa una excelente oportunidad, puesto que ahí mismo en casa, van a aprender y adquirir conocimientos que les servirán de mucho para defenderse por sus propios medios más adelante en la vida.

DESVENTAJAS

Desventaja # 1.- RESTRICCIONES DE ZONA. En casi todas las ciudades existen *zoning codes*. A algunos negocios, según sea el tipo y clasificación, no les está permitido funcionar en determinadas áreas residenciales.
SOLUCIÓN: Investigar primero con las autoridades municipales exactamente qué clase de negocios no están permitidos en esas determinadas zonas. Si es el caso, buscar y

cambiarse a otra área en donde sí esté permitido.
Cabe señalar en este sentido, que la mayoría de las ciudades que tienen ordenanzas restrictivas a este respecto, por lo general las autoridades correspondientes casi nunca se molestan en levantar cargos contra nadie, a no ser que se trate de un negocio ruidoso o contaminante y que perturbe la paz de sus vecinos.

Ahora bien, la mayoría de las 40 ocupaciones que aparecen en este libro, tienen la gran ventaja de que son servicios que se prestan a domicilio, en cuyo caso muy poco tienen que ver con normas de zonificación. A nadie le está prohibido contestar el llamado de un cliente, para ir a prestarle un determinado servicio a su casa o lugar indicado.

Desventaja # 2.- NO ESTA PERMITIDO COLOCAR AVISOS. Es obvio que en ningún sector residencial se pueden instalar llamativos avisos o letreros con el fin de darse a conocer y atraer clientela. Indiscutiblemente que este es un obstáculo con el cual se encuentran algunos *homebased business*, dado que esta es una de las formas más comunes con que los negocios se dan a conocer públicamente.

SOLUCION: Para vencer este obstáculo, existen muchos medios de publicidad apropiados y efectivos, que van de acuerdo al tipo y medida del negocio. A los negocios basados en casa, más que a ningún otro, le es imprescindible estar continuamente haciendo publicidad con el fin de mantener un buen número de clientes permanentes.

Es de suma importancia, y no hay que olvidar de que la única vitrina o ventana que un *homebased business* tiene al mundo exterior, es la publicidad. La principal consiste en *word-of-mouth, flyers, brochures, business cards* y avisos en la radio y los periódicos de la comunidad. Vale entonces recomendar a este respecto, el libro titulado

"Working From Home", que es un *bestseller* escrito por Paul y Sara Edwards, expertos en el campo de los negocios basados en casa, y que es publicado por la prestigiosa casa editora Tarcher /Putnam. En él se describen con lujo de detalle, los medios más apropiados a los que un propietario de un *homebased business* debe de recurrir para promover efectivamente su negocio.

Desventaja # 3.- ALTO COSTO EN SEGURO MEDICO. Aunque hoy en día ya no todas las compañías ofrecen a sus empleados los mismos excelentes beneficios de seguro médico y hospitalización que ofrecían en el pasado, no obstante, algunas compañías continúan participando en uno u otro tipo de seguro, aun con ciertos requisitos y limitaciones.

Pero quien trabaja independientemente, se encuentra totalmente desprotegido en este aspecto. Vale advertir que individualmente los costos de este tipo de seguros son bastante altos.

SOLUCION: Como lo veremos más adelante, existen en Estados Unidos varias organizaciones y asociaciones exclusivas para personas *self-employed* y porpietarios de *homebased businesses*, que ofrecen muy buenos programas de amplia cobertura en seguros médicos, con apreciables descuentos por tratarse de que son pólizas en grupo, mas no individuales.

Desventaja # 4.- SE ESTA EXPUESTO A FRECUENTES DISTRACCIONES. Los vecinos, las amistades, la familia e inclusive la televisión, pueden producir repentinas interrupciones, lo cual casi siempre interfiere con las labores que se tienen que atender.

SOLUCION: Acondicionar una oficina, estudio o taller,

aislado de la casa, y advertir categóricamente que se está trabajando, por lo que no se permiten interrupciones sin una razón válida.

Inclusive, como medida adicional, adquirir una línea telefónica separada, para uso exclusivo del negocio.

Desventaja # 5.- SE REQUIERE UNA FUERTE DOSIS DE DISCIPLINA PERSONAL. De hecho, como al trabajar independietemente no hay esa constante presión característica que existe en todo tipo de empleo asalariado, ni tampoco se tienen acosadores jefes o patrones encima en todo momento, y dado que por el contrario se es completamente libre para disponer del tiempo como uno mejor lo estime conveniente, es muy fácil de caer en *procastination,* u otras actividades que nada tienen que ver con nuestra ocupación, lo cual a su vez puede traer consecuencias negativas para el normal desarrollo de nuestro mismo negocio.

SOLUCION: Establecer un horario o agenda permanente que más sea conveniente, y bajo ninguna circunstancia –repito– bajo ningún pretexto o excusa, salirse de ello.

Es muy importante y recomendable, hacer de cuenta que no fue uno mismo quien elaboró ese horario o *schedule,* sino más bien un superior, o alguien a quien religiosamente se le tiene temor y respeto. Pensar luego, que al no cumplir con ese firme propósito, simbólicamente uno mismo se habrá de atener a sus consecuencias. A simple vista, esta fórmula parece no tener validez alguna, pero lo cierto es que psicológicamente, se produce un factor propio de culpabilidad al quedar mal con uno mismo. Y para quienes tienen *self-steem,* esto les sirve a su vez para generar cierta motivación disciplinaria, que en muchos casos impide volver a caer o reincidir en la misma situación.

Nunca hay que olvidar de que la autodisciplina y el *self-*

steem, son dos de los requisitos fundamentales para poder alcanzar con éxito, cualquier meta que uno se proponga.

Desventaja # 6.- INMINENTE EXPANSION. Cuando un *homebased business* empieza a crecer demasiado, indudablemente se presenta un problema: hay que buscar un lugar más amplio y salir de casa.

SOLUCION: Empezar a buscar el sitio apropiado. Este es quizás el único problema del cual sí hay que estar realmente satisfecho, puesto que ello representa claros síntomas de que evidentemente se está progresando y logrando el objetivo principal.

De tal suerte que, sólo basta con que usted mi estimado amigo emprendedor, coloque las 10 ventajas mencionadas en el platillo derecho de una balanza imaginaria, y las 6 desventajas en el otro del lado izquierdo, y observe cuál es el resultado para poder así decidir por sí mismo qué es lo que más le conviene.

Si tantos millones de estadounidenses lo están haciendo, y la gran mayoría de ellos con muy buenos resultados, ¿por qué no va a poderlo hacer usted también, ahora que ya tiene la debida orientación e información en sus manos?

SERVICIOS EN GENERAL, UNA CRECIENTE INDUSTRIA

El consumo de toda clase de servicios en conjunto, se ha constituido en los últimos años como la más grande fuente de empleo independiente, e ingresos para millones de estadounidensese en todo el país.

Precisamente, a ello es que también se debe en gran

parte el vertiginoso crecimiento que han experimentado los *homebased business*, especialmente todos aquellos dedicados a prestar uno u otro tipo de servicios a domicilio.

Se trata de otro fenómeno socioeconómico que ha surgido como resultado de esos grandes cambios que en esta última década han revolucionado y transformado al *lifestyle* del pueblo estadounidense.

Dicha transformación se refleja claramente hoy más que nunca, en el conveniente y creciente sector de los servicios, tanto que, la prestigiosa revista *Fortune*, que es considerada como la "biblia" informativa de la poderosa élite industrial capitalista norteamericana, por primera vez en toda su historia de 40 años, incluyó al sector de los servicios, en su muy famosa lista anual que clasifica las primeras 500 empresas más poderosas en Estados Unidos, ya que según la misma casa editora "ello es un reflejo de los últimos cambios en la economía norteamericana, la cual a su vez también se está perfilando como una *"service oriented economy"*.

Entre los servicios que más se destacan, y con mayor demanda en la actualidad, se encuentran los siguientes: *Home Medical Care Services; Health Services; Banking Services; Insurance Services; Paralegal Services; Managemente Consulting Services; Advertising Services; Travle Agency Services; Automotive Mechanic Services; Computer Related Services; Catering Services; Accounting Services; Security Services; Child Care Services; Home Inspection Services; Tax Preparation Services*. Esto es apenas un pequeño ejemplo o fracción de una lista que por cierto es bastante larga.

Vale la pena destacar que la mayoría de las ocupaciones que aparecen en el siguiente capítulo, fueron seleccionadas exclusivamente con tal criterio, y en base a este creciente y lucrativo fenómeno del alto consumo de servicios en la Unión Americana.

SERVICIOS A DOMICILIO

Prestar servicios a domicilio, es una de las más grandes y mejores oportunidades que en la actualidad existen en Estados Unidos, para poder emprender fácilmente un negocio pequeño, principalmente porque se trata de labores que se pueden prestar o trabajar *on-site*, es decir, en el sitio mismo donde el cliente lo solicite.

Por lo tanto, en gran parte son tareas que pueden atenderse desde un *homebased business* instalado convenientemente en una casa particular.

SERVICE-ON-WHEELS: Como consecuencia lógica, a ello se debe que hoy existan millones de negocios móviles rodando por todas las carreteras y ciudades del país. Como prueba de tan conveniente modalidad, ya no es nada raro ver circulando en las calles docenas de *service vans* o camionetas debidamente acondicionadas y equipadas, en camino a prestar una u otra clase de servicios a domicilio.

Sólo basta con observar los avisos de publicidad que dichos vehículos llevan pintados en sus costados, para darnos cuenta de la gran variedad de tipos y clases de negocios móviles independientes, que hoy en día trabajan y operan de esta conveniente manera.

En consecuencia, docenas de oportunidades se encuentran ahí disponibles, en un enorme mundo de servicios, para que usted mi estimado amigo emprendedor, ponga sobre ruedas su ocupación o negocio, haga la debida publicidad, y atendiendo el llamado de sus clientes salga a ganarse unos buenos dólares.

CONTRATOS DE SERVICIO

En consecuencia de lo anterior, contratar servicios independientes es una modalidad que en los últimos años ha cobrado una fuerza fenomenal, no solamente entre el consumidor particular, sino también en muchos otros sectores empresariales e industriales norteamericanos. Por ejemplo, una fábrica contrata servicios de fumigación, o una empresa solicita servicios de consultoría, o bien, un matrimonio adquiere servicios de limpieza o jardinería para su residencia.

La necesidad del contrato de servicios se debe principalmente a cuatro factores que muy a tiempo se han compaginado el uno con el otro, proporcionando favorables resultados comerciales y de mutuo beneficio, tanto para miles de emprendedores estadounideneses, como también para muchos inmigrantes capacitados que no pueden encontrar trabajo. Tales importantes factores pueden resumirse de la siguiente manera:

1) ALTO CONSUMO. En primer lugar, la sociedad anglosajona, por naturaleza e instinto propio, siempre ha tenido un voraz y desenfrenado apetito de consumo de toda clase de artículos, desde automóviles, casas y servicios, hasta *hot dogs*, pizza, hamburguesas, y ni se diga de otras tantas cosas, que no son más que destructivos vicios.

2) RECHAZO CORPORATIVO. Miles de ex-empleados capacitados que han sido víctimas del alto desempleo, producido por los constantes *lay-offs*, que resultan en parte por los *take-overs* de grandes corporaciones, y la libre competencia extranjera, como también muchos otros em-

pleados cansados de las indiferentes exigencias corporativas y su agobiador *rat-race*, han decidido buscar alternativas de trabajo que ofrezcan mayor seguridad, más independencia y un futuro que prometa algo permanente. Y obviamente, la respuesta lógica a este serio dilema ha sido: empezar a trabajar por cuenta propia.

3) RECORTES EMPRESARIALES. Fuera de esa gigantezca demanda por parte del sector consumidor privado, también el sector empresarial requiere hoy más que nunca un alto y considerable número de servicios relacionados. Las razones que conllevan a este fenómeno son muy claras: la inmensa y tenaz competencia extranjera por una parte, y por la otra, los altos costos de seguros médicos, vacaciones, cesantías, bonos y otra serie de beneficios laborales a que están obligadas a pagar las grandes empresas, han forzado a miles de éstas a hacer recortes, reducir personal y reestructurar operaciones.

En consecuencia, se han suscitado numerosos y drásticos ajustes en la gran mayoría de las empresas que han logrado sobrevivir tan rápidos y notables cambios.

Por ejemplo, muchas labores rutinarias de oficina, que no requieren de supervisión directa, están siendo encomendadas a servicios particulares independientes. De igual manera, empresas que antes mantenían por ejemplo a sus propios electricistas, *janitors, security guards*, etc., ahora recurren a pequeñas compañías particulares dedicadas a suministrar los servicios temporales de dicho personal.

Lo mismo está ocurriendo con muchos otros servicios, como varios de los que veremos más a fondo en el próximo capítulo, algunos de los cuales también en el pasado correspondían al mismo personal de planta de una empresa, pero que lógicamente, obedeciendo a tantos nuevos cambios, hoy les resulta más económico y rentable solicitar esos servicios por fuera. Evidentemente, entre más funciones o tareas puedan ser contratadas a servicios particulares, mayores ahorros están logrando las medianas y grandes empresas, y como resultado quienes más se benefician de esto, son los negocios pequeños proveedores de uno u otro servicio relacionado.

De hecho entonces, este nuevo *trend* de utilizar los servicios de contratistas independientes en uno u otro campo ocupacional, es cada día más latente, por lo que ya se ha convertido para muchas empresas en el sistema más práctico y económico a recurrir. Así se evitan la costosa responsabilidad y obligación de mantener permanentemente a esos empleados en sus nóminas de pago, y con lo cual no solamente se ahorran cantidad de dinero, sino también muchas complicaciones y compromisos laborales.

En pocas palabras, el principio y finalidad de esta popular y creciente modalidad de contratistas de servicios, desde el punto de vista de las empresas que necesitan de un determinado servicio, se puede resumir de la siguiente manera: sin ningún otro compromiso, trabajo hecho, trabajo pagado; *thank you very much* y hasta la vista.

4) REVOLUCION TECNOLOGICA. Este cuarto y último factor, es en gran parte el principal responsable, y que más ha contribuido con el vertiginoso e increíble desarrollo de los mencionados nuevos *trends* ocupacionales en Estados Unidos, más que todo, en el campo de los servicios, puesto que además, también han servido como punto de enlace entre los tres factores y tendencias mencionadas con anterioridad.

Se trata de una verdadera revolución altotecnológica que ha puesto en manos de millones de personas con medianos ingresos, eficientes y productivos medios que antes sólo eran de uso exclusivo del gobierno y las más grandes corporaciones. Gracias a la alta producción en masa de tan nuevas y modernas herramientas electrónicas, sus costos se han reducido a un nivel tal, que hoy se encuentran al alcance de cualquier persona con modestos recursos. Oportunidad nunca antes vista, y que miles de personas con iniciativa propia han sabido aprovechar para crear y emprender sus propias fuentes de ingresos. Tanto así, que a raíz de ello han proliferado muchas ocupaciones y servicios de los cuales jamás se había oído hablar, como por ejemplo: **Computer Service Technician; Telecommuting; Desktop Publishing; Video Desktop Publishing; Multimedia Programming; Computer Aided Design** y algunos otros más.

De tal suerte, es cierto que si no fuera por las computadoras, el fax, los teléfonos celulares, el correo digital y muchas otras herramientas electrónicas de similar calibre, es bastante probable que a la fecha no presenciaríamos, ni seríamos testigos de tantos y tan increíbles cambios que en los últimos años han sacudido y revolucionado el modo de vida del pueblo norteamericano.
A falta de tan revolucionarios y tan productivos aparatos electrónicos, la industria de los servicios en general, no fuera ni una cuarta parte de lo que es hoy en día, puesto que prácticamente sería imposible prestar muchos de esos eficientes y modernos servicios que en estos tiempos y en este país, se han convertido en furor y modus vivendi de millares de inteligentes emprendedores.

CAPITULO I

 O J O

A LAS OPORTUNIDADES DE TRABAJO INDEPENDIENTE EN LOS ESTADOS UNIDOS

¡Usted puede!

ANIMADORES
MUSICALES

MECANICA
AUTOMOTRIZ

CUIDADO DE NIÑOS

CATERING SERVICE

ELECTRICISTAS

COMPUTADORAS

CARPINTERIA

CONSULTANTES

CONTABILIDAD

FUMIGACION

FOTOGRAFIA

CERRAJERIA

JARDINERIA

PLOMERIA

DIBUJO

**TECNICOS EN
REPARACION
DE:**

ARMAS DE FUEGO

AIRE ACONDICIONADO

COMPUTADORAS

MOTOCICLETAS

REFRIGERADORES

Y OTRAS LUCRATIVAS
OCUPACIONES

Vease Página # 55

 SERVICIOS A DOMICILIO

- MECANICOS DE SERVICIO AUTOMOTRIZ
- TENEDURIA DE LIBROS Y CONTABILIDAD
- CARPINTERIA
- CUIDADO Y LIMPIEZA DE ALFOMBRAS
- SERVICIOS DE COMIDA A DOMICILIO PARA FIESTAS Y BANQUETES
- CUIDADO DE NIÑOS
- SERVICIOS DE MANTENIMIENTO Y REPARACION DE COMPUTADORAS
- CARPINTERIA DE CONSTRUCCION
- LADRILLEROS
- ALBAÑILES ESPECIALIZADOS EN EL TRABAJO DE LA PIEDRA
- ELECTRICISTAS
- AIRE ACONDICIONADO Y CALEFACCION
- PLOMEROS
- INSTALADORES DE PISOS
- SOLDADORES
- ESPECIALISTAS EN TECHOS
- INSTALADORES DE AZULEJOS Y BALDOSAS
- INSTALADORES DE TABLA-ROCA
- PINTORES
- EDICION ELECTRONICA DE PUBLICACIONES Y DISEÑO GRAFICO
- DIBUJO CREATIVO
- REPARACION Y MANTENIMIENTO DE APARATOS ELECTRONICOS
- REPARACION Y MANTENIMIENTO DE ARMAS DE FUEGO
- VENTA DE PRODUCTOS EN PUESTOS PUBLICOS Y BAZARES
- SERVICIO DE ENTREGA DE FLORES A DOMICILIO
- INSPECCION ESTRUCTURAL DE CASAS
- REMODELACION Y REPARACION DE CASAS
- DISEÑO Y DECORACION DE INTERIORES
- JARDINERIA ORNAMENTAL
- CERRAJERIA E INSTALACION DE ALARMAS
- SERVICIO MOVIL DE ANIMADOR MUSICAL DE FIESTAS
- REPARACION Y MANTENIMIENTO DE MOTORES FUERA DE BORDA
- REPARACION Y MANTENIMIENTO DE MOTOCICLETAS
- ORGANIZADORES PROFESIONALES DE FIESTAS
- SERVICIO DE FUMIGACION Y CONTROL DE PLAGAS
- FOTOGRAFIA
- REFRIGERACION Y AIRE ACONDICIONADO
- SERIGRAFIA
- CALCULADORES Y PREPARADORES DE IMPUESTOS
- ENSEÑANZA / INSTRUCCION Y CLASES PARTICULARES

40 OCUPACIONES INDEPENDIENTES PARA ESCOGER

Aquí en este capítulo va a encontrar usted mi estimado y emprendedor lector, más de 40 diferentes ocupaciones, para que lea acerca de ellas, las estudie y evalúe, con el fin de seleccionar la que mejor le convenga y que más se adapte a sus circunstancias y preferencias personales. En cada una de ellas encontrará pormenores y detalles que le servirán como punto de referencia y guía de gran valor e interés.

Se trata de datos de mucha importancia, para quienes se identifiquen con situaciones similares que otros ya han vivido y logrado; personas que prácticamente de la nada, supieron levantar muy prósperos negocios a base de empeño y persistencia. Sus consejos y recomendaciones, le serán a usted de mucha utilidad para seguir esos mismos pasos y así lograr salir adelante.

Cualquiera de esas ocupaciones por la que usted se decida, o quizá una combinación de varias, le proporcionarán los conocimientos y medios más apropiados para progresar independientemente y hacerse de un buen dinero en Estados Unidos por sus propios medios, puesto que se trata de la manera más práctica y lógica para poder montar un negocio pequeño por primera vez, especialmente cuando se tiene poca experiencia y se carece de suficiente capital.

Absolutamente en todas estas ocupaciones que vamos a ver, no solamente es posible adquirir capacitación a bajo costo, sino que también permiten en su totalidad trabajar independientemente. Por lo tanto, son ocupaciones que conducen a ese mismo anhelado principio de: vivir, estudiar y trabajar bajo un mismo techo; concepto que es parte integral del Nuevo Sueño Americano.

CARACTERISTICAS DE SELECCION

Todas las ocupaciones aquí presentadas fueron seleccionadas estrictamente con base en las siguientes características:

a) *Homebased Business*. Se han tenido en cuenta los contundentes cambios por los que actualmente está pasando la sociedad norteamericana y seguido muy de cerca el vertiginoso crecimiento que han tenido las ocupaciones que se prestan para trabajar independientemente desde casa. Se trata de un *trend* que ha duplicado el número de participantes en los últimos cinco años; tanto es así, que más de 26 millones de norteamericanos lo están haciendo de tal manera y con muy buenos resultados.

En virtud de tales hechos, se trata de una de las más grandes oportunidades laborales que existen actualmente en Estados Unidos, y que son de beneficio propio no solamente para los estadounidenses emprendedores, sino también para miles de extranjeros residentes, quienes andan en busca de un mejor futuro.

b) *Practical and economical training*. Debido a que todas las empresas y buenos empleos así lo exigen, y por falta de la apropiada orientación desde un principio, cientos de estudiantes extranjeros pierden mucho tiempo en largos y costosos estudios para capacitarse en uno u otro campo.

Lamentablemente, ocurre que en la mayoría de los casos son estudios que sólo les conduce a colocarse como empleados y para colmo de males, casi siempre en ocupaciones cuyo mercado ya se encuentra saturado.

Afortunadamente, cuando se trabaja por cuenta propia, los títulos y diplomas no son requisistos indispensables; simplemente hay que tener suficiente conocimiento del trabajo que se pretende hacer, para poder prestar los correspondientes servicios.

Por lo tanto, para cada una de las ocupaciones en cuestión, existen excelentes medios de capacitación, tanto individuales, como en grupo, e inclusive de autocapacitación. Este último sistema representa una gran ventaja, puesto que la persona puede capacitarse por su cuenta y en su propia casa, en un moderado periodo de tiempo a un costo muy razonable y hasta en cómodas cuotas mensuales. De esta manera, el alumno irá aprendiendo lo que en realidad va a necesitar para defenderse, sin perder el tiempo con teorías y materias que quizá jamás va a utilizar, que es lo que generalmente suele ocurrir con todos aquellos que estudian para ser empleados.

Por tales razones, dentro de los mejores medios de capacitación existentes y disponibles a cualquier alcance, se han seleccionado los más prácticos y económicos que se conocen en todo el país, tal como podrá usted mismo observar en todas las correspondientes *infosources* que se encuentran al final de cada una de las ocupaciones citadas.

Cabe destacar también que el capítulo II está dedicado a los diferentes medios de aprendizaje, y es un excelente complemento de orientación e información a este respecto, ya que fue diseñado única y exclusivamente con tales objetivos en mente.

c) *Earn while you learn*. Poder ganar dinero mientras se aprende una ocupación, es una de las mejores oportunidades que pueden existir cuando se está empezando. Ésta es una de las principales ventajas por las cuales se caracterizan casi todas las ocupaciones que usted encontrará en este libro.

No solamente se obtendrá una remuneración económica, por mínima que sea, sino que al mismo tiempo se tendrá la oportunidad de practicar y lograr así más experiencia. Esto a su vez, también representa darse a conocer de buena forma; y como resultado, se va adquiriendo clientela permanente, que es uno de los factores más importantes para levantar cualquier negocio.

d) *One thing leads to another*. El prevaleciente surgimiento de ocupaciones multifacéticas, que de un punto básico conllevan mediante estudios adicionales a otros campos de mayor especialización, representa una muy buena oportunidad para todas aquellas personas que desean estudiar y progresar gradualmente.

Factores tales como la alta tecnología, nuevos medios, sofisticadas herramientas y modernos materiales, permiten hoy en día conjugar o ampliar diferentes funciones dentro de otras distintas, pero que son ocupaciones relacionadas. De ello se desprenden varias oportunidades más que se convierten en fuentes adicionales de ingresos, procedentes de trabajos indirectos pero relacionados, como usted mismo podrá darse cuenta más adelante, según ocurre por ejemplo con la contabilidad y la preparación de impuestos; en diferentes ramas de la construcción, en el control del medio ambiente, la fotografía y algunas otras más, especialmente las relacionadas con tantos nuevos campos en el mundo de las computadoras. Ya existe una gran variedad de programas que representan en sí mismos carreras completas, y por cierto bastante lucrativas.

e) *The wave of the future*. Ocupaciones con futuro. Sin duda alguna que la computadora se ha convertido en el centro de la cambiante situación laboral norteamericana. A esta fabulosa herramienta electrónica se debe que muchas formas arcaicas de trabajo hayan desaparecido y otras más se encuentren en vía de extinción, mientras que modernas ocupaciones continúan apareciendo. A falta de ello, el nuevo concepto de los *homebased business* no tendrían el poder ni la fuerza con que cuentan hoy en día.

Este libro sería un trabajo incompleto, al no incluir por lo menos 10 de las más *hottest* y novedosas ocupaciones que dependen en su totalidad del uso directo de las computadoras. Especialmente cuando una de las más grandes ventajas que se encuentran de por medio, consiste en que se pueden ensayar varias ocupaciones a un mismo tiempo, sin tener que perder años de estudio, ni tampoco verse obligado a hacer un enorme gasto, puesto que un programa que inclusive se puede aprender por sí mismo en un promedio de seis a diez meses, equivale al aprendizaje de una misma carrera y ocupación. Por ejemplo, la contabilidad puede ser una de esas carreras u ocupaciones; entonces, quien desde un principio se dedica a aprender uno de tantos programas disponibles de contabilidad, pero luego se encuentra con que no desea seguirlo como ocupación permanente, de nada tendrá que arrepentirse. Bajo ningún aspecto ha estado perdiendo su tiempo e inversión, puesto que de una manera u otra, va a necesitar más tarde esos conocimientos de contabilidad adquiridos, y mucho le van a beneficiar en el buen manejo de su propio negocio, cualquiera que sea.

Además, el aprendizaje es hoy menos complicado y a un costo más razonable. Este es otro de los elementos característicos en este campo y grupo de modernas ocupaciones que conducen a trabajar independientemente y por consiguiente, a montar un negocio propio.

El costo para adquirir una de esas maravillosas herramientas electrónicas, relativamente se encuentra al alcance de cualquier empleado con modestos ingresos, y figura también como factor preponderante el que su aprendizaje es hoy más directo y menos complejo que hace apenas unos pocos años, cuando su uso se encontraba limitado únicamente a científicos y matemáticos.

En la mayoría de los casos, hoy ya ni siquiera es imprescindible asistir a una institución de enseñanza, con el fin de tomar clases para aprender su respectivo manejo, puesto que los *tutorials* e instrucciones que vienen integrados con los mismos programas, se prestan perfectamente para el autoaprendizaje.

Siempre y cuando se cuente con una computadora en casa y se seleccione el programa que se va a usar, el resto depende solamente de usted y qué tan lejos desee llegar.

INFOSOURCES
¿QUE SON, Y PARA QUE SIRVEN?

La sección de información que se encuentra al final de cada ocupación, es quizá la "espina dorsal" de este libro, puesto que: ¿De qué sirve obtener una idea general acerca de un determinado tema u ocupación, si no sabemos a dónde recurrir en busca de datos e información más a fondo?

Cada una de esas fuentes que allí aparecen con sus respectivas descripciones y direcciones, han sido cuidadosamente seleccionadas de una extensa recopilación proveniente de agencias y dependencias del gobierno, asociaciones, uniones de trabajo y otras vías relacionadas de distintos sectores comerciales.

De hecho, y muy apropiadamente, en *infosources* no solamente va a encontrar usted amigo emprendedor los mejores medios de capacitación y contactos e ideas para empezar, sino también cómo y dónde conseguir la información más apropiada, con relación a cada tema en particular. Por ejemplo, desde dónde hallar importantes contactos de asesoría, y qué libros en la materia son los más recomendables, hasta cuáles son las principales y más importantes *trade magazines*, e igualmente intrucciones sobre dónde conseguir los mejores catálogos de equipos y productos relacionados con cada ocupación.

Vale subrayar entonces, que la sección de información al final de cada tópico, también sirve un doble propósito. En primer lugar, ahí se refleja la más completa y fidedigna recopilación bibliográfica de publicaciones y datos en los cuales se basó más de un 60% de esta obra. Y en segundo lugar, representa una serie completa de fuentes de capacitación, orientación e información, que de mucho le va a servir a usted mi estimado amigo emprendedor, para investigar y evaluar ampliamente, todas las opciones y alternativas existentes a este respecto en los Estados Unidos.

De tal manera, no solamente va a poder tomar con mayor facilidad una decisión lógica e inteligente, sino que también va a tener una idea más clara, acerca de cuál es el mejor camino a seguir, y cuáles son los primeros más importantes pasos a dar.

"Cuando el trabajo es
un placer,
la vida es un gozo;
pero cuando el trabajo
es una obligación,
la vida es una
esclavitud "

Máximo Gorky

Famoso pensador y novelista Ruso.

INDICE DE OCUPACIONES

AUTOMOTIVE SERVICE MECHANICS

Mecánicos de servicio automotriz

"Yo pagué mis estudios de mecánica y compré las herramientas necesarias, con el dinero que me ahorré arreglando automóviles de mis amigos y vecinos".

Así es como Frank Rodríguez de Pasadena California comienza su relato, el cual sirve para ilustrar una de las maneras más comunes y apropiadas como muchas personas con iniciativa propia que llegan a este país, logran superse por sí mismos.

"Mi sueño era el de estudiar mecánica de aviacion y posiblemente llegar a ser aviador. Pero las cosas pintaron de otra manera; y la verdad es que no me arrepiento en los más mínimo" –continúa diciendo– *"pues cada rato veo en los **news** de la tele, como algunas empresas poderosas han tenido que despedir a todo su personal porque han quebrado; mientras que otras, constantemente les están dando **lay-offs** a sus empleados; deshaciendose de ellos, como si fueran pañuelos desechables.*

*Una de las primeras cosas que hice cuando llegué a Los Angeles, fue empezar a buscar una escuela de aviación, aunque mi poco inglés no me alcanzaba para tal en aquel entonces, no obstanate en esa búsqueda, encontré en la **public library** una lista de programas y cursos vocacionales impartidos por los colegios públicos de la ciudad.*

Uno de esos cursos que más me llamó la atención, fue el de Mecánica Automotor, no era lo que esperaba, pero si mejor que nada. Sabía que por alugna parte tenía que empezar. Entonces me inscribí a la semana siguiente y elaboré un disciplinado plan de estudios.

*Dos meses más tarde, aún ni tan siquiera en la mitad de mis estudios, ya me encontraba haciendo **tune-ups** a los autos de mis compañeros de trabajo en el mismo **parking lot** de la factoría en donde trabajaba. Una de las cosas que más me ayudó a progresar rápidamente en mis estudios fue un curso de mecánica en español que hice simultáneamente por correspondencia, pues este me sirvió como complemento que muy bien reforzaba el que estaba haciendo en un colegio público. Este factor comparativo, me ayudó a asimilar y entender mejor los principales conceptos de la mecánica que estaba estudiando. Me costó un poco más de dinero pero estaba completamente seguro que era una de las mejores formas de inversión en uno mismo que puedan existir. Estaba invirtiendo en mi futuro. Se trataba de conocimientos que más tarde me ayudarían a salir adelante.*

*Luego, ya para terminar con los estudios empecé a trabajar **part-time** como ayudante en un taller, en el cual no me pagaban muy bien que digamos; más bien, presentía que me estaban explotando, no obstante lo tomaba más que todo como medio de lograr más conocimientos, nuevas ideas, y adquirir mejor experiencia, pues como dicen los gringos: **One thing lead to another**.*

*Un año más tarde, ya habiendo terminado con los cursos aproveché la oferta del taller para trabajar **full-time** con ellos y entonces dejé el trabajo de la **factory**, que al fin y al cabo eso no me ofrecía ningún futuro.*

Aunque todavía no muy satisfecho con lo que ganaba empleado como mecánico ayudante, si me interesaba mucho, más que todo la línea especializada de costosos automóviles en los cuales allí se trabajaba. Sabía que si encaminaba mi ocupación en tal dirección más tarde podría ganar mucho más dinero dedicándome a lo mismo por mi propia cuenta. Por esta misma razón, me dedique a observar todo lo que más podía; no solamente en todos los asuntos mecánicos que me correspondían, sino también en lo que al manejo del taller concernía; tenía el presentimiento que más tarde iba a necesitar de esos conocimientos de administración.

Los fines de semana los dedicaba a trabajar en autos de mis propios clientes, pues ya contaba con algunos cuantos, que habían quedado satisfechos con mis servicios anteriores desde que trabajaba en la factoría y que con frecuencia me llamaban.

Mi norma desde un principio fue ser razonable con los precios y hacer un buen trabajo, hasta el punto de garantía, así tuviera que perder dinero en algunas ocasiones. Es preferible perder un poco de **cash,** *a tener que estar perdiendo clientes todo el tiempo. Hay que tener en cuenta que un cliente permanente y satisfecho, a través del tiempo deja mucho más dinero, que aquel que se marcha descontento después de un mal trabajo y jamás vuelve. Al pasar de los años, lo he podido comprobar, pues la gran mayoría de mis clientes vuelven de nuevo cada vez que me necesitan.*

No había transcurrido dos años, cuando el tiempo ya no me alcanzaba para atender a mis propios clientes, motivo por el cual tuve que empezar entonces a buscar un lugar más apropiado para realizar mis labores con más amplitud.

Con suerte, después de recorrer la ciudad de extremo a extremo, encontré una casa con un garaje adecuado y por cierto un patio muy amplio. Una vez medio instalado, dejé el trabajo del taller y me dediqué completamente a lo mío de manera permanente en compañía de dos ayudantes que me trabajaban **parttime.**

*Con el fin de atraer nuevos clientes, experimenté poniendo un aviso clasificado en el **community paper**; y como respuesta me resultaron muchos más trabajos, algunos de los cuales no me encontraba sinceramente en capacidad de hacerle frente, puesto que requerían equipos y herramientas mayores. Pero eso sí, inmediatamente refería esos clientes al taller donde yo había trabajado anteriormente; recomendaciones por las cuales yo recibía una gratificación o comisión del 10%. Irónicamente llegó un momento en el que estaba recibiendo más dinero por concepto de tales comisiones, que lo que ganaba de sueldo allí anteriormente de empleado como ayudante.*

Cuatro años más tarde, la capacidad de mi negocio y el volumen de clientes ya me exigía una mayor expansión; esto era algo que en realidad desde hacía algún tiempo venía planeando mentalmente. Fue así que antes de proceder a desarrollar tal plan, decidí tomarme unas vacaciones, las cuales aproveché para viajar a Stuttgart, Alemania, en donde se encuentra la casa matriz de la Mercedes Benz, y estando allí realicé un curso en inglés, el cual me motivó a especializarme en esa línea de automóviles, que ya conocía bastante. Ese entrenamiento fue realmente la joya de mi carrera, como mecánico primero, y como negociante segundo, pues a ello le debo los dos talleres que tengo y la prestigiosa clientela con que cuento hoy en día".

¿Sientes algún descontento al no haber podido realizar tu sueño de juventud? –le pregunté– *"**no way José**... aunque ese sueño de haber sido aviador no lo realicé; creo estar más satisfecho con mis propios talleres, pues ellos me proporcionan suficiente dinero para volar y viajar con regular frecuencia; eso es mucho mejor aún, ya que con el tiempo me he podido dar cuenta que la vida de los pilotos no es tan glamorosa como la pintan en las películas. Son emplea-*

dos de ocupación como cualquier otro, en donde si uno no está constantemente obedeciendo órdenes, al siguiente día te encuentras en la calle, mendigando de nuevo en otra empresa por un trabajo.

*A veces pienso, y con mucha razón, que si ese sueño de mi juventud se hubiese realizado, tal vez habría terminado en un **lay-off**, que es el equivalente a una misma pesadilla. Si algo me fascina de mi trabajo, es que no tengo nunca que reportarme a nadie; y por el contrario, en mis talleres soy yo quien da las órdenes.*
Ese es uno de los privilegios que proporcionan el contar con un negocio propio".

LA MECANICA AUTOMOTRIZ ES UNA DE LAS OCUPACIONES MEJOR PAGADAS Y CON MAYOR DEMANDA EN NORTEAMERICA

Esto tiene su razón de ser así, puesto que en un país con cerca de 300 millones de habitantes, y en donde el promedio existente de automóviles es de uno por cada dos personas, no es nada raro que la mecánica sea una de las ocupaciones más necesarias a la ve que lucrativas; pues se trata además de una ocupación en la cual, el tiempo del mecánico y la mano de obra, cuestan más que las mismas partes o piezas en la mayoría de los casos.

A ello se debe la existencia de un alto número de talleres mecánicos de toda clase, desde modernas e inmensas instalaciones, hasta garajes de casas particulares, en donde "mecánicos de garaje", o *service mechanics,* llevan a cabo algún tipo de mantenimiento o reparaciones menores, puesto que la certificación de mecánico no es obligatoria, sino más bien voluntaria en casi todo el país.

Por tanto, el potencial para un negocio propio basado en esta ocupación es enorme, tal es el caso de Frank y muchos otros individuos con habilidad mecánica, que como él, han sabido escoger ese lucrativo camino profesional.

CAMBIOS QUE HAN FAVORECIDO A MILES DE MECANICOS PARTICULARES

Simultáneamente surgieron dos fenómenos económicos que le ha dado nuevas características a un viejo sistema que era monopolizado por las grandes compañías petroleras estadounidenses.

En primer lugar, la gran mayoría de los norteamericanos no se pueden ya hoy dar el lujo de cambiar auto cada año, como solían hacerlo antes en tiempos de robusta economía, cuando manejar siempre "carro del año" era algo muy común y característica particular del *American Dream*. Hoy la situación financiera, especialmente de la clase media, hace prohibitiva esa "lujosa tradición".

Esto ha despertado conciencia entre los automovilistas para que le den un mejor trato a sus vehículos, y el debido mantenimiento previo que estos requieren, antes de que algunas pequeñas averías se empeoren, y por consiguiente, su reparación sea más costosa y demorada. A esto se debe más que todo el que los mini-servicios de diagnóstico mecánico, mantenimiento previo y algunas otras reparaciones menores estén floreciendo *across the country.*

En segundo lugar, las estaciones tradicionales de servicios mecánicos que antes dominaron este mercado, se han reducido notablemente.

Reportes aparecidos en importantes diarios metropolitanos, hacen referencia a cambios drásticos en la industria de servicio automovilista en este país; indicando particularmente que para fines de esta década, más del 90% de las estaciones de gasolina no ofrecerán servicios de reparación o mantenimiento rutinario como tradicionalmente lo venían haciendo desde cuando se crearon las primeras grandes cadenas de estaciones gasolineras hace ya muchos años.

El alto costo y los problemas laborales que implican mantener mecánicos calificados de manera permanente, ha obligado a las grandes compañías petroleras a hacer recortes, dar *lay-offs*, y descontinuar en un alto porcentaje tales servicios mecánicos; haciendo a un lado algo que por mucho tiempo, fue dominio propio de esas poderosas empresas. El término *full mechanical service*, virtualmente ha desaparecido de dichas estaciones, las cuales en su mayoroía se dedican hoy al *gas-only service*. Esto explica el por qué, cada día se ven en los Estados Unidos, menos gasolineras con talleres propios para efectuar reparaciones menores, como ocurrió en el pasado.

Tales eventos y circunstancias, han abierto una fantástica demanda por este tipo de servicios, lo cual beneficia directamente a millares de mecánicos particulares y pequeños negociantes que dependen de esta industria. Y también a quienes se han especializado en determinados servicios rápidos, como por ejemplo, *tune-ups, oil change, lubrication*, diagnósticos, etc. son los que más rápidas ganancias están obteniendo.

ALGUNOS CONOCIMIENTOS BASICOS DE ELECTRONICA, SON HOY LA CLAVE DEL EXITO EN ESTA OCUPACION

La electrónica está jugando un papel muy importante en la mecánica de hoy en día. Algunos conocimientos básicos en este campo, no solamente son indispensables, sino que también colocan a cualquier mecánico en muy buena posición, puesto que sus usos y aplicaciones continúan aumentando cada vez más en una gran variedad de principales componentes mecánicos, tales como los *dashboards, transmission, brakes, steering systems, ignition, cooling, engine controls*, etc.

En el pasado, los problemas surgidos en tan complicados mecanismos, tenían que ser resueltos solo por técnicos especializados en tal campo; pero hoy por hoy, modernos instrumentos de diagnósticos y análisis electrónicos, han reducido tanta complejidad, lo cual ha facilitado el que la mayoría de los mecánicos se familiaricen con sistemas que cada día se vuelven más comunes.

El poder entender algunos principios básicos en esta materia, capacita al individuo para identificar más facilmente cualquier malfunción o daño y proceder a su debida reparación.

Probar y reemplazar componentes electrónicos, es en sí mismo para muchos mecánicos, una carrera u ocupación a la cual se dedican exclusivamente, pues fuera de lo lucrativa, es a su vez una de las ramas más "limpias" de las labores mecáncias. La electrónica, es definitivamente *the wave of the future* en el mundo de la mecánica automotriz.

J.F. Arango Duque

LAS MEJORES OPORTUNIDADES ESTAN PARA QUIENES SABEN ESCOGER UNA DETERMINADA ESPECIALIZACION Y SE DEDICAN SOLAMENTE A ELLO

Hoy en día aparentar conocer la mecánica en general, no inspira más que desconfianza; por tanto, el especializarse en una de las varias ramas tiene mucho que ver con poder mantener una buena lista de clientes permanentes.

Hace algunos años, los fabricantes de automóviles era un número reducido y los mecanismos internos de casi todo vehículo automotor eran similares entre sí en muchos aspectos. Pero en estos tiempos existen cientos de marcas y modelos con sistemas totalmente difrentes, a la vez que abundan los talleres "capaces de todo". Esto ha creado un clima de confusión y desconfianza por parte del consumidor, especialmente cuando se dice conocer y trabajar la mecánica en general.

De ahí que el especializarse en una u otra área de la mecánica, no sólo despeja en parte esa incógnita, sino que también ha resultado ser uno de los medios más prácticos para que personas con habilidad mecánica y *business sense,* hayan creado por medio de esta ocupación, negocios con muy buenos resultados. Esto lo demuestra el éxito que han tenido quienes empezaron con un solo taller y luego expandido, o más bien multiplicado a manera de *franchisees,* como por ejemplo, esas tantas compañías que con frecuencia vemos en los comerciales de la televisión, unos especializados en *mufflers,* otros en *transmissions,* o *brakes,* o *lubrication,* etc. No todos estos negocios empezaron en un garaje casero, pero si tuvieron la misma aplicable idea de expansión, y para el efecto, sirven como ejemplo de lo que especializarse en una determinada área representa.

Cuando un mecánico se especializa, esta en mejores condiciones de garantizar un buen trabajo; y este es un factor decisivo para que el cliente vuelva a utilizar sus servicios en próximas ocasiones. Aun más, un cliente satisfecho, siempre tiene otras amistades y familiares a quienes recomendar.

También es de mucha importancia, el especializarse desde un principio en una determinada marca, especialmente en aquellas que son favoritas de la gente adinerada. Aquí es aplicable lo que en una ocasión dijera Joseph Kennedy, padre del famoso presidente: *"if you really want to make money, go where the money is"* Y en esto de la automecánica, el mejor dinero se encuentra en las marcas de lujo. ¿Para qué especialiarse en maracas baratas e inferiores, pudiendo mejor hacerlo en las de lujo y de superior categoría?

MECANICOS MOVILES Y SUS SERVICIOS A DOMICILIO

Aunque este es un negocio de servicios, el cual no es recomendable para que permanezca por mucho tiempo en un garaje localizado en una área residencial, debido a los muchos ruidos que puedan perturbar al vecindario y por obvias razones de seguirdad, que a su vez pueden interferir con algunas *zoning regulations,* si decidí hacerlo parte de este capítulo, por la sencilla razón de que esta siempre ha sido la forma más común como han empezado la mayoría de las personas que se han propuesto trabajar independientemente en este campo, ya que es la manera más práctica y económica para empezar.

Además, "CONVENIENCIA" es la mejor palabra que define la necesidad de estos servicios, pues las alternativas aquí presentes para hacer algunos trabajos automecánicos menores a domicilio, están cobrando cada día más popularidad, debido a la facilidad de equipos móviles y por consiguiente, lo conveniente que ello resulta para el cliente.

Perder el tiempo esperando en un taller por cualquier tipo de reparación, es un asunto que los norteamericanos detestan con pasión. Pero no obstante, la mayoría de las personas, siempre esperan hasta el último momento para atender mecánicamente su vehículos, simplemente porque no les queda tiempo, o por la inconveniencia de tener que "internar" su único auto en un *repair shop* por varios días, cuando más falta les hace.

Este es un problema que hoy en día se soluciona principalmente, prestando algunos de estos servicios, en lugares donde al cliente más le sea conveniente, bien sea en el garaje de su misma casa; o en un sitio adyacente a su lugar de trabajo, como lo pueden ser *parking lots* de centros comerciales, o algún otro estacionamiento público. Ello es posible, puesto que de la automecánica, dependen muchos mini-servicios relacionados de mantenimiento, que no requieren del internamiento temporal de los vehículos. Por ejemplo los *tune-ups* y los *oil-changes*, son dos crecientes especialidades de servicios a domicilio ya de moda; y con ello, se presentan también algunos otros ajustes y reparaciones menores.

Se ha despertado conciencia de que con un frecuente y económico mantenimiento preventivo, se evitan costosas reparaciones en el futuro.

Por tales razones, son una modalidad de servicios que por su óptima conveniencia se estan imponiendo. Inclusive en California ya existen agunas compañías que venden este tipo de negocios móviles a manera de franquicias. El interesado puede comprar a plazos un moderno *van* o camioneta completamente equipada para llevar a cabo tales tareas, a la vez que recibe entrenamiento, asesoría y publicidad, por parte de quienes controlan el *franchisee*.

Otro ejemplo, que aunque no es de origen mecánico, pero que si está relacionado directamente con servicios de reparación móvil a domicilio, es el siguiente:

Hace algún tiempo, una notable rajadura apareció en el *windshield* de mi automóvil. Mi primera reacción fue de descontento, no tanto por el costo, sino más bien por la pérdida de tiempo que tal reparación me iba a representar.

Entonces procedí a notificar inmediatamente a la compañía de seguros, y ese mismo día por la tarde, enviaron un técnico en una *van* equipada con las herramientas e instrumentos necesarios.

Mas luego, y para mi sorpresa, sin tener tan siquiera que mover el carro del estacionamiento del edificio, en menos de una hora, mi auto tenía un parabrisas totalmente nuevo.

De tal manera que se trata de un sistema muy práctico y económico, constituido por una serie de pequeños servicios mecánicos y de mantenimiento automotor a domicilio, en los cuales, es el negocio el que va en busca delcliente, mas no al contrario; y como resultado, se logra un importante ahorro de tiempo que beneficia directamente al consumidor.

Esta es la clase de "conveniencia", por la cual un alto porcentaje de norteamericanos están dispuestos a pagar extra.

OTRAS OCUPACIONES RELACIONADAS

Aunque por supuesto, algunas de estas áreas si requieren de amplias instalaciones y talleres apropiados, no obstante, pueden tenerse en cuenta para futuros planes de expansión a un lugar comercial, pues también son muy lucrativas áreas relacionadas con los vehículos, y donde cualquier tipo de experiencia en mecánica resulta de gran valor:

1.- Automotive body repairers: estos técnicos son quienes tratan directamente con el trabajo de enderezamiento de golpes y otros daños serios causados a los automóviles, como resultado de fuertes impactos en accidentes.

2.- Automotive painters: haciendo uso de diferentes técnicas de pintura, una vez que los daños de la carrocería han sido reparados, estos individuos son quienes pintan las áreas que fueron afectadas, o todo el auto según sea el caso, restableciéndole así su apariencia original. Quienes se valen de máquinas especiales para esta labor, reciben el nombre de *Automotive coating machine operators*.

3.- Auto demage estimators: la mayoría de estos individuos son mecánicos o *auto-body repairers* de profesión, empleados por agencias de seguros para estimar los costos de reparaciones de vehículos envueltos en accidentes. Algunos de ellos operan con base en su propia *home office*, desde donde envían sus reportes a las agencias centrales para las cuales trabajan, a través de sus computadoras. Este es un novedoso sistema que se conoce como *telecommuting* el cual les evita el que tengan que presentarse diariamente en las oficinas principales.

SER HONESTO, O FRACASAR MUY PRONTO
GET-RICH-QUICK SCHAMES.

La mecáncia automotor es quizá una de las industrias, en donde mayores fraudes y robos al consumidor ocurren en los Estados Unidos. Y quienes poco conocen del funcionamiento mecánico de sus vehículos, suelen ser sus víctimas favoritas, ya que están expuestos a graves y comunes *rip-offs,* pues se trata de una profesión en donde los escrúpulos de muchos mecánicos –o quienes se las dan de tal– ruedan parejo que las mismas llantas de los automóviles, por el suelo.

Cuando usted lleva su automóvil a un taller, todo ese mecanismo queda a merced de otros individuos, y si usted es de aquellas personas que sólo sabe conducir, el riesgo de caer en una estafa es alto.

No es nada raro de que en un taller "aparezcan" otras serias y costosas averías, de las cuales la inocente víctima jamás se imaginaba que existían. A menudo suceden casos, de quienes lo que en realidad pasa con su auto, es simplemente un cable desconectado, o una línea de distribución obstruída, pero luego le salen de que se trata de una "grave" avería en la transmisión, u otro lugar en donde la reparación justifique un costo más alto. Peor aún, han existido casos en donde introducen azúcar en el tanque de la gasolina, o ponen *Alka-seltzer* en las baterías.

Ya podrá imaginarse, cuál es el resultado de tan descorazonada acción. Y todo, por la simple avaricia de cobrar más dinero.

Con el solo hecho de describir su problema, es muy fácil para un mecánico deshonesto –que abundan por todas partes– detectar cuál es el grado de ingenuidad del cliente, y que tanto conoce al respecto. Con esta información, inmediatamente se dan cuenta, no de lo que en realidad sucede con el auto, sino más bien de cómo le van a "exprimir" más fácilmente su billetera. Y como al cliente le hace falta su auto, no tiene más remedio que tragarse el cuento y pagar, especialmente si el carro ya ha sido deshabilitado en el mismo taller.

Algunas compañías de considerable tamaño, que dicen en su publicidad ser reputables, a menudo se ven envueltas en vergonzosas reclamaciones, por llevar a cabo innecesarias reparaciones y otros detalles de similar índole, con el sólo fin de aumentar la cuenta.

Esto ya ha dado origen a escándalos de tal naturaleza, que inclusive ha llamado la atención de la prensa, por tratarse de muy reconocidas compañías que ofrecen servicios de mecánica automotor al público en general en toda la nación.

Y lo más repugnante de todo, es que tres o cuatro semanas después cuando el furor de esa publicidad se ha apagado y la gente se ha olvidado, otra vez vuelven a *business as usual*, pues si bien es cierto que existen multas, ocurre que para muchos negociantes malintencionados, éstas son simplemente parte de sus presupuestos.

Toda esta serie de factores negativos, empañan la imagen de miles de mecánicos honrados, y ello se debe más que todo a que desafortunadamente es muy poco el control que existe a este respecto. En primer lugar, porque causar daños intencionales, por ejemplo la avería de un radiador, o el rompimiento de un *belt* es difícil de probar. En segundo lugar, porque la certificación de mecánico en los Estados Unidos es voluntaria, más no obligatoria en la gran mayoría de los Estados. Por tanto, para quien sabe cambiar llantas, solo le basta ponerse unos *overalls*, engrasarse los brazos, y dárselas de "mecánico".

LADO POSITIVO. Por otra parte, esa misma desconfianza del público, es lo que da margen al lado positivo que favorece a quienes se dedican a trabajar con honestidad y competencia profesional, ya que actuando seriamente de esta manera, y haciéndose conocer por todos como tal, el mecáncio honesto tiene la oportunidad de ganarse la confianza de sus clientes, quienes lógicamente utilizarán sus servicios una y otrave vez más por un largo tiempo.

La ventaja es evidente en este aspecto, sobre aquellos que sólo piensan hacerse ricos *overnight* , valiéndose de los muchos trucos que la automecánica facilita, y quienes por su avaricia, terminan no sólo perdiendo su reputación, sino también su negocio, ya que con el tiempo, esta es una de las fórmulas más seguras hacia el fracaso.

¿Volvería usted a usar los servicos de quien anteriormente le ha defraudado?

Es preferible ganar una suma razonable de dinero en muchos trabajos, más no perder la reputación en uno sólo. De esta simple fórmula, depende la cantidad de clientes permanentes que se pueda mantener.

CORTOS Y PRACTICOS MEDIOS DE CAPACITACION

Debido a la facilidad de capacitación disponible en este campo, tanto por parte de los colegios públicos y sus económicos cursos vocacionales, como también con la gran variedad de estudios por correspondencia, muchos individuos emprendedores empiezan a planear el establecimiento de un taller propio mientras se están capacitando.

Luego, una vez adquiridos algunos conocimientos básicos, se les presenta la oportunidad de practicar, no solamente en su propio auto, sino también en los de sus familiares, amigos y vecinos, e igualmente, prestando algunos servicios a domicilio como ya lo hemos visto. Estos pequeños trabajos también le proporcionan a su vez al futuro mecánico, la oportunidad de ganar algún dinero extra mientras está estudiando. Extras con los cuales se costean los mismos estudios, e invierten en herramientas útiles y necesarias.

Así es como han empezado la mayoría de los hoy profesionales en las distintas ramas de la mecánica. Unos se colocan como empleados *full-time* en talleres comerciales, mientras que otros –los más listos– deciden abrir su negocio y trabajar por cuenta propia; esta modalidad que puede apreciarse en las estadísticas del *U.S. Department of Labor*, revelan que el 20 por ciento, o más bien, dos de cada seis de dichos mecánicos en este país, trabajan de manera independiente en sus propios talleres. Mientras que quienes trabajan como empleados, reciben un sueldo promedio de US $18.00 dólares por hora.

INFOSOURCES
Recursos y fuentes de información

CAPACITACION:

NATIONAL SCHOOLS
4000 South Figuer St.
Los Ángeles, Ca. 90037
*
NRI SCHOOL OF AUTOMOTIVE
3939 Wisconsin Ave.
Washington, DC. 20016
*
AUTO MECHANICS SCHOOL ICS.
Scranton Pennsylvania 18515

**ASOCIACIONES/UNIONES
LABORALES:**

ASA. AUTOMOTIVE SERVICE
ASSOCIATION
P.O. Box 1047
Bedford Texas 76095

**CATALOGOS DE PRODUCTOS,
Y REVISTAS DEL RAMO:**

HARBOR FREIGHT TOOLS
3491 Mission Oaks Blvd.
Camarillo, CA. 93011
*
**LIBROS Y MANUALES DE
INSTRUCCION:**

"THE BACK-YARD MECHANIC"
U.S. Government Printing Office
Washington DC. 20402
*
"CHILTON'S REPAIR AND
TUNE-UP GUIDE BOOKS"
Chilton Way
Radnor, Pennsylvania 19089

BOOKKEEPING AND ACCOUNTING

Teneduria de libros y contabilidad

Sólo basta con observar la *classified ads section,* o sección de avisos clasificados de los principales periódicos estadounidenses para darnos una idea clara de la inmensa demanda existente a nivel nacional por los servicios de contabilidad.

Según promedios estadísticos de datos oficiales arrojados por los últimos censos, cerca de un millón de negocios legales se establecen anualmente en este país –y sólo Dios sabe cuántos ilegales más habrá–. Desde luego, no todas estas empresas son grandes corporaciones, se trata más bien de un alto porcentaje de establecimientos medianos, además de pequeños negocios abiertos por personas de origen hispano y otras minorías.

Esta constante creación de negocios nuevos, es precisamente lo que crea la necesidad que da origen a tal demanda; una demanda que ofrece oportunidades en todos los campos y en todos los niveles comerciales, ya que existen miles de negocios cuyos propietarios no están en condiciones de contratar los servicios permanentes de un tenedor de libros, debido a que apenas comienzan y lógicamente, sólo cuentan con un capital o presupuesto reducido, razón por la que tienen que recurrir a contadores que trabajan por temporadas o *part-time,* y quienes por lo regular trabajan en su propio hogar y visitan a sus clientes una o dos veces a la semana, según lo exija el negocio. Muchos **bookkeepers** que empiezan de esta manera, suelen también progresar economicamente al igual que van creciendo los negocios de sus clientes.

PRINCIPALES RAZONES DE ESTA OCUPACION

Las estrictas leyes tributarias de los Estados Unidos, –que por cierto se hacen cumplir al pie de la letra– no obligan a nadie a llevar un sistema único y exclusivo de contabilidad. Pero, sí le exigen absolutamente a todo comerciante o negocio, que lleven libros contables con cuentas claras sobre gastos y ganancias, al igual que un organizado sistema de archivo, con el fin de almacenar todos sus comprobantes, recibos, documentos y otros datos pertientes a sus respectivas transacciones comerciales.

Es muy importante tener en cuenta que tales controles y organización, son factores indispensables para poder administrar y planear de manera eficaz y productiva cualquier negocio, por pequeño que sea.

Según indica la **Small Business Administration,** agencia creada por el gobierno federal, exclusivamente para asistir a los pequeños negocios: *"La falta de un ordenado sistema de contabilidad es una de las principales razones por las que muchos negocios fracasan, ya que sus propietarios ignoran los puntos fundamentales de organización desde un principio. También ocurre que, por ser negocios pequeños, sus propietarios no le dan mayor importancia al manejo de su contabilidad cuando comienzan, pues se imaginan que estos detalles son sólo aplicables a los negocios grandes".*

DIFERENTES RAMAS O NIVELES DE LA CONTADURIA NORTEAMERICANA

En este país existen tres ramas o categorías principales, con las cuales se identifican las personas calificadas para desempeñar una gran variedad de funciones relacionadas con el manejo de los números y otros aspectos necesarios en la organización financiera de toda clase y tipo de empresas.

No obstante, como las características y tamaños de los negocios varían entre sí, también varían las respectivas funciones y tareas para las cuales se encuentran capacitadas estas personas. Se podría decir por ejemplo, que un negocio pequeño, sólo requiere de un buen *bookkeeper;* una empresa mediana, requiere de los servicios de un *accountant;* mientras que una corporación grande, tiene que emplear a un *certified public accountant.* Esto nos indica que, el nivel de conocimientos y funciones de cada uno, se va ampliando de acuerdo al tamaño y necesidades contables de los negocios o las empresas.

Se trata entonces, de ocupaciones estrechamente relacionadas, y con un enorme potencial para avanzar de manera gradual, ya que evidentemente, muchos emprendedores *bookkeepers,* que inicialmente se ganan doce o trece mil dólares al año, impulsados por el deseo de mejorar su posición y aumentar sus ingresos, avanzan al nivel de contadores, y luego optan por tomar cursos más profesionales, mismos que complementados con la práctica y la experiencia, les capacita para terminar sus estudios de *Certified Public Accountant*, lo cual les acredita como máximos profesionales en este campo, y cuyo promedio anual de ingresos, es de cincuenta mil dólares en adelante.

A) *BOOKKEEPERS:* La función primordial de estas personas es la llevar los libros de contabilidad, mediante la anotación y registro de todo tipo de transacciones monetarias a medida que van ocurriendo. Esto es, que son quienes llevan cuenta detallada, principalmente del dinero que entra y el que sale. Cuentas por pagar, cuentas recibidas, nóminas, gastos, hojas de balance y preparar el pago de impuestos, son otras de las funciones o servicios que de acuerdo al tamaño del negocio, pueden ser incluidos como parte de sus responsabilidades.

Por lo anterior, la teneduría de libros es considerada como el primer escalafón en el ascenso hacia la lucrativa e importante carrera de Contaduría Pública, que ofrece excelentes oportunidades para aquellas personas a quienes les gusta trabajar con números.

Los tenedores de libros son también las personas más apropiadas –al igual que los contadores–, para ayudar a los nuevos propietarios a escoger el sistema de contabilidad que más le convenga a su negocio. Este es otro servicio de vital importancia que ellos prestan, especialmente para quienes no saben por dónde empezar en este aspecto.

B) *ACCOUNTANTS:* Conocidos en español como **Contadores,** son aquellas personas cuya principal responsabilidad es la de analizar los libros de contabilidad junto con todos los demás datos suministrados por los tenedores de libros. Luego, basados en en los resultados de tales análisis y en detalladas comparaciones, preparan e interpretan la información financiera para sacar conclusiones y hacer recomendaciones, lo cual es de vital importancia para tomar las más apropiadas decisiones en el manejo de la empresa o el negocio para el cual trabajan.

Los Contadores también hacen proyecciones a corto y largo plazo; planean estrategias tributarias que contribuyen a la reducción de impuestos, preparan reportes financieros, elaboran declaraciones de impuestos, y en algunos casos representan a sus clientes ante el *Internal Revenue Service (IRS),* que es la entidad del gobierno encargada de recaudar los impuestos federales.

Algunos de ellos se especializan sólo en asuntos de impuestos, o como auditores, cuyas funciones principales consisten en verificar la veracidad y exactitud en el registro de los libros de contabilidad y otras transacciones comerciales. También realizan minuciosas inspecciones, con el fin de encontrar discrepancias, lo cual posiblemente puede conducir a detectar algún tipo de fraude existente.

Un considerable número de contadores recién graduados, empiezan a trabajar para firmas de contaduría pública, en donde adquieren experiencia valiosa que les ayuda a prepararse para presentar sus exámenes y obtener su certificación oficial.

C) *CERTIFIED PUBLIC ACCOUNTANTS,* o *C.P.A's:* como su nombre lo indica, los Contadores Públicos Certificados, o titulados o Juramentados, son aquellos individuos que poseen estudios superiores y que por consiguiente tienen mayor experiencia, a la vez que han presentado los exámenes requeridos por el *American Institute of Public Accountants,* entidad oficial que regula esta ocupación en todo el país; además, para ejercer su función como tal, deben de poseer una licencia expedida por el estado en donde residen. Estos profesionales son considerados como expertos en todos los principales aspectos de la Contaduría. La mayoría de ellos trabajan para grandes corporaciones, mientras que otros lo hacen como consultantes particulares, con sueldos anuales que pueden sobrepasar los 50 mil dólares.

GRACIAS A LAS COMPUTADORAS, HOY EN DIA ESTE ES UNO DE LOS NEGOCIOS MAS FACILES Y ECONOMICOS PARA EMPEZAR

La Contabilidad, al igual que otras labores relacionadas con ella, han resultado ser de las más favorecidas con el revolucionario uso de las computadoras y sus múltiples aplicaciones.

Los contadores del futuro tendrán muy poco en común con los del pasado, quienes se tenían que "pegar" interminables horas frente al libro mayor a hacer cuentas. Ya ni siquiera habrá necesidad de libros, pues actualmente y a muy bajo costo, millones de datos pueden ser almacenados electrónicamente en la memoria de las computadoras y traerse de nuevo a la pantalla en cuestión de segundos. Por lo tanto, existen razones claras para que esta serie de ocupaciones sean en la actualidad, uno de los mejores *homebased business.*

En primer lugar, la increíble velocidad con que la computadora es capaz de llevar a cabo complicados cálculos y operaciones, le han dado un vuelco total a esta importante ocupación, que es indispensable para todo tipo de negocios y establecimientos. Hoy vemos como el trabajo que antes realizaba un *bookkeeper* o un *accountant* profesional en toda una semana, con la computadora de uso personal puede hacerse en sólo unas cuantas horas. Largo y tedioso trabajo mental/manual se ha reducido considerablemente a fracciones de minuto con sólo oprimir unas cuantas teclas.

En segundo lugar, actualmente no se requieren muchos meses de estudio para poder empezar, ya que la facilidad para el aprendizaje es hoy más práctica y amena que antes, gracias a que los manuales o *tutotirals* que vienen con novedosos programas de enseñanza e instrucción, proyectan detalladamente en la pantalla los pasos a seguir, pudiendo ser repetidos cuantas veces sea necesario, hasta que se graben en la memoria de quien desea aprender.

Prácticamente cualquier individuo de inteligencia normal puede capacitarse en esta materia, dedicándole sólo unas semanas a su aprendizaje. Y lo que es mejor, puede hacerlo por sí mismo y en su propia casa.

Otra excelente ventaja es que: si usted piensa trabajar por cuenta propia en este campo, no tendrá que preocuparse por títulos o diplomas, sólo basta con saber lo que está haciendo y hacer buena publicidad para ofrecer sus servicios.

En tercer lugar, ésta es una de las ocupaciones más económicas que existen para empezar un negocio independiente, gracias a que el capital inicial requerido no es muy alto, pues prácticamente las computadoras están hoy en día al alcance de cualquier empleado en los Estados Unidos

Por ejemplo, si consideramos un sueldo mínimo, como lo es el de un lavaplatos, que gana entre $ 200.00 y $ 250.00 dólares a la semana, y lo comparamos con mil trescientos dólares, que es el costo actual promedio de una computadora de uso personal, con suficiente capacidad para labores de contabilidad, incluyendo la impresora y un buen programa de *bookkeeping* y contaduría básica, podemos apreciar fácilmente lo razonable que resulta el costo de tal inversión para empezar.

No es raro oír de casos acerca de personas que inclinadas a tomar un curso básico de contabilidad, con el fin de emprender otro tipo de negocio, inmediatamente han descubierto el potencial y las oportunidades existentes en este campo, o más bien, en este lucrativo "negocio de los números", motivo suficiente por el cual han cambiado de parecer respecto al negocio que se proponían levantar inicialmente, optando más bien por escoger la carrera de **Bookkeeping & Accounting,** como su misma ocupación, para luego, en corto tiempo, convertirla en un negocio de carácter permanente, que manejan independientemente desde su propio **home office,** y que les permite proporcionarse un confortable modo de vida.

Por lo expuesto anteriormente, es muy apropiado observar que: **Bookkeeping & Accounting,** es una ocupación ideal, para que aquellas personas que gusten de los números, puedan tener un negocio independiente, y manejarlo desde su propia casa.

INFORMACION ACERCA DE PROGRAMAS DE CONTABILIDAD Y CONTADURIA PARA LAS COMPUTADORAS

En los catálogos y los estantes de las tiendas especializadas en vender programas o *software,* existe una extensa variedad de excelentes programas que ofrecen múltiples operaciones y funciones en estos campos.

Pero también es importante tener muy en cuenta que, debido a que cada programa tiene funciones diferentes y características determinadas, es recomendable conocer y trabajar con varios de ellos, pues no todos los negocios son iguales, y no todos los propietarios tienen las mismas preferencias y necesidades. De acuerdo al empleo que se le va a dar a cada programa, todos tienen sus ventajas y sus desventajas. Es decir, no existe ningún programa que sea perfecto, y el más completo para todo tipo de negocios en general.

En términos generales, todos estos programas o "paquetes" se encuentran divididos en dos categorías principales: *Personal Finance* y *Small and Large Business Accounting.*

Los de la primera categoría, conocidos también como *checkbook software*, abarcan todos los programas que por lo general son usados sólo para llevar cuentas de chequera y finanzas personales, pero varios de estos programas también cuentan con funciones suficientes para llevar la contabilidad básica de un negocio pequeño, aun con ciertas limitaciones.

La gran ventaja de estos programas es que aunque no tienen funciones para elaborar cuentas de cobro, por ejemplo, sí son muy fáciles de aprender y por tanto, a medida que el negocio va creciendo, su propietario va aprendiendo a conocer el sistema que su mismo negocio en particular requerirá más adelante. De tal manera que después podrá cambiar con más facilidad a un programa de la segunda categoría, que le ofrezca las funciones más útiles y apropiadas en su caso específico.

Algunos de los principales programas del segundo grupo, son simplemente versiones más adelantadas de los del primero, y por supuesto, con funciones más apropiadas y características de los negocios.

En la primera categoría, los programas más populares son los siguientes:

- MICROSOFT MONEY (Microsoft Corp.)
- QUICKEN (Intuit)
- CA-SIMPLY MONEY (Computer Associates)
- CHECKWRITER PRO (Aatrix Software)
- MACMONEY (Survivor Software)
- CHECKMATE PLUS (Tech/Custom Technologies)

La segunda categoría comprende todos aquellos programas con funciones mucho más amplias y propias de contabilidad avanzada, y sirven para elaborar e imprimir cuentas de cobro, mantener inventarios al día, producir *Tax reports, balance sheets, budget charts, payroll,* al mismo tiempo que permiten crear categorías propias de gastos y entradas, e inclusive facilitan la impresión de sobres con sus repectivos logos y cheques de pago.

Los programas más recomendables en esta categoría son:

- MICROSOFT PROFIT (Microsoft Corp.)
- QUICKBOOKS (Intuit)
- CA-SIMPLY ACCOUNTING (Computer Associates)
- M.Y.O.B. (Teleware)
- MONDIAL (Usa Business Systems)
- PEACHTREE COMPLETE ACCT. (Peachtree Software)
- DACEASY ACCOUNTING (Daceasy Software)

Existen también otros programas mucho más sofisticados en esta segunda categoría que sirven de *spreadsheets* u hojas electrónicas de contaduría mayor, tales como *Microsoft-Exel, Lotus 1-2-3* y *Quatro-Pro,* los cuales son relamente útiles para grandes corporaciones. Es decir, que son de mucha importancia para aquellas personas que desean capacitarse para trabajar posteriormente como empleados.

Pero como nuestro objetivo es el de trabajar independientemente y abrir un negocio propio, lo más apropiado y recomendable es empezar con programas más sencillos y menos complicados, lo cual obviamente evitará la pérdida de tiempo y dinero en capacitación, para aprender funciones que tal vez nunca se van a necesitar.

Lo anterior indica que, de acuerdo a las necesidades y requerimientos del negocio: es de vital importancia saber escoger exactamente el tipo de programa o *software* que va a ser utilizado inicialmente.

En resumen, no sale sobrando recordarle a quien decida elegir este campo como una ocupación permanente para ganarse la vida en Estados Unidos, que entre más programas o sistemas se aprendan y se encuentren en capacidad de ofrecer, no solamente mejor imagen proyectará su negocio, sino que también más extenso será su campo de acción, y por lo tanto, mayores serán sus fuentes de ingresos.

Como nota relacionada de interés general, y de vital importancia, antes de concluir este tema, vale destacar que: aunque usted amigo emprendedor no considere esta ocupación como su favorita, de una u otra manera, toda persona interesada en abrir su propio negocio, cualquiera que sea, deberá de tener por lo menos algún conocimiento básico de contabilidad, para poder manejar adecuadamente sus cuentas. Si bien es cierto que esta tarea más tarde podrá ser delegada a la persona apropiada, no siempre se cuenta con el dinero suficiente para adquirir dichos servicios desde un principio. Además, un buen administrador siempre debe estar capacitado para saber exactamente qué exigirle a sus empleados, y qué esperar de ellos.

Por lo tanto, tomar en un colegio público un curso básico de contabilidad, o comprar alguno de los mencionados programas para su computadora, no solamente es una buena recomendación, sino más bien casi una obligación, puesto que si su negocio empieza sin ningún sistema apropiado de contabilidad, no podrá llegar muy lejos que digamos.

INFOSOURCES
Recursos y fuentes de información

CAPACITACION:

NRI SCHOOL OF BOOKKEEPING AND ACCOUNTING. Increible pero cierto. Esta prestigiosa casa de estudios por correspondencia, ubicada en Washington D.C. ofrece un curso completo de contabilidad que incluye una computadora 486, con sus respectivos programas, por tan sólo mil doscientos dólares; y con la cual usted se podrá quedar una vez terminado el curso.

NRI SCHOOL OF BOOKKEEPING
AND ACCOUNTING
McGraw-Hill Continuing
Education Center
4401 Connecticut Avenue, NW
Washington, DC. 20008

NOTA: La FLEXIBILIDAD de horarios para estudiar, es una de las grandes ventajas, con que cuentan los cursos por correspondencia; puesto que pueden hacerse de una manera que no interfieran con otros quehaceres o actividades de mayor prioridad.
He aquí, algunos otros de los mejores cursos en esta materia:

NORTH AMERICAN SCHOOL OF
BOOKKEEPING AND ACCOUNTING
Administrative Offices and Education
Service Center
Scranton, Pennsylvania 18515
*

AT-HOME PROFESSIONS.
BOOKKEEPING
2001 Lowe Street
Fort Collins, Colorado 80525

NATIONAL CAREER INSTITUTE
Bookkeeping/Accounting Division
2021 W. Montrose Av.
Chicago, Illinois 60618
*

HEMPHILL SCHOOLS
-cursos en español-
510 South Alvarado St.
Los Angeles, CA 90057

**ASOCIACIONES/UNIONES
LABORALES:**

AMERICAN INSTITUTE OF CPA'S
1211 Ave. of the Americas
New York, NY 10036
*

NATIONAL SOCIETY OF PUBLIC
ACCOUNTANTS
1010 North Fairfax St.
Alexandria, VA 22314

LIBROS RECOMENDADOS:

"BOOKKEEPING ON YOUR
HOMEBASED PC", por Linda
Stern./Tab-McGraw-Hill.
*

"BOOKKEEPING, THE EASY
WAY" por Wallace W.
Kravitz/Barron's Educational Services.

CARPENTRY

Carpintería

Aún por encima de tantos materiales sintéticos, y contrario a lo que muchas personas piensan erróneamente debido a factores ecológicos, la madera continúa teniendo en Estados Unidos un enorme uso, como lo veremos más adelante, en el campo de la construcción. Ello se debe más que todo, a su abundancia, durabilidad y a la facilidad con que se puede trabajar con herramientas sencillas.

A ello se debe que muchos carpinteros que prefieren trabajar por su propia cuenta, muy en particular en el área de la remodelación de casas, mantengan un taller bien equipado en el sótano o garaje del lugar en donde viven, junto con una *van* o camioneta apropiada, para desde allí atender el llamado de sus clientes, y acto seguido, llevar a cabo los correspondientes trabajos a domicilio. Los servicios de carpintería pueden consistir también en la reparación de una puerta o ventana, la completa remodelación de un *basement,* o bien la reconstrucción de un *porch.* Un hábil carpintero puede por ejemplo, cambiar totalmente la apariencia de una cocina con sólo cambiar las puertas de viejos gabinetes.

Según fuentes oficiales del *U.S. Department of Labor,* se estima que más de un millón de personas se dedican a las distintas ramas relacionadas con el trabajo de la madera, lo que representa uno de los más grandes grupos ocupacionales de la fuerza laboral norteamericana.

La fabricación y reparación de muebles, es otra considerable área de especialización en el campo de la carpintería, ya que después de la construcción, este es el segundo campo en donde más trabajo suelen encontrar los carpinteros.

EXCELENTE OPORTUNIDAD PARA ADQUIRIR CASAS

In view of that fact, después de algunos años muchos carpinteros se familiarizan con una gran parte del proceso de construcción de casas, y como resultado se les presenta la oportunidad de envolverse en negocios de más alto "calibre", relacionados con la compra y venta de casas. Como lo veremos más adelante, en *home-remodeling,* la carpintería ha sido el primer escalafón de muchos astutos y emprendedores carpinteros, para conocer y adentrarse al lucrativo campo de los bienes raíces, comprando casas muy baratas, –particularmente en subastas y remates efectuados por el gobierno– con el fin de remodelarlas, y luego venderlas hasta por tres veces más de lo que inicialmente pagaron por ellas.

IDEAS PARA ASIMILAR

HOBBIES QUE PUEDEN CONVERTIRSE EN FUENTES ADICIONALES DE INGRESOS: Muchas personas curiosas y creativas que tienen la carpintería como *hobby,* se dedican a trabajar la temporada de invierno en sus casas, elaborando artísticos objetos y otras útiles curiosidades de madera. Posteriormente, cuando llega el verano, salen a las ferias y a los *art shows* a vender sus mercancías. Para muchas familias, esto no solamente es un acto de diversión, sino también instructivo, pues según ellos, es una manera de que sus hijos aprendan a negociar. Esto ocurre más que en cualquier otro lugar, en el norte del país, en donde durante los meses de *winter* no hay mucho qué hacer debido a lo crudo de las temperaturas.

Luego, en los cálidos meses del *summer* se llevan a cabo cientos de concurridas ferias callejeras y exposiciones de arte en todos los pueblos y ciudades.

Hay quienes no solamente tienen estas labores como un simple *hobby* sino que también se dedican a recorrer los principales *shows* del país, y viven permanentemente de esas ganancias.

Entre los *hobbies* especializados más populares, y de mayor aceptación que mejor se prestan para trabajar desde un pequeño taller, encontramos los siguientes:

Animal houses and food feeders: Casas de patio para animales y proveedores de comida para los mismos.

Antics restauration: Restauración de muebles y objetos antiguos, así como copias de los mismos.

Refinishing: Un mueble antiguo no solamente se puede restablecer en su apariencia original, sino que también triplica su valor.

Cabinet making: Ebanistería. Fabricación de gabinetes y estanterías para almacenes, oficinas y casas.

Children toys and trains: Especialidad muy popular en la fabricación de juguetería de madera para niños.

Doll houses and miniature furniture: Atractivo *hobby* dedicado a la manufactura de casas para muñecas y muebles en miniatura.

Handcraft doors and windows: Las puertas y ventanas prefabricadas a mano tienen muy buena demanda en la construcción.

Floors and walls: Los pisos y las paredes de madera, al igual que en lo anterior, también son preferidos por un mercado afluente.

Folk music instruments: Instrumentos típicos de madera para la ejecución de música popular.

Patio and outdoor forniture making: Fabricación de muebles de patio, como mesas y bancos para **picnics**.

Luxury clock and picture frames: Enmarcaciones de lujo para relojes y cuadros.

Scroll saw ornamental works: Diseños y figuras ornamentales de madera.

Wood carving: Escultura y tallado artístico en madera. Artesanías y figuras como modelos de barcos y bustos.

Wooden puzzles, letters and games: Rompe-cabezas, letras y juegos de madera. Muy populares entre los niños en las ferias de verano.

INFOSOURCES
Recursos y fuentes de información

CAPACITACION:

Tanto las Uniones Laborales del ramo, como también algunos colegios públicos imparten determinados programas vocacionales de carpintería, y manejo de herramientas especiales propias de este campo.

FOLEY BELSAW –cursos a través de videos.
6301 Equitable Road
Kansas City, MO 64141

ASOCIACIONES/UNIONES LABORALES:

UNITED BROTHERHOOD OF CARPENTERS
101 Constitution Ave. NW.
Washington, DC 20001

CATALOGOS DE PRODUCTOS Y REVISTAS DEL RAMO:
HARBOR FREIGHT TOOLS
Commercial Woodworking
3941 Mission Oaks Blvd.
Camarillo, CA. 93011
*

TREND-LINES
135 American Legion Hwy.
Revere MA. 02151
*

WOODWORKER'S SUPPLY
1125 Jay Lane
Graham, NC. 27253
*

LEICHTUNG WORKSHOPS
4944 Commerce Parkway
Cleveland, OH. 44128

CHERRY TREE
P. O. Box 369
Belmont OH. 43718
*

WOODSMITH
2200 Grand Ave.
Des Moines, IA. 50312
WORKBENCH
4251 Pennsylvania
Kansas City, MO. 64111

POPULAR WOODWORKING
3300 Walnut Ave.
Boulder CO. 80323
*

BETTER HOMES AND GARDENS WOOD
1716 Locust Street
Des Moines, Iowa 50336
*

WOOD AND WOOD PRODUCTS
P. O. Box 412
Prairie View, IL. 60069

LIBROS Y MANUALES DE INSTRUCCION:

POPULAR SCIENCE BOOK CLUB
1716 Locust St.
Des Moines, IA 50336
*

RODALE WOODWOKING BOOKS
33 East Minor St.
Emmaus, PA. 18098

"MANUAL MODERNO DE DISEÑO Y CONSTRUCCION DE MUEBLES Y GABINETES" por: Spence Griffths.
Prentice-Hall Hispanoamericana, S.A.

CARPET CARE AND CLEANING

Cuidado y limpieza de alfombras

Mientras millones de trabajos en fábricas y otros centros de manufactura han sido eliminados en los últimos años, la industria de servicios en general continúa creciendo a pasos agigantados.

Y como no hay bien que por mal no venga, ello ha representado una serie de nuevas oportunidades para aquellas personas con iniciativa propia, que deseen trabajar de forma independiente.

Uno de esos servicios, y que por cierto se presta bastante para empezar desde un apropiado lugar en casa como negocio *part-time,* y gradualmente expanderse a *full-time,* hasta el punto de contratar ayudantes para que efectúen esas mismas labores, es el de: **limpieza y mantenimiento profesional de alfombras.**

Bancos, oficinas, teatros, clubs, hoteles y restaurantes, son algunos de los muchos negocios que requieren de este tipo de servicios, con el fin de mantener permanentemente una atractiva presentación. La mayoría de tales establecimientos, aun teniendo su propio personal de limpieza y *janitors,* prefieren acudir a servicios profesionales, puesto que sus encargados o administradores saben que es más económico un mantenimiento profesional frecuente, que verse obligados a hacer inesperadamente costosos reemplazos de alfombras o tapetes deteriorados a causa del mal cuidado.

Notable incremento de uso residencial: Otro de los mercados o segmentos que con mayor frecuencia están recurriendo últimamente a hacer uso de estos convenientes servicios, son las áreas residenciales de las ciudades, especialmente edificios de condominios en donde viven parejas de profesionales casados y que ambos trabajan —cosa muy común hoy en día—. A estas personas les gusta mantener sus viviendas impecablemente limpias, pero casi siempre están ocupados, razón por la que no les alcanza el tiempo para hacerlo personalmente. Mientras que otros, simplemente no se quieren molestar con ello, por lo que entonces recurren a buscar agencias o contratar individuos particulares para que se encarguen de tal trabajo.

Vale destacar que a la mayoría de dichos profesionales no les gusta utilizar los servicios de las grandes agencias, primero, porque son más costosos. Segundo, porque la mayoría de ellas suelen darle trabajo todo el tiempo a cualquier persona *off the street,* lo que constituye un riesgo bastante alto, especialmente en estos momentos en que el número de robos se ha incrementado de manera increíble día con día. Por estos motivos, prefieren contratar a personas de apariencia honesta, que trabajen particularmente y a quienes con el tiempo pueden tenerles más confianza para que presten esos servicios varias veces al mes o al año, según sea el caso.

Aquí es donde se presenta una buena oportunidad para este tipo de negocios pequeños que están empezando de manera *part-time*. De esta forma, a través del tiempo se consigue mantener un substancial número de clientes permanentes.

A story to learn: Ricardo es un argentino a quien conocí en Las Vegas, donde se encontraba de vacaciones, y quien llegó a este país a mediados de los 70´s, *"sin nada de dinero, pero con muchos deseos de hacer algo"*. Por medio de su hermano Jaime encontró trabajo en la misma compañía en que éste trabajaba como vendedor de alfombras y tape-tes. Por la forma como Ricardo se expresa, y por la manera placentera como vive, –según pude observar en un viaje que posteriormente hice a New York, atendiendo a su invi-tación–, pronto me di cuenta que era una persona empren-dedora, con las mismas características típicas de aquellos que vienen a esta inmensa tierra de oportunidades con el afán de no quedarse atrás y dispuestos a progresar saltando cualquier obstáculo que se les presente. De acuerdo a su relato, no se conformó con vender alfombras y vivir sólo de comisiones, sino que en busca de otras alternativas, apren-dió también a instalarlas profesionalmente, lo cual según él:

"no es una ocupación para hacerse millonario, pero
sí pone suficiente comida en la mesa".

Algún tiempo después, encontrándose ya establecido, un día leyendo una revista encontró un aviso que le llamó mucho la atención, ya que tenía cierta relación con su mis-ma ocupación, y por tanto, procedió a pedir información e investigar sus detalles. Entonces decidió envolverse en tal negocio junto con su hermano Jaime, quien concluyó tam-bién que se trataba de una buena idea, pues al fin de cuen-tas se relacionaba con lo que hacían y además no se reque-ría de mucho capital para probar o *test the idea.* Después de recibir algunos materiales y elaborar el plan, Ricardo equipó su *small truck,* mientras que Jaime adquirió una *van* adecuada, y cada uno salió por su lado.
No tardaron mucho tiempo en darse cuenta de sus buenos resultados. Primero, por los muchos contactos o clientes que como vendedores e instaladores de alfombras tenían, muchos de los cuales más tarde pasaron a ser importantes clientes y cuentas permanentes. Y en segundo lugar, por la oportuna asesoría que recibieron de la misma compañía

que les proporcionó y financió sus equipos, junto con los materiales necesarios. El resto es otra de esas historias de **RAGS TO RICHES,** a la americana.

Pocos años más tarde, con un productivo negocio de limpieza y mantenimiento de alfombras y tapetes ya en marcha, el cual contaba con 20 unidades móviles para prestar tales servicios a domicilio, Jaime le vendió su parte a Ricardo, quien decidió regresar a vivir a Buenos Aires, donde invirtió en algunas propiedades, ya que su sueño era el de: *"regresar algún día a mi país y quedarme a vivir allí desahogadamente con mi familia".* Y ciertamente, fue tal como se lo había propuesto, antes de cumplir sus 40 años Jaime ya había realizado su sueño con el que llegó a Estados Unidos. Entretanto, Ricardo se quedó al frente de toda una empresa muy bien establecida y con excelentes entradas anuales, ya no vendiendo, ni instalando, ni lavando alfombras, sino administrando su propio negocio, visitando clientes y supervisando a sus empleados en nuevos proyectos, a quienes él mismo entrenaba para llevar a cabo las labores que él hacía antes personalmente. Esa experiencia previa le capacitó y ayudó muy bien a vender los servicios de su empresa de una manera productiva y profesional.

*"Mi éxito con este negocio –decía– radica más que todo en saber buscar y encontrar los clientes y las empresas que requieren con cierta frecuencia nuestros servicios, así como también en saber escoger a mi personal. Por razones que me abstengo de discutir, sólo contrato a personas que trabajan **part-time**. Hoy en día conseguir mano de obra capaz no es ningún problema, en esta ciudad sobra gente "a patadas". A mi antes me "usaron" mucho, ahora yo soy quien tengo el turno".*

*Cuando pienso en alfombras, me doy cuenta de que
en este país, del cual estoy tan agradecido, encontré
mi suerte en los suelos, y aunque no es de máxima
categoría* –dice con una sonrisa de satisfacción–,
*mientras mis cuentas bancarias continúen creciendo,
eso mismo seguiré haciendo".*

Esta historia de Ricardo y Jaime refleja un hecho, o un
ejemplo de cómo fue que estos dos emprendedores her-
manos lograron lo que se propusieron a través de una ocupación o negocio que no requiere de muchas complicaciones, ni de un gran capital para empezar.

INFOSOURCES
Recursos y fuentes de información

VON SCHRADER COMPANY. Situada en el estado de Wisconsin son fabricantes de toda clase de equipos y químicos especiales para estas labores. Es una de las compañías líderes en el ramo, que desde hace más de 50 años, viene ayudando a personas interesadas en hacer de esta oportunidad una ocupación de carácter permanente. Dentro del marco de servicios que presta a sus clientes, no solamente se destacan por su ayuda técnica, y amplios planes de financiación, sino también por una gran variedad de material promocional que distribuye, y manuales de capacitación, junto con específicas instrucciones de cómo abrir y levantar un negocio de esta naturaleza.

Bien vale la pena investigar tal oportunidad.

VON SCHRADER COMPANY
Racine, Wisconsin 53403
*

DURACLEAN INTERNATIONAL INC. Esta es otra compañía con bastantes años de trayectoria en el mismo ramo. Pero con la diferencia de que opera a manera de *Franchises*, ofreciendo capacitación, publicidad, y unidades móviles especialmente acondicionadas con equipos apropiados, para realizar a domicilio las labores del *Carpet Cleaning*.

DURACLEAN INTERNATIONAL INC.
2151 Waukegan Road
Deerfield, IL. 60015

POWR-FLITE. Catálogo con más de 500 páginas, especializado en un gigantesco número de equipos y herramientas, para el cuidado y mantenimiento de toda clase de pisos; desde aspiradoras *heavy duty* para alfombras, hasta pulidoras y brilladoras de baldosa.

POWR-FLITE
3243 South Jones Street
Fort Worth, Texas 76110
*

CASTEX INDUSTRIES INC. Fabricantes y especialistas en una gran variedad de equipos y químicos para la limpieza y mantenimiento de alfombras y carpetas. Dentro de lo cual se encuentran unidades móviles y portátiles, hasta con 10 años de garantía.

CASTEX INDUSTRIES INC.
4240 Blue Star Hwy.
Holland, Michigan 49423

CATERING SERVICES

Servicio de comida a domicilio para fiestas y banquetes

¿Es usted de aquellas personas que sabe y le agrada cocinar? ¿Tiene experiencia en el manejo y servicio de comida? ¿Le gusta ser sociable al mismo tiempo que hacer dinero? ¿Ha tenido alguna vez la idea de abrir un restaurante propio?

Si alguna de sus respuestas es afirmativa, ¿por qué no hacer de tales conocimientos y preferencias su principal fuente de ingresos?

Social Catering es entonces la fórmula que mediante empeño, trabajo y creatividad le permitirá realizar tal cometido.

No es ningún secreto que preparar y servir comida es uno de los negocios que más margen de ganancias ofrece, y cuando se puede brindar este servicio a domicilio, la oportunidad es doble.

Sólo basta con observar las páginas amarillas del directorio telefónico, para darse cuenta de la magnitud y variantes que el negocio del *catering* ofrece a quienes viven de él. Muchas de estas personas han empezado en un *shoe string,* especialmente parejas de matrimonios. Mientras la una se encarga de preparar las comidas, el otro se dedica a la promoción del negocio, y a buscar clientela.

Esta clase de servicios es cada día más popular, y su demanda es inmensa, no sólo por lo práctico, sino también por la conveniencia que representa, ya que a muy pocas personas les gusta meterse a la cocina, servir y estar al tanto de otros detalles, en lugar de disfrutar de su propia fiesta y atender mejor a sus invitados. Otro ejemplo, son los servicios que solicitan las salas de conferencias de muchas compañías, las cuales frecuentemente llevan a cabo desayunos de negocios, almuerzos empresariales y otras celebraciones sociales relacionadas con la empresa y sus empleados.

Otra definición de lo que este negocio significa, nos la da el siguiente aviso que aparece en la página social de un diario local:

"¿Desea usted celebrar un desayuno, un almuerzo, una cena, un banquete o un cocktail en su casa, su apartamento o su oficina?

Sólo hace falta que nos llame y nos diga la clase de fiesta y atención que desea. Nosotros nos encargaremos del resto. Le llevaremos todo lo necesario para que usted quede bien con sus invitados. Desde la vajilla, hasta los meseros. Desde un selecto menú, hasta su bebida favorita".

De toda la anterior serie de detalles, es que se encargan precisamente los proveedores o banqueteros móviles, quienes atienden desde cenas íntimas para dos personas, hasta elegantes banquetes con docenas de invitados, así como también sencillas fiestas de cumpleaños, a precios tan bajos que empiezan desde cinco dólares por cabeza. Todo depende del evento y del bolsillo del cliente.

Este es un negocio por muchos conocido como **recession proof,** pues no importa la situación económica del país. Es algo que funciona muy bien, ya que estamos hablando de una sociedad con millones de personas dispuestas a divertirse y a celebrar toda clase de ocasiones a cualquier costo, especialmente miles de grupos en buena condición económica, para quienes darle gusto al paladar es su prioridad número uno.

De costa a costa, existen cientos de empresas que generan inmensas sumas de dinero por concepto de tales servicios, y curiosamente, muchas de ellas tienen algo en común: han empezado como cocinas caseras, con una o dos personas.

En Philadelphia por ejemplo, dos jóvenes compañeros de cuarto, a la vez que *co-workers*, empezaron haciendo *"gyros sandwichs"* y otros económicos platillos griegos en la cocina de su apartamento, y los vendían más tarde en la fábrica a sus compañeros de trabajo.

Lo curioso de este caso en particular, es que ninguno de ellos es de origen griego, simplemente les apetecía mucho ese tipo de comida. Fue además un negocio que apareció "del aire", por así decirlo, ya que en un principio no era ese precisamente el propósito que tenían en mente. La idea provino simplemente de una pregunta que uno de estos compañeros le hiciera al otro, según comenta uno de ellos:

*"Si todos los días tenemos que preparar **lunch** para llevar al trabajo, y ahorrar dinero no comiendo fuera de casa, ¿por qué no hacer extra **sandwichs** y vender los que nos sobran?"*

La idea pegó "en grande" como se dice, pues este fue el inicio de un negocio que hoy en día atiende a más de 100 reuniones y eventos semanalmente, sirviendo un promedio de 8 000 comidas diarias, lo cual también incluye un jugoso contrato de bandejas de comida con una empresa aérea, para ser servidas a los pasajeros durante los vuelos.

Otro caso similar es el de **Mr. Jay Mastroianni,** quien en un **lunch wagon** que él mismo conducía, empezó repartiendo lasagna y otros deliciosos platillos italianos preparados en la cocina de su casa.

Pocos años más tarde, Jay contaba con instalaciones mucho más amplias y una docena de vehículos propios destinados al mismo propósito. Hoy es el presidente de un multimillonario complejo de negocios de comida en California, entre los cuales se encuentran los afamados *Jay's Catering, Mastroianni Fine Cuisine* y *Executive Dining,* con sede en Los Angeles.

REQUISITOS PRINCIPALES

Según los expertos en el ramo, quienes tienen en cuenta las siguientes observaciones, logran el éxito ofreciendo este tipo de servicios:

Precauciones e higiene: A diferencia de cualquier otro negocio, aquí se maneja comida para el consumo humano, la cual fácilmente puede descomponerse debido a bruscos cambios de temperatura. Esto hace que existan códigos especiales a tal respecto, y que las autoridades sanitarias vigilen estas operaciones muy de cerca. Además, una enfermedad a causa de alimentos descompuestos es una "invitación" segura a demandas de carácter judicial. Por tanto, buena refrigeración y estrictas normas de higiene, son reglas de general importancia a seguir antes que todo.

Capacidad para planear, puntualidad y cumplimiento: Antes de cada reunión o entrega se debe elaborar un detallado plan, con amplio margen de tiempo. Es muy importante saber exactamente qué clase de utensilios se van a necesitar, cuál es el número de personas a servir, y cuánta comida debe de ser preparada para que no sobre ni falte. *Catering* es una actividad en la cual los detalles y las sorpresas desagradables son muy perjudiciales para la imagen del negocio. Un cliente mal atendido, es un cliente que jamás vuelve a utilizar los servicios de quien le quedó mal.

Empezar con un menú sencillo: Un menú sencillo pero de buen gusto y bien presentado, es lo más recomendable para empezar, ya que muchos invitados y una carta muy variada no solamente complican su distribución, sino que también reducen la calidad y frescura de lo que se sirve.

Esta es la fórmula que aplicó Ray Kroc, quien no era un *Food Caterer,* pero sí un hombre emprendedor, quien comprobó que mediante un menú sencillo se puede lograr rapidez, sin que la comida pierda calidad.

Tal procedimiento fue la base del rotundo éxito que tuvo con sus famosos restaurantes *McDonalds,* que hoy se encuentran casi en todo el mundo, y razón por la cual se le conoce como el pionero del *fast food.*

Especialización: Especializarse en una determinada línea de comida es otro factor muy importante, pues con ello, no solamente es posible mantener una calidad continua, sino también ser reconocido por un producto consistente, el cual, tanto los invitados como los anfitriones siempre habrán de recordar. El ejemplo lo tenemos con la idea que se les ocurrió a los jóvenes *roommates* de Philadelphia, que aun sin ser griegos encontraron en esa clase de comida una fórmula que les dio como resultado un negocio millonario. Ellos trataron de ser diferentes, saliendo de lo común y experimentando con sus recetas favoritas.

Cabe mencionar que tanto los "antojitos" mexicanos, como también la comida oriental, son aceptados con muy buen gusto por el paladar gringo.

Se trata pues, de un servicio en el que la calidad debe estar siempre por encima de la cantidad.

Contratar personal bien presentado: Resulta más apropiado contratar personal con buena presentación y apariencia atractiva, que no solamente tenga la cualidad de tratar amigablemente al público, sino que al mismo tiempo esté debidamente entrenado, para que permanezca continuamente al tanto de que los invitados se encuentren bien servidos y a gusto durante el transcurso del evento, así sea una reunión de cuatro o cinco personas, o bien un banquete de cien o más. Con dicho comportamiento, se logra dar un toque de clase y elegancia a las reuniones. Este es un detalle de mucha importancia que los clientes siempre tienen muy en cuenta.

Personal que carezca de dichas cualidades, no resulta ser más que un verdadero fracaso, o ***turn-off,*** y provoca una situación contraproducente para el negocio, ya que por ese simple hecho, se pueden perder futuros contratos, puesto que los anfitriones o quienes costean el evento, no solamente están pagando por la comida, sino que también quieren quedar bien ante sus socios o amistades, y por tanto, exigen que el servicio sea excelente.

Una buena alternativa para conseguir personal de ayuda, puede encontrarse entre sus familiares o amistades que ya tengan alguna experiencia en menesteres de bar o restaurante, y quienes podrán ser sus primeros empleados. Ellos no sólo le agradecerán la oportunidad de permitirles ganar algún dinero extra cada vez que usted los contrate, sino que además existe la posibilidad de que una de esas mismas amistades pueda ser más tarde uno de sus socios en una operación más amplia y concreta. Esa estrecha colaboración y conocimiento en la materia, son los elementos clave en la administración de este tipo de negocios que tanto requieren de la ayuda permanentemente de unos, y temporal de otros.

¿COMPRAR O ALQUILAR EQUIPO?

Una de las principales ventajas al iniciar un servicio de *catering*, es que existen un sinnúmero de negocios dedicados al alquiler de toda clase de equipos y utensilios necesarios en todos los ramos del entretenimiento. Desde hieleras, hasta transporte con refrigeración propia; sólo hay que mirar la guía telefónica sobre el titular *rentals*, y allí encontrará una extensa lista que incluye:

Freezers • *Refrigerators* • *Cocktail bars* • *Decorative plants* • *Party tents* • *Music equipment* • *Tables/chairs* • *Lights and sound equipment* • *China/glassware* • *Picnic equipment* • *Air compressors* • *Ovens/grills,* etc.

También muchos hoteles y restaurantes suelen alquilar gran parte de sus equipos y utensilios. Esta es una ventaja que por supuesto, evita el verse en la necesidad de hacer una costosa inversión inicial en equipo, especialmente cuando se está empezando y de repente se presenta una fiesta o compromiso de considerable tamaño.

Cabe anotar que algunas compañías de *catering* que prestan estos servicios, aun teniendo capital suficiente para comprar equipo, optan más bien por alquilar, puesto que a veces el costo de mantenimiento permanente puede ser alto, y por lo tanto no se compensa fácilmente, como por ejemplo en el caso de aparatos móviles de refrigeración, bares portátiles, fuentes y otros equipos que sólo son usados de vez en cuando.

A esto se suma otro factor importante que debe tenerse muy en cuenta: se trata de que los gastos de alquiler en equipos y herramientas relacionadas con el negocio, pueden ser incluidos en la declaración fiscal, con lo cual se consigue una reducción de impuestos en tal renglón.

Vale destacar que dicha regla no solamente es aplicable en este tipo de negocio, sino también en cualquier otro que dependa de aparatos y herramientas alquiladas, pues es otro gasto más que se considera como un deducible.

De tal manera que lo que no es rentable, o posible de comprar, se puede adquirir por medio del alquiler. Para muchos casos y negocios esta práctica resulta ventajosamente más económica.

Del estudio, la planeación y la debida aplicación de las observaciones anteriores, depende la diferencia entre un servicio de *catering* mediocre y poco productivo, y otro que fácilmente pueda producir un rendimiento óptimo.

DE BANQUETERO A RESTAURANTERO

A falta de un considerable capital para empezar un restaurante, nos encontramos con que un pequeño negocio de *catering,* es la vía más práctica y económica hacia la apertura de un establecimiento de tal naturaleza.

En el transcurso de varias entrevistas que efectué en relación con este tema, pude observar que el sueño de muchos inmigrantes hispanos, o por lo menos lo que primero les venía a la mente, cuando de tener un negocio propio se trataba, es el de: *"abrir un restaurante".*

Ese fue el motivo por el cual me dediqué a investigar un poco más a fondo, un área que resultó por cierto muy interesante. En tal proceso encontré cuatro razones lógicas, y todas apuntaban hacia una misma dirección con el propósito de lograr dicho objetivo:

La primera: COSTOS. Sin lugar a dudas el capital que se requiere para abrir un restaurante permanente por primera vez, es muy alto comparado con lo que se necesita para empezar un modesto servicio de *catering*.

A juzgar por lo que ya hemos visto con anterioridad, logrando tener alguna clientela, la cocina de casa y un vehículo apropiado, es suficiente para empezar. Mientras que para un restaurante, el gasto que se requiere únicamente para local, equipo y muebles, es considerable.

La segunda: APRENDIZAJE. Envolverse en servicios de *catering* es una excelente y práctica manera de conocer gradualmente la preparación de comidas con potencial comercial, y el manejo básico de un servicio de restaurante, ya que se trata de negocios muy similares. A decir verdad, es como tener un restaurante móvil. En uno, es la clientela quien va en busca de la comida y la atención. Mientras que en el otro, es el servicio, la atención y la comida lo que va en busca el cliente.

No solamente el emplearse temporalmente en un buen restaurante puede servir como escuela para adquirir los conocimientos y la experiencia necesaria, sino que también existen excelentes cursos de *catering* por correspondencia, los cuales en corto tiempo pueden capacitar a cualquier persona, aun con mediana escolaridad, pero eso sí, con vocación e interés en esta ocupación y negocio. Al final de este tema, usted encontrará los contactos necesarios para más información en tal sentido.

La tercera: CONTACTOS Y CREDITOS NECESARIOS.
Sirviendo a domicilio, se empiezan a levantar fácilmente referencias de crédito y se establecen importantes contactos comerciales. También es posible ir ahorrando algún capital para reinvertirlo en expansión, ya sea comprando más vehículos y equipo apropiado, o bien para adquirir un esta-

blecimiento permanente. Ambas cosas pueden trabajarse en conjunto sin ningún problema.

La cuarta: CLIENTELA PERMANENTE. *Catering,* o *Food Delivery Services,* han sido la receta "mágica" con que muchos, hoy propietarios de buenos y reconocidos restaurantes han empezado.

Esos primeros pasos con servicios a domicilio, les han permitido conocer muchos futuros clientes o contactos que más tarde han contribuido para familiarizarse con determinadas áreas, logrando de tal manera, darse a conocer mejor con el fin de establecer un nuevo núcleo de clientela permanente. Este es un factor de suma importancia en el tan competido campo del suministro de comida, ya que es bien sabido que un restaurante que no cuenta con una clientela propia y frecuente, está destinado a quebrar en muy poco tiempo. Bien sabido es también que los clientes satisfechos que con frecuencia repiten, son el factor que más contribuye al éxito de un establecimiento de comida, cualquiera que sea su especialidad.

Lógicamente, de ello se deriva que después de unos pocos años de prestar satisfactoriamente buenos servicios de *catering,* es mucha la clientela propia con que se puede contar para abrir un buen y acogedor restaurante.

OTRA FUENTE DE INGRESOS RELACIONADA CON LOS SERVICIOS DE BANQUETES Y COMIDA A DOMICILIO

Más allá de este campo que ya hemos visto, también existe otro servicio complementario relacionado que suele dejar muy buen dinero extra en comisiones, ya que por cada contratación, se obtiene un porcentaje de lo que cobran por entretener.

Esta actividad consiste en que muchos de los que se dedican principalmente a la ocupación de *caterers,* también suelen mantener un extenso número de contactos artísticos o *networks,* de personas que ofrecen actos de entretenimiento. Esto les permite a los banqueteros servir también como agentes o intermediarios en la contratación de ese tipo de personal, que con frecuencia es requerido en la mayoría de sus mismos eventos sociales. Algunos de ellos son: *DJ.'s –Disc Jockeys–,* luz y sonido, músicos, magos, payasos, bailarines, e inclusive grupos o bandas musicales, desde tríos hasta orquestas.

Ejemplo de lo anterior, apareció en un artículo que leí en una revista de emprendedores, acerca de un matrimonio hispano en el área de Houston, Texas, y quienes empezaron su empresa con menos de mil dólares hace ya algunos años.

Hoy, él maneja un reconocido servicio de *catering,* especializado en banquetes y reuniones sociales al aire-libre, que se realizan también en ocasiones bajo enormes carpas alegóricas.

Ella por su parte dirige una Agencia de Talentos, que empezó algunos años después de ayudarle a su marido con el otro negocio. El artículo de la revista destaca que el mayor volumen de trabajo y compromisos para la agencia artística, proviene principalmente del otro negocio de eventos sociales. Esta emprendedora mujer lo aclara todo cuando dice:

> *"Es un tipo de servicio que naturalmente se complementan el uno con otro, viene como anillo al dedo. Por esa misma razón, fue que cuando teníamos el negocio de catering ya en marcha, decidí dedicarme*

exclusivamente a esta otra fase del entretenimiento social. Hoy, esa fórmula nos está proporcionando excelentes resultados por ambos lados".

Se trata pues, de diferentes actividades de entretenimiento social, que pueden ser inteligentemente relacionadas entre sí, y trabajadas conjuntamente para que produzcan satisfactorias ganancias adicionales. Sólo basta con poner en contacto artistas con anfitriones y luego cobrar por ello.

INFOSOURCES
Recursos y fuentes de información

CAPACITACION:

Los cursos de *Catering* y cocina *Gourmet* que la *School of Catering and Gourmet Cooking* ofrece por correspondencia, son quizá los más prácticos en su género, ya que cuentan con un sólido sistema de instrucción y aprendizaje de gran utilidad, tanto para personas con algunos conocimientos de cocina, como también para principiantes sin ninguna experiencia previa en el manejo y negocio de comidas. Una de las mayores ventajas de estos cursos, es que no solamente enseñan a preparar una gran variedad de especialidades en gustosos platos que se encuentran de moda, para toda clase de eventos sociales y ágapes, sino que también proporcionan detalladas instrucciones con muy valiosos ejemplos de orientación sobre cómo empezar y operar este tipo de negocio desde su casa.

NATIONAL EDUCATION
CORPORATION
SCHOOL OF CATERING
AND GOURMET COOKING
Scranton Pennsylvania 18515

ASOCIACIONES/UNIONES:

MOBILE INDUSTRIAL CATERERS
ASSOCIATION
7300 Artesia Blvd.
Buena Park, CA. 90621

**CATALOGOS DE PRODUCTOS Y
REVISTAS DEL RAMO:**

GOLD MEDAL PRODUCTS CO.
2001 Dalton Ave.
Cincinnati, Ohio 45214

THOMAS FOOD INDUSTRY
REGISTER
Nota: Este inmenso catálogo que contiene más de 45 mil nombres y direcciones de compañías dedicadas a la industria de la comida, se encuentra disponible en la mayoría de las bibliotecas públicas.

CATERING TODAY MAGAZINE
P. O. Box 222
Santa Claus, IN. 47579
*

FOOD WORLD
5537 Twin Knolls Rd.
Columbia, MD. 21045
*

FOOD PEOPLE
P. O. Box 1208
Woodstock, GA. 30188
*

CATERING INDUSTRY
EMPLOYEE
1219 28 th. Street NW.
Washington, DC 20007

CHILD CARE

Cuidado de niños

Aquello de que: *"el marido es quien trae el pan a la casa y sostiene a la familia"*, está dejando de ser una realidad para constituirse simplemente en un mito.

Ese principio básico de la responsabilidad del hombre ante el matrimonio, que es lo que naturalmente identifica la cabeza de la familia, ha venido desapareciendo de la sociedad norteamericana a pasos agigantados en las dos últimas décadas.

Son ya escasos los padres que cumplen cabalmente con tan sagrada responsabilidad, por lo que, sin duda alguna, se trata de otra "especie" más en extinción.

Paralelamente, el concepto de que: *"el lugar propio de la mujer es el hogar, cuidar a los hijos y hacer los quehaceres domésticos"* también está pasando gradualmente a ser historia.

Sólo queda una escasa minoría de mujeres casadas que pueden quedarse en casa a cumplir con tan noble deber, y orgullosamente así proclamarlo.

Todo ello ha sido producto del modernista sistema de los **working couples,** que es una corriente o modalidad en la cual, tanto el marido como la mujer tienen que trabajar, puesto que el orden del día es vivir bien, con todos los lujos y comodidades habidas y por haber. Razones por las que el sueldo de empleado del marido no es suficiente, y entonces tampoco se puede vivir ganando lo mismo todo el tiempo, algo que para millones de norteamericanos es un estilo de vida muy común hoy en día, ya que también es una de las características principales de la clase media, y causante del **rat race** norteamericano.

Por lo tanto, la esposa tiene también que buscarse un empleo e ingresar a la fuerza laboral, para poder así "compartir" los gastos familiares.

Entonces ocurre que así las cosas cambian, puesto que cuando ambos padres están trabajando, por lo regular sí hay suficiente dinero para gastar, pero desgraciadamente no queda tiempo para darle el debido cuidado a los hijos –esta es una de las verdaderas raíces y origen del ***home-alone-kids–***, que constituye uno de los actuales descalabros familiares, y pesadilla social estadounidense.

Como resultado entonces de esa tendencia socioeconómica, la pregunta que hoy se hacen millones de parejas trabajadoras es bastante clara: *¿Cómo, dónde y quién cuidará de nuestros hijos mientras trabajamos?*

Este es uno de los dilemas más críticos por el cual atraviesa un alto porcentaje de modernos matrimonios norteamericanos. Balancear la vida entre el trabajo y el hogar para satisfacer otras necesidades, resulta para millares de padres un alto precio que pagar, y una tarea bastante difícil, especialmente por tratarse de un gasto que figura en tercer lugar de importancia, después de la comida y la vivienda.

En términos sociales y de valores humanos, todos esos factores representan una muy triste realidad que contribuye fuertemente a un alto grado de desestabilización familiar.

Pero eso sí, en términos financieros todo ello equivale a un multimillonario, fenomenal y fantástico negocio, el cual se conoce como ***Child Care.***

Esto es, cuidar niños de otras personas, lo que representa un creciente fenómeno, del que nadie que vive fuera de Estados Unidos se puede imaginar, pues se trata de un negociazo del cual viven millones de estadounidenses, e inclusive cientos de astutas familias e inmigrantes ilegales.

De hecho, es una labor u ocupación que como lo veremos más adelante, viene en todas formas, colores y tamaños, y en donde hay campo para personas de todos los niveles educativos y sociales. Efectivamente, por los antecedentes anteriores, no hay duda de que abrir *day care centers* y cuidar niños ajenos se ha convertido en un gran negocio en la actualidad.

Mientras inversionistas aportan enormes capitales con el fin de abrir nuevos centros para prestar estos servicios de cuidado infantil, como por ejemplo, *Kinder-Care Learning Centers,* que cuenta con más de 1,300 centros en todo el país, y recibe entradas anuales de más de 300 millones de dólares, también a otras personas sólo les basta tomar un curso de capacitación, y luego abrir las puertas de sus mismas casas para ofrecer dichos servicios de manera particular. Es decir que desempeñan casi el mismo papel de Guarderías o Jardines Infantiles en casas privadas, pero con un menor número de niños a cuidar. Y como todo negocio que progresa, existe la posibilidad de expandirse y reubicarse en un lugar más apropiado.

Evidentemente se trata de una actividad creciente y lucrativa, que no sólo ayuda a resolver en parte el problema del dilema familiar con que se encuentran las parejas trabajadoras, sino que también crea muchas fuentes necesarias de trabajo e ingresos para millares de personas aún con mediano tipo de preparación escolar, ya que se da el caso de cientos de cuida-niños que aun sin saber el inglés se dedican a ello.

Para todas esas personas, dicha oportunidad es muy tentadora, puesto que por ejemplo, cobran generalmente un mínimo de 30 dólares por cuidar un niño todo el día, lo que representa $ 150.00 dólares en una semana laboral de 5 días. Y si en vez de cuidar uno, cuidan tres, ello da como resultado $ 450.00 dólares semanales. Suma nada despreciable, sólo por quedarse en casa al cuidado de algunos niños. Y suma que también, representa algo que no se ganan miles de empleados matándose en fábricas u oficinas.

DIFERENTES MODALIDADES

En este negocio de cuidar niños, existen varias modalidades, entre las que se destacan las siguientes:

BABY-SITTING: Es el nombre que recibe la más popular, conocida y económica manera de cuidar niños. Prácticamente cualquier persona con uso de razón puede ir a una casa de familia y cuidar uno o varios niños durante la ausencia de sus padres. A tales personas se les paga de común acuerdo, por horas o días, según sea el tiempo dedicado a dicho cuidado, y el pago por hora puede variar entre los cinco y veinte dólares. En determinados casos, se quedan a dormir en casa los fines de semana o cuando los patrones así lo estimen necesario. Es un trabajo fácil.

IN-HOME CARE: Esta es la más costosa de las opciones con que se encuentran los padres para que les cuiden a sus hijos. Se trata de contratar a personas para que se encarguen de tal cuidado, y se queden a vivir en la misma residencia de empleo. Por esta razón, también se les conoce como *live-in help.* En este grupo se destaca el servicio de las conocidas *nannies,* que por tradición, desde hace muchos años ha sido el preferido de la gente rica. En algunos casos, a estas empleadas se les exije que sepan cocinar y hacer algunos oficios domésticos. Pero para la mayoría, el sólo cuidado de los niños es su exclusividad, ya que para ello toman cursos de capacitación especial que incluyen cuidados básicos y nutrición. El sueldo promedio para esta clase de niñeras o nodrizas oscila entre los $ 300.00 y $ 500.00

dólares a la semana, según el **American Council of Nanny Schools,** en el estado de Michigan.

AU PAIR: También existe el sistema europeo *Au pair,* por cierto poco conocido y que por regla general se trata de estudiantes extranjeros que ingresan a los Estados Unidos con una visa de intercambio cultural J–1, y quienes a cambio de pasajes, comida y techo, y una determinada suma de dinero a la semana, se comprometen a cuidar a los niños de la familia que los patrocina durante su estancia en este país. Dicho cuidado debe ser de por lo menos 45 horas a la semana. Este es uno de los pocos programas aprobados por el Servicio de Inmigración, que les permite trabajar a los extranjeros temporalmente y sólo bajo dichas condiciones, por un periodo no mayor a los 13 meses.

DAY CARE CENTERS: Son centros especializados en cuidar niños durante el día, mientras sus padres se van a trabajar. Estos cuentan con instalaciones y programas adecuados para mantener a los niños ocupados en un ambiente familiar, a través de personal con experiencia en el manejo y cuidado de infantes.

Los costos y requerimientos varían de acuerdo a las edades, ya que por ejemplo, los menores de tres años requieren más contacto y cuidado, especialmente con la alimentación y necesidades higiénicas. Mientras que para los mayores de tres a seis años, estos centros suelen ser sus favoritos, por los juegos y otras actividades infantiles que allí llevan a cabo.

FAMILY DAY CARE: De los anteriores, este es el que más se presta para establecer un *homebased business,* por tratarse de que es un servicio que se realiza en casas particulares, bajo la supervisión de uno o más adultos.

Según la **Child Development Association,** que es una de las más importantes organizaciones nacionales, y que a la vez se encarga de acreditar estos programas, se calcula que aproximadamente unos cinco millones de niños en todo el país reciben diariamente este servicio, proveído en más de un millón quinientos mil hogares particulares; subrayando que un alto porcentaje de ellos operan ilegalmente.

Esta es una excelente oportunidad, especialmente para quienes tienen hijos propios que cuidar. Pues por ejemplo, casos como el siguiente no son nada raros. Por el contrario, se trata de una fórmula muy común, que cualquier persona con mentalidad de negociante puede aplicar.

Evelyn Jones, trabajaba como cajera en un banco de la ciudad, cuando de repente se vió abandonada por su marido, después de un matrimonio de seis años, y lo peor de todo fue que quedó con la inmensa responsabilidad de tres hijos que sacar adelante.

Debido a la quiebra y reorganización de muchos bancos, no había transcurrido mucho tiempo cuando, para colmo de males, la situación de su trabajo en donde llevaba más de siete años y ganaba veinte mil dólares anuales, empeoró hasta el punto de que terminaron dandole un *lay-off.* Se quedó prácticamente en la calle, por mucho que buscaba trabajo no hayaba nada y su situación económica se deterioraba cada día más y más.

Mientras estaba en casa esperando alguna llamada de las múltiples solicitudes de trabajo que había hecho, un matrimonio vecino, en el cual ambos trabajaban, le pidieron el favor de que les cuidara a sus hijos durante el día, mientras ellos estaban fuera de casa, pues la señora que lo hacía regularmente se había ido de vacaciones.

Esta oferta fue el principio de su salvación económica, pues de allí le vino la idea de dedicarse a esta actividad de manera permanente.

El razonamiento era lógico, si por fuerza tenía que cuidar a sus propios hijos, ¿por qué no cuidar otros más y vivir de ello? Evelyn,consciente de lo que antes pagaba para que le cuidaran a sus hijos, hizo cuentas y llegó a la conclusión de que cuidando cinco niños más, estaría ganando una suma de dinero superior a la que ganaba anteriormente como empleada del banco. A la vez, no solamente se ahorraría lo que pagaba por que le cuidaran a los suyos, sino que también podría estar con ellos en casa todo el tiempo, y por lo tanto proporcionarles un mejor cuidado.

Con determinación, se decidió a probar la idea, investigando cuál era la forma más apropiada de hacerlo, por lo que terminó tomando un curso vocacional de **Child Care** en uno de los colegios públicos de la ciudad. Luego, como ella vivía en un apartamento pequeño, buscó una casa con espacio suficiente para que los niños estuvieran confortables. Posteriormente, para fines de ese mismo año en que se había mudado, ya tenía una ayudanta y cerca de diez niños a su cargo, casi todos de manera permanente y cobraba $ 150.00 dólares por cada uno a la semana, de lunes a viernes. Esto sin contar lo que cobraba por recogerlos y llevarlos, ya que también ofrecía servicio de transporte para quienes lo necesitaran, y por lo cual pedía una suma adicional de dinero.

Como hemos visto, el atractivo de esta ocupación es principalmente para madres jóvenes que también tienen hijos en edad pre-escolar, pues mientras les dan el debido cuidado a los suyos, cuidan también a los de algunos vecinos y hacen publicidad adicional para cuidar otros más.

La publicidad consiste en colocar avisos en los **bulletin boards** de los supermercados, o poner clasificados en los periódicos de la comunidad, ya que son los medios más apropiados para anunciar este tipo de servicios.

De esta manera, miles de personas tienen la oportunidad de ganar en su propia casa más dinero del que por ejemplo, gana cualquier empleado o cajero en un almacén grande, y al mismo tiempo, se adquieren suficiente experiencia para abrir una instalación más grande y permanente con varios empleados para que ayuden. De esta manera es como han surgido la mayoría de los **Child Care Centers.**

RECOMENDACIONES:
¿COMO EMPEZAR *THE RIGHT WAY?*

Requerimientos y permisos: Como ya lo hemos visto, millones de personas prestan estos servicios diariamente de manera individual, pero miles de estos establecimientos no están debidamente registrados, o tienen más niños del límite permitido, y hay que tener en cuenta que a medida que el número de niños aumenta, también aumentan las responsabilidades. Por tanto, tener todo "en regla" es un factor muy importante para evitar problemas posteriores. Además, quienes cumplen con estos requisitos son elegibles para recibir ayuda del gobierno por medio de programas asistenciales de comida, como lo es por ejemplo el **Child Care Food Program** del **U.S. Department of Agriculture.**

Como las regulaciones pertientes varían mucho entre una ciudad y otra, usted podrá contactarse directamente con el **City Hall** o **County Offices** del área en donde reside o piensa prestar este tipo de servicios, para así tener la información exacta.

Proveer algún tipo de distracción: Que no se trate simplemente de tener a los niños en casa, ociosamente o idiotizados frente a la televisión todo el día, como suele suceder con frecuencia. A los padres les interesa mucho –y bien lo saben recompensar– cuando sus hijos aprenden algo constructivo en relación con sus edades, como por ejemplo, algunos juegos prácticos o programas de desarrollo infantil que estimulen el instinto de aprendizaje en los niños. Sólo basta con asistir a un centro ya establecido, para darse una idea general a tal respecto.

Por estas razones, es conveniente tomar dicha ocupación en serio, capacitándose debidamente para tener más ventaja que otros, y poder así prestar estos servicios de manera profesional.

Conocimientos: Cursos de capacitación de esta naturaleza no son costosos, ni requieren de talentos especiales, sino más bien sentido común. Uno de los mejores cursos por correspondencia a este respecto es producido por el I.C.S. de Pennsylvania. En él se describen los principales pasos a seguir, desde qué juguetes comprar, hasta cómo hacer publicidad.

Contando con una casa amplia y de preferencia que tenga un patio adecuado, prácticamente al principio no se requiere ninguna considerable suma de dinero para abrir las puertas de un negocio como éste.

Pero eso sí, para con los niños de otros hay que tener mucho afecto, saberlos cuidar como a los propios, y contar con una muy alta dosis de paciencia y energía.

Ubicación: Uno de los puntos claves y fórmula recomendable para tener éxito en este negocio, es vivir en una comunidad afluente o de clase alta. Si no, por lo menos adyacente a una de ellas. Pues seguridad y confianza, son las primeras conveniencias que los padres con recursos eco-

nómicos buscan. Puede haber mejores y más propiadas instalaciones lejos en otros lugares, pero a ellos una de las
cosas que más les interesa es la facilidad de estar cerca de
su casa, pues esto de llevar y recoger a sus hijos, es una ru-
tina que la mayoría tiene que hacer diariamente, y les queda muy poco tiempo para andar atravesando la ciudad todos los días, de un lado a otro con tal fin. Además, cuando
se establece una buena relación entre los padres y los guar-
dianes de sus hijos, ellos prefieren una casa particular a
una institución, por tratarse de que es un cuidado más personal y de confianza.

El tener a sus hijos cerca de su propio hogar, es precisamente la conveniencia por la que los padres están dispuestos a pagar mejor.

Otro servicio adicional a este puede ser el de transportación, para recogerlos por las mañanas y repartirlos por
las tardes. Para esto se requiere un vehículo adecuado, y el
cual debe estar debidamente registrado. Esta es otra opción
que también representa ingresos adicionales para quienes
se dedican a cuidar niños.

INFOSOURCES
Recursos y fuentes de información

CAPACITACION:

SCHOOL OF CHILD DAY CARE
MANAGEMENT
National Education Corporation
925 Oak St.
Scranton, Pennsylvania 18515
*

PROFESSIONAL SCHOOLS
Guarderías Infantiles
100 NW. Douglas Rd.
Miami, Fla. 33125

ASOCIACIONES/UNIONES:

CHILD DEVELOPMENT
ASSOCIATION
1718 Connecticut Ave. NW.
Washington, DC 20009
*

NATIONAL ASSOCIATION FOR
THE EDUCATION OF YOUNG
CHILDREN
1834 Connecticut Ave. NW
Washington, DC. 20009
*

ASSOCIATION FOR CHILDHOOD
EDUCATION
11141 Georgia Ave. Suite 200
Wheaton, MD. 20902

**LIBROS Y MANUALES DE
INSTRUCCION:**

"LEGAL HANDBOOK FOR DAY
CARE CENTERS"
U. S. Dep. of Human Development
Services
Administration of Children, Youth and
Families
Washington, DC 20201
*

"CHOICES"
(paquete informativo)
U.S. Dep. of Labor
Office of the Secretary. Women's
Bureau
Implementation of Child Care
Washington, DC. 20210
*

"PROFITABLE CHILD CARE. HOW
TO START AND RUN A
SUCCESSFUL BUSINESS" por, Nan
Lee Howkins/Facts on File.

"CAREERS IN CHILD CARE".
Editorial VGM Career Horizons.
*

"FAMILY DAY CARE. HOW TO
PROVIDE IT IN YOUR HOME". Por
Betsy Squibb/The Harvard Commun
Press.

COMPUTER SERVICING AND REPAIR

Servicio de mantenimiento y reparación de computadoras

Si bien es cierto que las computadoras y la automatización han acabado con miles de empleos, también es cierto que la ola de nuevos servicios que se ha desencadenado a raíz de esta avanzada revolución altotecnológica ha creado otros tantos.

Estas nuevas ocupaciones han resultado ser confortables fuentes de ingresos para muchas personas con inclinación a la electromecánica, que tienen habilidad para manejar herramientas pequeñas y saben seguir instrucciones.

El mantenimiento preventivo, la reparación, el *up-grading,* el ensamblaje y otros servicios técnicos relacionados con las computadoras, se han convertido en una de las ocupaciones modernas con más demanda en la actualidad. Estas nuevas ocupaciones han sustituido a otras, para mal de unos, pero en beneficio de otros.

Las computadoras, aunque poderosas en sus distintas funciones y capacidades, también son aparatos que constan de frágiles y delicados mecanismos dentro de su ensamblaje y con frecuencia requieren elaborado mantenimiento con el fin de que funcionen apropiadamente, y para evitar costosas reparaciones como resultado del mal cuidado. Esto es lo que ha originado los servicios especiales de Mantenimiento Preventivo.

Por otro lado, a pesar del buen mantenimiento que se le dé a cualquier aparato, después de un determinado tiempo de uso, por una u otra razón terminan por descomponerse, y como consecuencia lógica, se requiere la ayuda de alguien conocedor en la materia para que proceda a diagnosticar la razón y corregir el problema, o reparar el daño.

Y con la fenomenal cantidad de computadoras que hay en operación en casas y oficinas a lo largo y ancho del país, no es difícil imaginarse la increíble demanda existente por personal capacitado, dispuesto a prestar dichos servicios, mismos que pueden prestarse a domicilio.

El mismo gobierno reportó por medio del **U.S. Department of Labor** que: *"se espera que esta ocupación crezca mucho más rápido sobre el promedio de otras ocupaciones de servicios, por lo menos hasta el año 2000 –es decir, con un aumento superior al 40%– y con sueldos mucho más altos en relación a otras ocupaciones tecnomecánicas"*.

Por los datos y razones anteriores, varios importantes libros y publicaciones han seleccionado al **Computer Repair Services** como uno de los mejores **homebased businesses** de los 90´s.

Indiscutiblemente que la alta tecnología también ha traído consigo altos sueldos y ganancias.

Lo curioso de esta ocupación y algunas de sus derivadas, es también que, contrario a lo que muchas personas piensan, no se requiere tener grados de ingeniería en mecánica electrónica, ni mucho menos ser un experto en alta tecnología para poder llevar a cabo esta labor y tener la capacidad de prestar dichos servicios.

Por complicados que estos asuntos aparenten ser, en realidad son más sencillos de lo que uno se puede imaginar, puesto que casi todo el ensamblaje de una computadora consta principalmente de circuitos y piezas intercambiables, fáciles de instalar y reemplazar.

Además, gracias a fabulosos programas computarizados de autodiagnóstico, como por ejemplo el **Check List 3.0/Pro.** que le permite a la computadora hacerse un chequeo interno, como también a otra gran variedad de instrumentos de precisión electrónica, es posible detectar rápidamente en qué consiste el mal funcionamiento.

Una vez detectada la falla y determinada la causa, sólo basta con reemplazar las piezas necesarias, lo cual sólo toma unos cuantos minutos. Esta rapidez y flexibilidad es otra excelente ventaja que le permite al técnico atender a múltiples clientes a domicilio en el transcurso de un mismo día.

Computer Up-grading: Es otra de las especializaciones en esta área de servicios que más rendimiento y mejores ganancias está dejando.

Ello se debe en particular a que constantemente salen mejores y más poderosos equipos, como también nuevos productos y ***software,*** que requieren una mayor capacidad, especialmente en lo que a memoria y velocidad se refiere.

Lo anterior da como resultado, que millones de usuarios y negocios no se quieran quedar atrás, y por lo tanto, se ven obligados a escalar o agregar a sus computadoras algunos componentes internos nuevos, o añadirle más capacidad de almacenamiento a su memoria, o a instalar algunos accesorios adicionales para poder usar otros nuevos programas o aplicaciones, como lo es por ejemplo en estos momentos un ***fax modem,*** para recibir y transmitir a distancia toda clase de correspondencia y gráficos; o también un ***CD-Rom reader,*** con el fin de disfrutar las maravillas de la Multimedia.

Sorprendentemente, este proceso de ***up-grading*** o instalación, por ejemplo, de un ***hard disk drive,*** un ***modem,*** o modificar la posición de algunos otros mecanismos internos, es tan sencillo –a manera comparativa– como cambiarle la batería a un automóvil.

La razón a esta facilidad es simple de comprender, pues sólo basta con observar dentro de una computadora para darnos cuenta que su ensamblaje interior, en la mayoría de ellas, –especialmente las nuevas– vienen acondicionadas de fábrica con *expansion slots, bays,* ranuras extras, y suficiente espacio para colocar posteriormente pequeños mecanismos compactos, nuevos *circuit boards* o *sound cards* y otros componentes que más tarde se necesiten.

Dada esta facilidad y lo explícito de algunos manuales, muchos usuarios son *do-it-yourselfers* que hacen sus propios *up-grades* internos, ahorrándose así el costo de tales servicios, y en el proceso aprenden algo nuevo acerca de sus computadoras.

También, comprar *frames* y componentes nuevos al por mayor para ensamblar aparatos y luego venderlos funcionando como equipos completos, hasta por menos de la mitad de lo que normalmente cuestan algunas reconocidas marcas, ha resultado ser un negocio bastante lucrativo para muchos individuos que han adquirido experiencia en reparación y ensamblaje.

Esto se debe más que nada, a que no se requiere de una maquinaria especial, y a la alta disponibilidad de toda clase de componentes baratos.

FORTUNAS DE GARAJE

Un caso similar y fantástico por cierto, que sirve de ejemplo clásico para muchos, es el de aquel joven californiano, hijo de una modesta familia, que desde muchacho se aficionó a desbaratar con precoz curiosidad y trabajar toda clase de aparatos electrónicos, haciendo de ellos su *hobby* favorito, y que más tarde, para desmayo de sus padres, se convirtiera en un *drop-out,* que nisiquiera quiso terminar sus estudios de bachillerato para enfocarse en la parte lucrativa de su *hobby,* dedicándose a armar computadoras en el garaje de su misma casa. Ya presentía él que en este negocio iba a tener un increíble futuro.

Dados sus escasos recursos económicos, cuando quiso poner en práctica la idea de ensamblar computadoras para ofrecerle al público, tuvo que vender por lo que le dieran, un viejo Volkswagen que era su posesión más preciada, ya que necesitaba algo más de mil dólares para comprar algunos tableros electrónicos y otras partes esenciales.

Una vez recaudados esos fondos como capital inicial, compró lo necesario y se instaló en el garaje de su casa, donde empezó a poner en práctica su plan, y a realizar sus sueños en compañía de su mejor amigo y *namesake Steve Wozniac,* quien también era otro *computer buff.*

Fue así entonces que se dedicaron a la tarea de ensamblar aparatos, con una idea muy particular en mente: no iban a ser necesariamente aparatos para negocios, sino más bien para aficionados y *hobbyist* que como ellos, también quisieran tener y usar computadoras en casa.

Pasado un tiempo, y después de haber perfeccionado sus modelos iniciales, estos aparatos empezaron a gustar mucho, no sólo entre *hobbyist,* sino también entre colegios pequeños y comerciantes que no podían con los altos precios de reconocidos fabricantes, como por ejemplo *Industrial Business Machine (IBM),* que en ese entonces eran bastante altos.

Otro factor que contribuyó a su éxito, fue que estos emprendedores jóvenes se las ingeniaron para fabricar sus computadoras con un sistema operacional mucho más sencillo de aprender y manejar, que cualquier otra computadora en el mercado; ventaja que aun a la fecha continúa siendo una de las principales características de sus famosas computadoras. Hoy en día, Steve Jobs, que a los 27 años ya era millonario, es uno de los hombres más ricos de

Estados Unidos, y su gigantesca empresa *Apple Computer,* que empezó a producir en el garaje de su modesta casa, es una de las compañías fabricantes de computadoras más poderosas en todo el mundo, especialmente con sus aparatos *Macintosh.*

OTRAS OPORTUNIDADES RELACIONADAS CON LOS SERVICIOS DE REPARACION Y MANTENIMIENTO DE APARATOS ELECTRONICOS

Para quienes se capaciten debidamente en esta ocupación, el potencial de ingresos es bastante amplio, ya que pueden beneficiarse no solamente del área de las computadoras, sino también de otras relacionadas con toda clase de aparatos electrónicos, como lo son por ejemplo: *printers, faxes, video cassette recorders* y hasta *television sets,* puesto que prácticamente todos estos aparatos requieren conocimientos que están basados en los mismos principios de la mecánica electrónica, y por tanto, se emplean técnicas similares, inclusive las mismas herramientas.

Hay quienes se especializan en un determinado segmento de las computadoras, y como *side jobs,* atienden otros tipos de aparatos, lo que les representa no solamente más ingresos adicionales, sino también la oportunidad de darse a conocer como técnicos en computadoras. Muchos lo hacen así con muy buenos resultados, y por consiguiente, usted podrá hacer lo mismo.

Si tenemos en cuenta que el costo mínimo de un *computer service* es de $ 60.00 dólares en adelante, y similar para el de otros aparatos electrónicos, podemos ver que la oportunidad de ingresos es bastante atractiva, especialmente por tratarse de que es solamente mano de obra, y no existen otros gastos que la mayoría de los negocios sí exigen.

Estas son oportunidades que pueden empezar a desarrollarse después de un entrenamiento básico, que en la mayoría de los casos toma más o menos un año. El resto del profesionalismo será la experiencia que se va adquiriendo en el transcurso de la misma ocupación.

LA COMPETENCIA NO ES NINGUN PROBLEMA

Aunque en este sector existe abierta competencia por parte de las grandes compañías, esta ocupación continúa siendo una de las preferidas por individuos particulares, por la sencilla razón de que como son servicios que se prestan a domicilio, y sólo requieren labor personal, es posible competir eficientemente cobrando precios más bajos con relación a los de la competencia.

En base a esto, la proliferación de técnicos particulares es cada vez más visible, debido precisamente a esas escandalosas tarifas que suelen cobrar la mayoría de los grandes almacenes y casas distribuidoras que ofrecen también estos servicios.

Una persona debidamente capacitada en esta materia, puede darse el gusto de ofrecer servicios superiores de manera competente y a precios inferiores, e inclusive garantizar su trabajo por varios meses.

Esta es una fórmula que no sólo combate la competencia efectivamente, sino que además aumenta cualquier lista de clientes permanentes.

SOLO SE REQUIERE UN MINIMO CAPITAL PARA EMPEZAR

Esta ocupación en general como negocio, es una de las que menos capital inicial requieren, ya que no se necesita ningún costoso equipo, puesto que como lo hemos visto, las principales actividades de estos técnicos consisten sobre todo en *troubleshooting,* probar, limpiar y cambiar pequeñas piezas, e instalar componentes y hacer *up-grades.* En pocas palabras, la mayor inversión requerida por un técnico en computadoras para montar un negocio basado en casa, aparte de algunas herramientas y de un vehículo que le sirva para prestar estos servicios a domicilio, es simplemente el capital de conocimientos que a este respecto pueda tener en su propia cabeza.

INFOSOURCES
Recursos y fuentes de información

CAPACITACION:

COMPUTER ELECTRONIC SERIES
McGraw-Hill Continuing Education
Center
4401 Connecticut Ave. NW
Washington, DC. 20008
*

SCHOOL OF COMPUTER TRAINING
Personal Computer Repair
Scranton, PA. 18515
*

CLEVELAND INSTITUTE OF
ELECTRONICS, INC.
1776 E 17th. St.
Cleveland, OH. 44197
*

FOLEY BELSAW INSTITUTE
Computer Repair
Kansas City, MO. 64120

ASOCIACIONES/UNIONES:

ELECTRONICS TECHNICIANS
ASSOCIATION
604 North Jackson
Green Castle, IN. 46135

**CATALOGOS DE PRODUCTOS Y
REVISTAS DEL RAMO:**

MCM ELECTRONICS
650 Congress Park Dr.
Centerville, OH. 45459
*

ALTEXELECTRONICS
11342 N. IH. 35
San Antonio, Tex. 78233
*

POPULAR ELECTRONICS (revista)
500-B Bi-County Blvd.
Farmingdale, NY. 11735

CONSTRUCTION

Construción

Está confirmado que la industria de la construcción es la más grande que puede existir en Estados Unidos, pues no solo emplea al número más alto de trabajadores, sino que también mueve más millones de dólares que las industrias del automóvil y de la aviación juntas.

La población aumenta, y con ella aumenta consecuentemente la demanda de la vivienda. De igual forma, aumenta también la necesidad de remodelar miles de viviendas ya existentes, más la reparación y el mantenimiento de muchas otras edificaciones.
Existen cuatro factores importantes que hacen de la multifacética industria de la construcción, una de las mejores fuentes laborales, y de mayores oportunidades en todo el territorio norteamericano. Ellos son:
1) Facilidad y abundantes medios de aprendizaje.
2) Excelente remuneración económica.
3) Oportunidad de trabajar independientemente.
4) Permite avanzar a otras ocupaciones distintas pero relacionadas entre si mismas.
Veamos cada uno de estos importantes factores:

1.- FACILIDAD DE APRENDIZAJE: Como se verá más adelante, entre los numerosos planes de estudios vocacionales públicos, y los programas formales de *apprenticeships,* encontramos muchas oportunidades de adquirir conocimientos en los principales campos relacionados con el negocio de la construcción.

2.- EXELENTE REMUNERACION: El trabajo de la construcción en cualquiera de sus áreas, es por lo general duro, razón por la que la mano de obra se cotiza muy bien. De ahí que, aún por encima del costo de materiales necesarios, generalmente se presenta un buen margen de ganacias.

3.- SE PUEDE TRABAJAR INDEPENDIENTEMENTE: Más de la mitad de las diferentes áreas de la construcción, se prestan para trabajar por cuenta propia. Quien crea que esto es sólo dominio de las grandes compañías constructoras, está equivocado, pues las estadísticas demuestran lo contrario.
Como dato alentador para miles de contratistas independientes, un reporte reciente del *U.S. Department of Labor,* indica que particularmente en el campo de la vivienda, no son las grandes empresas constructoras las que tienen permanentemente la mayor participación en el mercado de esta gigantezca industria, sino más bien, las firmas medianas y pequeñas son las que dominan permanentemente el mercado, a través de un sinnúmero de contratistas independientes, quienes activamente ofrecen uno u otro servicio relacionado. Este es un fenómeno que sobresale especialmente en todo lo que tiene que ver con la reparación y remodelación de edificaciones destinadas a la vivienda, puesto que es en donde existe más necesidad y mayor demanda por todo tipo de trabajos, tanto pequeños como grandes. Por lo tanto, se trata del "fuerte" laboral que más favorece a todo contratista independiente en cualquier época del año, o situación económica del país. Bien sabido es que todos los campos relacionados con la vivienda son *recession proof,* pues en buenos o malos tiempos, la gente necesita de un lugar adecuado y presentable en donde vivir.
Todo ello representa oportunidades que miles de *independent contractors* saben aprovechar muy bien.

4.- SE PUEDE AVANZAR A OCUPACIONES DISTINTAS PERO RELACIONADAS: Para construir cualquier edificación de principio a fin, se requiere necesariamente de la participación coordinada de varias ocupaciones distintas, pero al mismo tiempo relacionadas entre sí. Ello le brinda una gran oportunidad a cualquier persona que desee trabajar como contratista independiente, pues le permite conocer varias áreas con el fin de trabajarlas por su propia cuenta. Por ejemplo, a un carpintero también le es fácil trabajar la instalación de páneles de *drywall,* material que mucho se presta para eregir paredes interiores. Aunque este material es muy diferente a la madera, no obstante su empleo y aplicaciones en muchos casos son casi iguales. Un carpintero puede también aprender fácilmente la instalación de *aluminum siding,* que es otro campo especializado y con muy alta demanda.

De hecho, toda persona con iniciativa propia tiene la oportunidad de progresar y avanzar dentro de ocupaciones relacionadas, lo cual representan mejores oportunidades y mayores ingresos.

PRINCIPALES CAMPOS EN QUE SE ENCUENTRA DIVIDIDA LA INDUSTRIA DE LA CONSTRUCCION

La construcción se encuentra dividida en tres categorías principales que son: La estructural, la técnico-mecánica y la de acabado, de las cuales se desprende a su vez un extenso número de ocupaciones relacionadas.

1.- STRUCTURAL

A) *Carpentry*
B) *Bricklayers*
C) *Stonemasons*

2.- MECHANICAL

D) *Electricians*
E) *Welders*
F) *Heating and air conditioning*
G) *Plumbers*

3.- FINISH

H) *Floor workers*
I) *Roofers*
J) *Tilesetters*
K) *Drywall workers*
L) *Painters*

A continuación, veremos una descripción de las principales características de cada una de estas ocupaciones, con su respectiva fuente de información para solicitar datos adicionales.

1.- *STRUCTURAL*

Esta área abarca absolutamente todo el trabajo relacionado con la estructura principal de una edificación.

A) *Carpentry.*

En la construcción, la carpintería es una de las más conocidas e indispensables ramas ocupacionales, ya que el uso de la madera en todo tipo de construcción continúa siendo muy común, pues se trata del manejo de uno de los materiales más antiguos que se emplean en esta industria, ya que es un elemento durable y flexible para trabajar, aun cuando han aparecido otros materiales sintéticos derivados principalmente de petroquímicos y otras recinas, y que también son de mucho uso hoy en día.

Por su diversidad y amplitud en otros campos fuera de la construcción, esta ocupación es tratada como tema separado en páginas anteriores.

Si usted desea mayor información, puede escribir a las siguientes direcciones:

UNITED BROTHERHOOD OF
CARPENTERS AND JOINERS
OF AMERICA
101 Constitution Avenue N.W.
Washington D.C. 20001
*

HOME BUILDERS INSTITUTE
1090 Vermont Av. N.W.
Washington D.C. 20005

B) *Bricklayers*.
A diferencia de muchos otros países, en donde esta ocupación es de poca categoría y muy mal pagada, en Estados Unidos no solamente ocupa un lugar de respeto dentro de la construcción, sino que también por tratarse de *hard work* es muy bien remunerada, especialmente cuando se es miembro de una *Labor Union.*

Colocar ladrillos o bloques de cemento para levantar paredes, es una ocupación pesada pero al mismo tiempo tiene su buena recompensa económica para aquellos que lo hacen de manera profesional, ya que muchas de estas personas ganan hasta más de 18 dólares por hora.
La única desventaja de esta ocupación es que, como la mayor parte del tiempo se realiza *out-doors,* ocurre que en ciertas regiones del país, en donde las temporadas de invierno son bastante crudas, un alto porcentaje de *bricklayers* se queda sin trabajo, o tienen que emigrar a otras regiones del país en donde las circunstancias del clima no sean tan severas. Pero esto no les sucede a aquellos albañiles que también se dedican a otras ocupaciones relacionadas, y que no tienen desventajas por tales inconveniencias climatológicas, como lo son por ejemplo; la pintura, la carpintería, *floor workers,* etc.Ocupaciones todas estas que generalmente no se realizan a la intemperie, sino en el interior de las edificaciones.
Para mayor información puede usted escriba a:

NATIONAL CONCRETE MASONRY ASSOCIATION
2302 Horse Pen Road
Herdon VA. 22071
*

BRICK INSTITUTE OF AMERICA
11490 Commerce Park Drive
Reston VA. 22091

C) *Stonemasons.*

Aunque los anteriores también pertenecen a esta rama, no obstante se conocen específicamente con este nombre, a todos aquellos albañiles especializados en trabajar distintos tipos de piedra, como por ejemplo el mármol, el granito, el *limestone* o roca, y otros materiales semejantes que son utilizados particularmente en edificaciones lujosas que requieren de detalles artísticos en fachadas o interiores.

El costo de este trabajo y la misma mano de obra, son mucho más altos que el de trabajar solamente con ladrillo.

Con frecuencia los *bricklayers* que han adquirido suficiente experiencia en su respectiva área, avanzan y siguen esta ocupación, puesto que el proceso y funciones básicas de estas dos labores, (colocar ladrillos y trabajar la piedra) tienen mucho que ver entre sí. Además, en este campo especializado se gana mucho más dinero.

Otra ventaja especialmente para este tipo de albañil contratista que trabaja independientemente, es que la piedra puede ser primero trabajada y labrada en pequeños talleres o garajes, para luego ser colocada en el sitio o edificación destinada.

Para mayor información usted puede escribir a:

NATIONAL CONCRETE MASONRY ASSOCIATION
2302 Horse Pen Road
Herdon VA. 22071

2.- *MECHANICAL*

A esta categoría, pertenecen todas aquellas ocupaciones que para la construcción requieren de una serie de conocimientos técnicos y mecánicos. Las principales son:

D) *Electricians.*

Los electricistas son los responsables de ensamblar e instalar todos los sistemas eléctricos en cualquier clase de edificación, y generalmente se especializan en una de las dos principales áreas en que se comercializa esta ocupación: **La construcción, y el mantenimiento.** Aunque por lo regular, quienes trabajan por cuenta propia acostumbran atender ambas áreas, según sea el caso.

A los electricistas les resulta más trabajo del que se supone. Lo que sucede es que en la mayoría de los casos, se trata de trabajos pequeños, que no alcanzan a reflejarse en las estadísticas. Pero la realidad es que casi todo el mundo tiene que ver con elementos eléctricos, por lo que tarde o temprano, va a necesitar de los servicios de un electricista.

NUEVOS MERCADOS: Una de las mejores características de esta ocupación es su gran versatilidad, ya que no está limitada sólo a la industria y a la construcción, sino que toca una infinidad de aspectos indispensables en la vida moderna. Por ejemplo, antes era raro necesitar un electricista en una casa particular, pero hoy en día, con más de diez millones de *home offices,* las circunstancias y necesidades han cambiado de manera, por así decirlo, dramática. La instalación de alambrados y conexiones especiales para circuitos de terminales de computadoras y otros equipos de oficina, son de los trabajos más frecuentes y solicitados, e incluso la instalación de sistemas múltiples telefónicos, área en la que anteriormente sólo tenían acceso los empleados de teléfonos.

Otro fenómeno que a este respecto se está presentando recientemente, es que muchos electricistas, en vista de las grandes oportunidades que ofrece la electrónica, se están especializando en una o varias de las áreas más importantes, pues es una forma de ganar más dinero y tener más trabajo en el futuro.

Por otro lado, como la demanda de servicios es alta y continúa creciendo en todo el país, es conveniente prestar estos servicios a domicilio, auxiliándose con una unidad móvil bien equipada.

Para mayor información puede usted dirigirse a:

INDEPENDENT ELECTRICAL
CONTRACTORS INC.
P.O. Box 10379
Alexandria VA. 22310
*

NATIONAL ELECTRICAL
CONTRACTORS ASSOC.
3 Bethesda Metro Center # 1100
Bethesda MD. 20814
*

INTERNATIONAL BROTHERHOOD
OF ELECTRICAL WORKERS
1125 15 Th. Street NW.
Washington D.C. 20005

En la ocupación de *"Electronic Service Technicians"* encontrará usted más direcciones relacionadas.

E) *Welders*.

Esta ocupación es de mucha utilidad en la costrucción, ya que se requiere gente especialmente para soldar vigas y soportes metálicos, así como para fabricar puertas, ventanas, rejas, cerraduras fuertes y otros trabajos ornamentales que contribuyen al realce y estética de las edificaciones. Se trata de una ocupación muy bien remunerada, pero requiere destreza manual y muy buena vista, así como también *precise eye coordination*.

Aparte de la soldadura manual, en la cual dicho proceso es totalmente controlado por el soldador, también es de mucho uso la soldadura semiautomática, la cual se trabaja a través de maquinaria o equipos especialmente diseñados para ello. En virtud de que la soldadura manual es la manera más común de unir partes y alambrado metálico de manera permanente, cabe señalar que el resto de las ocupaciones que pertenecen a este grupo, también requieren y dependen de algunos conocimientos de soldadura. Por ejemplo, en la instalación de conductos para sistemas centrales de aire acondicionado o en la plomería misma, se requieren algunos trabajos de soldadura.

Fuera de esa gran variedad de estructuras y objetos metálicos que requiere la construcción, esta ocupación es también de bastante uso en otras industrias relacionadas con el trabajo de metales y muchos otros mecanismos fabricados con tales materiales.

Es importante tener en cuenta que para cualquier tipo de soldadura, por pequeña que sea, se requiere de un lugar suficientemente ventilado, ya que el humo que resulta de tal proceso, en muchos casos suele emanar gases tóxicos.

Por lo demás, lo anterior indica que cualquier soldador que desee salir adelante dentro de su misma ocupación y otras relacionadas, podrá hacerlo mediante cursos adicionales de capacitación en la respectiva materia. La capacitación y el esfuerzo adicional le van a permitir a todo *welder* con mentalidad emprendedora, trabajar simultáneamente en varias ocupaciones relacionadas, con lo cual lógicamente aumentará sus ingresos económicos.

AMERICAN WELDING SOCIETY
550 North West LeJune Rd.
Miami FL. 33126

F) *Heating and air conditioning.*

Esta es otra ocupación que se trata por separado más adelante en este mismo capítulo, puesto que no solamente es imprescindible para montar sistemas centrales que ayudan a controlar el clima interior de las edificaciones, sino que también es una ocupación de fácil aprendizaje. De igual manera, tiene mucha demanda fuera del campo de la construcción, particularmente por los servicios de reparación y mantenimiento de toda clase de aparatos relacionados, inclusive de refrigeración, tanto en el campo comercial, como también en áreas residenciales.

Para mayor información, véase *Refrigeration and air conditioning.*

G) *Plumbers .*

Los plomeros se encargan de la instalación, mantenimiento y reparación del sistema de distribución y descarga de agua y del gas para estufas y *furnaces*, a través de toda una edificación, por medio de tuberías fabricadas con distintos materiales.

Según estadísticas oficiales, esta ocupación se encuentra en sexto lugar entre las actividades relacionadas con la construcción, que se pueden ejercer a manera de *self-employment*.

La plomería es una de las profesiones con mayor demanda, no sólo en el proceso mismo de la construcción, sino también con regular frecuencia para el mantenimiento y reparación de tuberías que se rompen o desgastan con el uso.

Algunos conocimientos básicos de plomería son de bastante utilidad en otras ramas de la construcción, como por ejemplo en la que acabamos de ver. También en la electricidad, y para sistemas de calefacción y aire acondicionado.

Muchos *plumbers* emprendedores también trabajan como *home inspectors*, dado que la plomería es una de las partes críticas de las edificaciones, y la que suele presentar con el tiempo más problemas de atascamientos y rupturas. Problemas que tienen que ver mucho con el valor de una casa, puesto que nadie quiere habitar un lugar con una tubería deficiente.

Si tenemos en cuenta que hoy en día un servicio para destapar o soldar una tubería es de $ 25.00 ó $ 30.00 dólares en adelante, entonces se considera que es una ocupación que bien se puede calificar de muy lucrativa.

Para mayor información usted puede dirigirse a:

NATIONAL ASSOCIATION OF
PLUMBING CONTRACTORS
P.O. Box 6808
Falls Church VA. 22046
*

ASSOCIATED BUILDERS AND CONTRACTORS
729 15 Th. Street NW.
Washington DC. 20005

NATIONAL FIRE SPLINKER ASSOCIATION
P.O. Box 1000
Patterson N.Y. 12563
✳
MECHANICAL CONTRACTORS ASSOCIATION OF
AMERICA
1385 Piccard Drive
Rockville MD 20850

3.- *FINISH*

Una vez terminada la parte estructural y la técnica, viene lo que pertenece a lo que conocemos como el acabado, que consiste en los últimos detalles para finalizar la obra, y en lo cual juegan un papel muy importante las siguientes ocupaciones:

H) *Floor workers.*
En el acabado de los pisos existen tantas ocupaciones como tipos de pisos hay, pero la de mayor demanda y que más se presta para trabajar de manera independiente, por ser de las más fáciles y de las que mejor rendimiento económico producen, es la de *Carpet Installers.*
Los pisos alfombrados *wall-to-wall*, especialmente en la mayoría de las oficinas y en la vivienda norteamericana, no es ningún lujo, por el contrario, es algo común y corriente. Como consecuencia, la instalación de estos materiales es una tarea que proporciona trabajo a miles de personas, muchas de las cuales lo hacen trabajando *part-time*, bajo las órdenes de los *floor contractors.* Otros trabajan para alma-

cenes que venden este tipo de productos, y algunos más lo hacen por contratos operando desde su casa.

Inclusive, muchos de los que se dedican al ***carpet cleaning,*** mantenimiento y reparación de alfombras, también se capacitan y adquieren experiencia en instalación, teniendo así una doble oportunidad de ingresos, ya que, de cualquier manera, lo uno va con lo otro.

También muchos carpinteros se dedican a esto, haciéndolo como una segunda área de su especialización, puesto que medir, tender y cortar alfombras es una ocupación muy fácil de aprender. Sólo basta con repasar algunos manuales de instrucción que indican las técnicas más comunes, y luego observar a quienes ya tienen experiencia en este campo.

No es raro que cuando se requieren trabajos de carpintería en una construcción, también se necesite la instalación de algunas alfombras, y obviamente, ahí es donde se le presentan otras oportunidades a quien se encuentre capacitado es la especialización de ***Carpet Installation.***

Para información adicional usted puede dirigirse a:

FLOOR COVERING INSTALLATION
CONTRACTORS ASSOCIATION
P.O. Box 948
Dalton, GA. 30722
✻

UNITED BROTHERHOOD OF CARPENTERS
AND JOINERS OF AMERICA
101 Constitution Ave. NW.
Washington DC. 20001

I) *Roofers.*

No solamente hay que construir techos para nuevas edificaciones, sino que además, con frecuencia los ya existentes requieren inminentes reparaciones y también nuevas capas y coberturas cada pocos años, lo que provoca que la demanda para este tipo de trabajos sea continua.

Se trata de un trabajo duro, a la vez que arriesgado y sucio, ya que hay que trabajar con materiales como la brea, el chapopote y la grava, en circunstancias muy cálidas, y a lo cual se le agregan las altas temperaturas que ese mismo material requiere para poderse trabajar. Y como si esto fuera poco, está confirmado que es la rama de la construcción en donde más insidencia de accidentes ocurren.

Pero aún así, es una necesidad que obliga demanda, y por consiguiente, debido a su misma naturaleza de riesgo, provee una clase de trabajo que es muy bien pagado. De ahí que la mayoría de quienes se dedican a ello son contratistas dueños de sus propios negocios de *roofing,* y quienes por medio de contratos operan independientemente, encomendándole el *hard-work,* a ayudantes y aprendices, a quienes irónicamente en muchos casos les pagan sueldos irrisorios.

Aunque existen diferentes especializaciones de acuerdo al tipo de techo, como por ejemplo de teja, metálicos y de plásticos *heavy-duty,* no obstante el trabajo de la impermeabilización es el que mayor demanda tiene, puesto que un *leaky roof,* no solamente puede dañar los entretechos y las paredes, sino también arruinar muebles y otras valiosas pertenencias.

De acuerdo a la publicación *Engineering News Record,* en la ciudad de Nueva York, que es donde más alto se cotizan estas labores, su costo promedio únicamente por la mano de obra es de $ 35.00 dólares por hora.

Para mayor información puede usted escribir a:

NATIONAL ROOFING CONTRACTORS
ASSOCIATION
10255 W. Higgins Rd.
Rosemont Illinois 60018
*

UNITED UNION OF ROOFERS
1125 17 Th. Street N.W.
Washington DC.20036

J) *Tilesetters.*

Desde tiempos inmemorables, según lo podemos apreciar en las edificaciones egipcias y romanas, la baldosa, la cerámica y otros materiales similares como los azulejos, han sido frecuentemente utilizados en la construcción, debido a que son muy durables, impermeables y fáciles de limpiar. Muchas de las personas que hacen este tipo de trabajo, una vez que adquieren suficiente experiencia, abren su propio taller y se dedican a enseñar su *skill,* a hacer estimados y a supervisar proyectos de tal naturaleza en diferentes construcciones. Fuera de que ésta es una labor muy popular en la construcción, y que de igual manera tiene mucho que ver con el área de los *floor workers,* también tiene su potencial artístico, ya que ofrece una excelente oportunidad a aquellas personas creativas y con destreza manual, que poseen un buen sentido de la armonía y del color para crear artísticos mosaicos, los cuales son utilizados en la ornamentación de muchas clases de construcciones, especialmente residencias lujosas, colegios, hoteles, restaurantes, etc. Estos trabajos están considerados en una categoría artística diferente, y por lo tanto, su nivel de cotización es alto.

Esta es realmente otra de las ocupaciones en donde el talento artístico y el buen gusto *pays-off-well.*
Para mayor información puede usted escribir a:

UNITED BROTHERHOOD OF TILE FINISHERS
101 Constitution Ave. NW.
Washington DC. 20001
*

MASONRY INSTITUTE APPRENTICESHIP AND
TRAINING
815 15 Th. Street NW.
Washington DC. 20001

K) *Drywall workers.*

Los páneles prefabricados de tablaroca, o más bien, el yeso prensado entre dos láminas de cartón, es un resistente y moderno material de construcción que reemplazó a los peligrosos y carcinógenos asbestos, y es lo que más se está usando en todo tipo de obras hoy en día, puesto que también es mucho más económico y seguro que la madera.

Además, es fácil de trabajar y también tiene la gran ventaja de que es *fire retardant* y resistente contra el fuego, lo que no ocurre con la madera, que por el contrario es de fácil combustión.

Por tales razones, esta es otra de las ramas de la construcción –a la cual también muchos carpinteros se dedican– que de igual manera se presta para ser trabajadas independientemente, ya que además, dichas láminas de material son de fácil transportación y se manejan en una infinidad de trabajos pequeños, tales como dividir espacios en las construcciones, erigir paredes secundarias, acabados de *ceilings* en los cuartos, etc. Además, es el material ideal para remodelar y convertir un feo sótano o ático en un cómodo y elegante salón de entretenimiento, o inclusive, para quien tenga un **homebased business,** pues puede remodelar o adaptar una amplia oficina en cualquier lugar de su casa.

No hay que olvidar que la remodelación de casas es la mejor y más lucrativa área a la cual los contratistas independientes tienen fácil acceso, y el **drywall** por su parte, es uno de los materiales favoritos para realizar dicha labor, puesto que se presta mucho para trabajos de renovación.

Para mayor información puede usted escribir a:

HOME BUILDERS INSTITUTE
1090 Vermont Av. NW.
Washington DC. 20005
*

UNITED BROTHERHOOD OF
CARPENTERS AND JOINERS OF AMERICA
101 Constitution Av. NW.
Washington DC. 20001

L) *Painters.*

En general, esta no solamente es quizás la más sencilla de las ocupaciones relacionadas con la construcción, sino que también es fácil de aprender, pues prácticamente cualquier persona sin experiencia alguna puede "darle brocha" a una pared.

No obstante, conocer el manejo apropiado de las **spry guns, rollers** y **heavy duty brushes,** como aprender sus diferentes técnicas, hacer los adecuados **color matching,** conocer los diferentes tipos de recinas y pinturas, y adquirir rapidez, son los factores que permiten a quienes se dedican a esta labor profesionalmente, ganar hasta más de $ 15.00 dólares por hora.

OPORTUNIDAD PARA APRENDICES

Esta ocupación es la que más ha servido a muchas personas como introducción a otros campos de la construcción. Para quienes no tienen ninguna experciencia, pero que les atrae algún campo relacionado con la construcción, encontrar un buen trabajo como ayudante de pintor de "brocha gorda" es quizás la forma más económica, práctica y fácil para empezar, ya que así, no solamente estará recibiendo un sueldo, sino que además tendrá la puerta abierta para introducirse y dar los primeros pasos en esa dirección. Una vez allí, podrá hacer los contactos necesarios y encontrará los medios que le permitirán conocer y practicar otras ramas relacionadas, como algunas de las que aparecen en este capítulo. De esa manera usted podrá escoger la que le parezca más interesante y sea de su mayor agrado. Posteriormente, podrá enfocarse a lo que ha escogido, y aprenderlo a fondo allí mismo como *apprentice*. También podrá tomar un curso por correspondencia o algunas clases vocacionales, que en la mayoría de las comunidades están disponibles a través de diferentes entidades públicas docentes. Inclusive muchas *labor unions* imparten cursos de capacitación correspondientes a cada ocupación que representan. Para mayor información usted puede escribir a:

INTERNATIONAL BROTHERHOOD OF
PAINTERS AND ALLIED TRADES
1750 New York Av. NW.
Washington DC. 20006
*

ASSOCIATE BUILDERS AND CONTRACTORS
729 15Th Street NW.
Washington, DC. 20005

OPORTUNIDADES SIN LIMITE DENTRO DE DIFERENTES CAMPOS RELACIONADOS CON LA CONSTRUCCION

Aunque por supuesto, la construcción requiere de diversas ramificaciones u ocupaciones, en la lista o compendio anterior nos hemos referido solamente a las más comunes, mejor remuneradas y con mayor demanda.

Como muchas de estas ocupaciones se relacionan entre sí, la multifacética industria de la construcción es de las que más oportunidades de trabajo ofrecen a quienes desean progresar y salir adelante explorando otras más.

Estas son oportunidades que, como hemos observado en diferentes ocasiones, pueden ser trabajadas independientemente y de diferentes maneras.

Después de las ocupaciones relacionadas con las computadoras, la construcción es la industria que más se presta para que una sola persona pueda desarrollarse y obtener una buena remuneración, tal como lo hacen los *general contractors* y *sub-contractors.*

General contractors: Debido a la gran variedad de trabajos requeridos en una obra, los *general contractors* son personas con mucha experiencia en diferentes campos de la construcción, y quienes se encargan de conseguir y contratar a diferentes contratistas, como por ejemplo, carpinteros, pintores, ladrilleros, plomeros, etc., para que cada uno haga su correspondiente trabajo y bajo su misma dirección. Es decir que, valga la redundancia, son contratistas que contratan a otros contratistas que la edificación va a necesitar en función de sus respectivos campos o especializaciones.

Ellos además, en muchos casos, se encargan de pedir los materiales necesarios, y en coordinación con los arquitectos supervisan la obra, asegurándose de que el trabajo quede a satisfacción del cliente, hasta que la edificación esté completamente terminada.

Contractors: Son todos aquellos individuos que tienen determinada experiencia y especialización en una o más ramas de la construcción y que trabajan independientemente, comprometiéndose mediante un contrato con sus clientes, ya sean empresas o individuos particulares, a realizar algún trabajo en un determinado tiempo y por una suma de dinero previamente acordada.

Sub-contractors: Por lo regular éstos son simples contratistas, especializados en uno u otro campo, que trabajan directamente bajo la supervisión de alguno de los anteriores, de manera permanente o temporal, según sea el caso y la necesidad. Es una práctica muy común cuando se trata de proyectos medianos y grandes.

LO MEJOR DE LO MEJOR

Generalmente los trabajadores de la construcción que tienen iniciativa propia, adquieren suficiente experiencia en varios de los mejores ramos, para luego avanzar y dedicarse a trabajar como *general contractors,* puesto que al paso de tiempo, la experiencia les capacita para tal actividad. Se trata de una oportunidad que no muchas personas inteligentes desprecian, ya que es además, una de las áreas de la construcción mejor recompensadas y menos duras de trabajar, en donde, aunque se requiere de mucha responsabilidad, lo uno compensa lo otro, y el dinero que se puede ganar no tiene ningún límite. ***Only the sky is the limit.***

Otra opción típica por la que muchos también se deciden, es la de asociarse con otros colegas o compañeros y formar una firma de contratistas. Esta es una excelente idea, ya que abunda mucho personal dispuesto a trabajar en uno u otro campo. Inclusive, cientos de firmas grandes están recurriendo mucho a la modalidad de subcontratar, pues de esta manera y gracias a sus contactos ya establecidos, no solamente dan a otros la oportunidad de trabajar, sino que también se ahorran mucho dinero al no tener que pagar seguros médicos, vacaciones, cesantías y otras prestaciones más que por ley tendrían que pagarles si fueran empleados permanentes. Tales razones indican que subcontratar es también un buen negocio hoy en día.

BAJO COSTO PARA EMPEZAR

La gran ventaja que existe en la poderosa industria de la construcción es que una vez adquiridos los conocimientos necesarios, el capital que se requiere para empezar no es muy alto. Sólo basta con tener las herramientas que se necesitan, y contar con un vehículo apropiado para movilizar los materiales necesarios.

Ahora bien, para manejarse apropiadamente como negocio, los principios básicos y las reglas a seguir son iguales en todos los campos. Lo más importante de todo es darse a conocer a través de los medios de comunicación más adecuados, especialmente por referencias de mismos clientes satisfechos.

No obstante, hay que tomar en cuenta que una cosa es tener talento y destreza manual para hacer una determinada labor, y otra muy diferente es saber cómo negociar y valerse de esa misma labor para producir dinero con buenos márgenes de ganancia. Por ejemplo, alguien que sepa trabajar muy bien la madera podrá ser un excelente carpintero, pero mientras no aprenda algo básico acerca de cómo se maneja un negocio, no le va a ir muy bien que digamos, trabajando por cuenta propia.

De ahí entonces que, para quienes se quieran iniciar desde un principio, tanto en alguna de las diversas y lucrativas ramas de la construcción, como en aprender el manejo básico de un negocio pequeño, les será de mucho interés saber que una de las mayores ventajas que existen en todos los campos anteriormente citados es la facilidad y abundancia de medios disponibles de capacitación. Inclusive en las **public libraries** se encuentra gratuitamente toda clase de información, programas sobre capacitación, y acerca de cómo montar y manejar un negocio pequeño cualquiera que sea. Las bibliotecas públicas se encuentran llenas de libros, manuales, revistas, videos, **diskettes,** información **on-line** y mucho más material relacionado, que le va a ser de gran ayuda y utilidad a toda persona interesada en desarrollar sus planes y realizar sus objetivos.

No hay que olvidar que las **public libraries** son *"la universidad de todo emprendedor"*.

OBJETIVOS FINALES

Con una firma de contratistas como negocio, o con la compra y venta de casas, se puede vivir muy confortablemente en Estados Unidos.

Por lo tanto, si usted amigo emprendedor, desde un principio se interesa en una o varias de tan diversas y bien remuneradas ramas derivadas de la construcción, su meta u objetivo principal deberá ser avanzar lo más rápido posible, hasta llegar a colocarse a la altura de **general contractor,** para poder así montar una firma de contratistas.

No permita que le pase lo que a muchos, quienes no saben usar la cabeza, y dejándose arrastrar por un *silly* o retrógrado conformismo, viven toda una vida sin ninguna ambición, como simples obreros de construcción, hasta que lamentablemente se ven forzados a retirarse y no les queda más remedio que conformarse con aceptar una pensión mediocre. Pensión que en la mayoría de los casos sólo medio alcanza para satisfacer sus necesidades básicas y comprar algunas medicinas.

Entonces, ¿para qué ser **helper,** pudiendo ser **boss?** Lo único que se requiere es poner mucho empeño al principio y aprender de "cabo a rabo" una o varias de estas ocupaciones, según sea su preferencia.

Entre más variantes aprenda usted, mayores serán sus ingresos. Esta es una fórmula que nunca falla.

De hecho, en la mayoría de estos campos de la construcción, después de aprender bien la ocupación, llega la hora de dejar de usar las manos y empezar a usar la cabeza.

Otro objetivo que con el tiempo es posible de lograr por medio de estas ocupaciones, es el de envolverse en uno de los negocios más lucrativamente fantásticos que existen en todo el territorio norteamericano, como lo es el de **Real Estate.** Gracias a este negocio, cientos de personas emprendedoras que han empezado con muy poco dinero, años más tarde han alcanzado inmensas fortunas. Como quien: dice *"de escombros han sabido levantar paredes".*

Afortunadamente, de estas ocupaciones relacionadas con la construcción al magnífico negocio de los bienes raíces, sólo hay unos cuantos pasos, como lo veremos más adelante. Lógicamente que, envolviéndose seriamente en algunas de las ocupaciones citadas, y muy especialmente cuando se trabaja como *general contractor,* se tienen los conocimientos suficientes, junto con la experiencia y los contactos necesarios para poder adquirir casas deterioradas a muy bajo costo, y luego hacerles un buen trabajo de remodelación. Dichas propiedades se adquieren a precios bastante razonables a través de *foreclosures* o *defaults,* como también por medio del mismo Gobierno Federal, entidad que frecuentemente remata cientos de propiedades en todo el país, a precios increíblemente más bajos de su valor comercial.

Una vez remodeladas, las casas son vendidas como nuevas, hasta por más del doble de lo que se pagó por ellas, obteniendo así excelentes ganancias en muy corto tiempo. Esto es lo que realmente se llama: *"saber usar la cabeza".*

INFOSOURCES
Recursos y fuentes de información

CAPACITACION:

McGRAW-HILL CONTINUING
EDUCATION CENTER
Home Study Training in Building
Construction
3939 Wisconsin Ave.
Washington, DC. 20016

*

NATIONAL ASSOCIATION OF
HOME BUILDERS
Manpower Development and Training
Division
15th. and M Street NW.
Washington, DC 20005

ASOCIACIONES/UNIONES LABORALES:

ASSOCIATE BUILDERS AND
CONTRACTORS
729 15 th. Street NW.
Washington, DC. 20005

*

ASSOCIATE GENERAL
CONTRACTORS OF AMERICA
1957 E Street NW
Washington, DC. 20006

NOTA: La Unión Laboral de cada
correspondiente ramificación, aparece
en el directorio telefónico de las
principales ciudades. Cada Union, es
una excelente fuente de información,
en todo campo específico de la
construcción.

CATALOGOS DE PRODUCTOS Y REVISTAS DEL RAMO:

"SWEETS DIRECTORY OF
CONSTRUCTION MATERIALS"
Este es el más grande e importante
directorio y catálogo en su género.
Contiene miles de productos,
materiales y herramientas necesarias
para la construcción. Se encuentra
disponible en la mayoría de las
bibliotecas públicas del país.

*

HARBOR FREIGHT TOOLS
3491 Mission Oaks Blvd.
Camarillo CA. 93011

DESKTOP PUBLISHING

Edición electrónica de publicaciones y diseño gráfico

En la década de los ochenta, cuando se logró la incorporación de texto y gráficos para ser manipulados o modificados en la misma pantalla de la computadora y luego imprimirlos tal cual, toda una nueva industria de Diseño Gráfico o "tipografía" electrónica había nacido.

De repente, ya era posible que cualquier concepto visual que apareciera en el monitor, se hiciera gráficamente realidad gracias a un impresor conectado a cualquier computadora. Desde ese momento, la palabra *Desktop Publishing* empezó a causar furor, y un novedoso sistema integral computarizado de diseño y composición electrotipográfica, que permite crear e imprimir toda clase de publicidad y material gráfico de muy alta calidad empezaba a inundar el mercado de costa a costa.

Tal invento ha sido catastrófico para las pequeñas imprentas, ya que este fantástico sistema reduce los métodos tradicionales de imprenta al mínimo, permitiendo producir todo tipo de publicaciones e impresos desde el mismo escritorio de la oficina, en menos tiempo y por menos dinero.

Aquellos voluminosos equipos tradicionales de no hace muchos años, ya empiezan a ser piezas de museo, y por supuesto, los empleados que antes los operaban, han tenido que actualizarse o buscar otro trabajo.

Ahora bien, por la parte artística, antes se requería un hábil diseñador gráfico o un dibujante profesional, pero hoy cualquier persona con cinco o seis meses de capacitación puede producir material gráfico de alta calidad comercial.

Como consecuencia, las grandes imprentas y casas de publicaciones dependen fuertemente de este sistema para sus *lay-outs, sketchs, paste-ups* y producción inicial.
Virtualmente, todo lo que se puede hacer en una pequeña imprenta convencional y con superior apariencia profesional, es posible realizarlo electrónicamente por medio del ***Desktop Publishing,*** a menor costo y en un espacio muy reducido, en comparación al que normalmente se requería antes.
El caso es que, con un programa determinado, se puede diseñar en una computadora no solamente una excelente composición gráfica en cualquier formato imaginable y editarla, sino que también es posible imprimir el material deseado inmediatamente.

Por ejemplo, veamos algunos de los trabajos gráficos de imprenta que se pueden lograr por este medio.

- ***Advertisements*** = Anuncios de publicidad. Propaganda en general.
- ***Annual reports*** = Reportes anuales de corporaciones y negocios.
- ***Books, handbooks*** = Libros, manuales.
- ***Brochures*** = Panfletos y folletos.
- ***Business plans, charts*** = Planes de negocios y esquemas.
- ***Catalogs, sample books*** = Catálogos, muestrarios.
- ***Certificates, diplomas*** = Certificados y diplomas.
- ***Charts, maps*** = Cartillas, bosquejos, mapas.
- ***Data sheets*** = Hojas de datos, listas.
- ***Event bulletins*** = Boletines para eventos.
- ***Flyers*** = Hojas volantes.
- ***Photocomps*** = Fotocomposiciones.
- ***Letterheads, envelopes, logos*** = Membretes, sobres, logotipos.

- *Magazines, comics* = Revistas, cuentos, historietas.
- *Newsletters* = Panfletos y boletines de noticias e información.
- *Newspapers, tabloids* = Periódicos, tabloides.
- *Posters, banners* = Carteles, cartelones, estandartes.
- *Price lists, menues* = Listas de precios, cartas de restaurantes.
- *Wedding invitations* = Invitaciones para bodas.
- *Showcase signs* = Avisos para vidrieras, **and many other things that the whole spectrum of the printing world can offer.**

Por este vasto número de aplicaciones, el **Desktop Publishing** se ha convertido en la mejor herramienta que un artista gráfico o diseñador pueda soñar. Se trata prácticamente de un estudio de composición e imprenta "portátil" con inmensa capacidad de producción.

Es curioso observar que hace no menos de cinco años, el sólo pensar en ser parte del mundo de las artes gráficas y tener una imprenta en la sala de la casa, era una idea bastante descabellada, pero hoy en día, gracias a las computadoras es algo muy común y por cierto lucrativo.

Todas estas razones han hecho que el diseño gráfico y de tipografía electrónica sea otra de las áreas que han cobrado bastante interés entre los nuevos **computer homebased businesses** es que pueden ser operados desde casa con muy buenos resultados.

DE IMPORTANCIA GENERAL.

COMO CREAR SU PROPIA PUBLICIDAD

Cabe destacar que: fuera de que el manejo del **Desktop Publishing** es hoy una ocupación que fácilmente conduce a la apertura de un negocio de esta naturaleza, también el dueño de un negocio, cualquiera que sea, se va a beneficiar mucho al aprender a manejar alguno de estos programas, ya que podrá crear e imprimir al mismo tiempo una gran variedad de material de publicidad. Con esta finalidad, ya existen muchos programas a escoger en el mercado, y que por cierto, algunos de ellos son económicos, sencillos y hasta entretenidos para aprender.

De tal manera, usted no sólo podrá elaborar creativamente y a su gusto toda la publicidad que desee, sino que también se va a ahorrar mucho dinero en esa tan importante tarea de hacer publicidad. Este es hoy en día uno de los medios más económicos y prácticos para imprimir suficientes volantes, hojas descriptivas o **brochures,** con el fin de promover más efectivamente un negocio.

INFOSOURCES
Recursos y fuentes de información

CAPACITACION:

NRI. SCHOOL OF HOMEBASED
BUSINESS
Desktop Publishing and Design
4401 Connecticut Ave. NW
Washington, DC. 20008

*

SCHOOL OF COMPUTING
TRAINING
Desktop Publishing
Scranton, PA. 18515

**ASOCIACIONES/UNIONES
LABORALES:**

NATIONAL ASSOCIATION OF
DESKTOP PUBLISHERS
462 Boston St.
Topsfield MA. 01983

**CATALOGOS DE PRODUCTOS Y
REVISTAS DEL RAMO:**

MOORE BUSINESS PRODUCTS
Desktop Publishing Bookshelf
P. O. Box 5000
Vernon Hills, IL. 60061

*

PUBLISH MAGAZINE - Revista -
501 Second St.
San Francisco, CA. 94107

LIBROS RECOMENDADOS:

"HOW TO MAKE $100,000 A YEAR
IN DESKTOP PUBLISHING". Por
Thomas A. Williams/Betterway
Publications.

*

"ADVERTISING FROM DESKTOP".
Por Elaine Floyd y Lee Wilson/Ventana
Press.

DRAWING

Dibujo creativo

Las computadoras tienen mucha capacidad, versatilidad y rapidez, mas no talento y creatividad. De ahí que la demanda por buenos y talentosos dibujantes nunca dejará de existir, pues inclusive, hasta son necesarios para producir programas relacionados que se usan en las mismas computadoras.

En el dibujo manual, nos encontramos con varios campos interesantes que pueden ser explotados comercialmente con muy buenos resultados económicos. Ellos son por ejemplo, el dibujo de *high fashion,* nervio central creativo que mucho tiene que ver con la Alta Moda y sus figurines y patrones de confección. Dibujos de obras para festivales artísticos, caricaturas y tiras cómicas y por supuesto, el dibujo publicitario, que aun por encima del *desktop publishing,* el *CAD* y otros tantos adelantos tecnológicos en esta materia, es en sí un campo bastante amplio. Lo anterior se debe a que las Artes Gráficas desarrollan un papel trascedental en todos los campos de la comunicación, puesto que son la base fundamental de la publicidad, y ocurre que la publicidad, a falta de creativos dibujos u otros llamativos gráficos, difícilmente convence al consumidor, puesto que logicamente carece de impacto visual.

Todas las agencias de publicidad, casas editoras y centros de moda, buscan constantemente dibujos o diseños llamativos para comunicar explícitamente sus ideas al público consumidor, a través de gráficos que causen un impacto visual suficientemente convincente.

Las imprentas continúan necesitando toda clase de material original, desde diseños para cartelería, hasta dibujos publicitarios de uso en páginas de revistas.

Los periódicos están siempre a la espectativa de toda clase de caricaturas, tiras cómicas e historietas de interés en general para mantener interesado a un alto número de lectores. Y los *malls* y supermercados necesitan cartelones, pancartas y avisos de ventas y ofertas comerciales.

En la alta moda, los diseñadores dependen fuertemente de buenos dibujantes para expresar y darle vida gráfica a sus ideas, y los estudios de producción televisiva necesitan *cartoons* y cientos de *sketchs* para crear dibujos animados.

Como dato interesante y a la vez motivador, es bueno hacer referencia al *humble begining* de un muy famoso caricaturista, que después de muchos fracasos e infortunios, y que incluso tuvo que afrontar la vergüenza de tenerse que declarar en *bankruptcy,* debido a que desde un principio, sus dibujos fueron rechazados varias veces, y en muchos casos hasta fue objeto de burlas por parte de quienes consideraban sus caricaturas e ideas como descabelladas y ridículas, ya que en el cine nunca antes se les había ocurrido presentar roedores que hablaran y distrajeran. Pero no obstante, este individuo conocido por su tenaz insistencia, persistió tanto hasta que un día acompañado de su hermano, en un improvisado estudio de garaje le dieron vida a uno de los personajes más famosos en la historia de los *cartoons.*

Ese caricaturista fue Walt Disney, quien con sus primeros *drawings* le entregara al mundo su famosa pareja de ratones bailarines, que luego se conocieran con el nombre de Mickey y Minie Mouse.

DIBUJAR ES FACIL

Aprender a dibujar no es tan difícil como muchos creen. Quien aprende a escribir, también podrá aprender a dibujar, ya que para aprender a escribir hay que conocer unas letras llamadas A, B, C, D, etc., mientras que para dibujar, es necesario conocer unas figuras llamadas cubo, cono, cilindro y esfera. Con las letras se forman palabras, y con esas figuras se forman dibujos. Es decir que, mediante la manipulación de estas cuatro figuras fundamentales del dibujo, se puede formar cualquier imagen que la mente humana conciba.

OTRO CAMINO ARTISTICO APROPIADO

Del dibujo a la pintura artística sólo hay un paso. Por ello, aqui existe otra oportunidad de gran interés creativo, pues quien sabe dibujar, también podrá con facilidad aprender a pintar óleos y otras obras artísticas de gran valor comercial. Obras de buen gusto estético, que por medio de un inteligente mercadeo y exposiciones, podrán darle fama y prestigio a sus autores, sin importar cómo han empezado. Casualmente, la mayoría de los grandes talentos artísticos han sido "descubiertos" en curiosas circunstancias, y en algunos casos, hasta por accidente. De ahí que el término "descubrimiento" sea usado con regular frecuencia en el mundo artístico, especialmente en el campo de la música y la misma pintura.

Cabe mencionar a este respecto, que es lamentable ver de qué manera miles de personas, aún poseyendo talento y dotes de una u otra naturaleza artística, ignoran por completo que los tienen, ya que nunca han buscado la oportunidad, y ni siquiera han tratado de conocer sus habilidades, por lo menos intentándolo a manera de **hobby**. Y ocurre irónicamente, que esas mismas personas se ganan la vida a medias en otros oficios menos atractivos y mal remunerados, que sólo pagan apenas para subsistir, pudiendo en su lugar esforzarse un poco y desarrollar esos talentos que Dios les concedió, para explotarlos comercialmente y poder así vivir confortablemente de ello.

No basta con que los talentos vengan con uno, hay que saber encontrarlos e invertir tiempo para desarrollarlos.

Uno de los aspectos más interesantes de este oficio, es que no solamente permite a quienes se dedican a ello, viajar y exponer sus obras, sino también la oportunidad de convertir parte de su propia casa en un confortable estudio artístico, en donde podrá dar clases y enseñar sus conocimientos artísticos a otras personas, lo cual le proporcionará a su vez, algunos ingresos adicionales.

Quien sabe aplicar bien esta fórmula, sabe lo que está sembrando hoy, y lo que va a cosechar mañana.

NUEVA TECNOLOGIA, REPRESENTA NUEVAS OPORTUNIDADES

Aunque como ya mencionamos, las computadoras no piensan, ni tienen ningún talento creativo por sí mismas, no obstante, hay que tener muy en cuenta que sí son una maravillosa y muy útil herramienta, que ayuda a estimular la creatividad de un dibujante, al mismo tiempo que le permite ser más productivo.

Tomando en cuenta lo anterior y por su sentido común, estoy completamente seguro de que aquellas personas dibujantes, o interesadas en el dibujo, y que se decidan a dedicarle un poco de tiempo, por lo menos como un *hobby* para conocer los programas básicos, como *CAD,* o el de *desktop publishing,* se van a encontrar no sólo con nuevas oportunidades relacionadas, sino también novedosos medios y experiencias que de mucho les van a servir y beneficiar profesionalmente. No hay que olvidar que: *one thing leads to another.*

HAGA DE SU *HOBBY* FAVORITO, UNA OCUPACION LUCRATIVA

En vista de que para miles de personas el dibujo y otras áreas relacionadas son su *hobby* favorito, no está de más recordarles que, como es bien sabido: las ocupaciones con que más éxito se logra en la vida, son aquellas que surgen de los mismos *hobbies* personales, por la sencilla razón de que son tareas u oficios que se hacen con gusto y placer todo el tiempo.

Es así que a cualquier edad, toda persona creativa, con un poco de empeño y entusiasmo, puede desarrollar sus capacidades artísticas y darle rienda suelta a su propia imaginación para realizar trabajos de dibujo y pintura, que suelen ser muy bien cotizados en miles de *Art Shows* y Ferias de Arte que se realizan con regular frecuencia en alegóricas y concurridas calles de todas las ciudades y pueblos norteamericanos.

INFOSOURCES
Recursos y fuentes de información

CAPACITACION:

HEMPHILL SCHOOLS
510 South Alvarado St.
Los Angeles CA. 90057

*

NORTH LIGHT ART SCHOOL
1507 Dana Ave.
Cincinnati Ohio 45207

PUBLICACIONES:

THE ARTIST'S MAGAZINE
P. O. Box 2120
Harlan, IA. 51593

"ARTIST'S MARKET"
En este grueso directorio, el cual se encuentra disponible en la mayoría de las Bibliotecas Públicas, aparecen instrucciones sobre cómo vender todo tipo de trabajos de arte comercial, y más de 4 mil contactos con el mismo fin.

ELECTRONIC SERVICE TECHNICIAN

Técnico en servicios de reparación y mantenimiento de aparatos electrónicos

Evolución electrónica de la sociedad de consumo más grande del mundo.
En la gran mayoría de los hogares norteamericanos, hace apenas unas décadas, toda la familia se reunía en la sala de su casa alrededor de un radio para entretenerse escuchando sus programas radiales favoritos, ya que este era el único medio disponible de entretenimiento hogareño.

Después de la década de los cuarenta, empezó a conocerse la televisión, y con este nuevo y revolucionario medio, muchos aseguraban que se estaba acercando el fin del mundo, ya que era la maravilla del siglo que lograba desplazar al venerado radio a un segundo término. Había nacido un segundo elemento de entretenimiento, que se posesionó en las salas de millones de hogares estadounidenses, como si fuera un nuevo ídolo, y alrededor del cual se congregaba toda la familia.

Hoy nos encontramos con que esa ecuación se ha invertido, y ya no es toda la familia la que se reúne alrededor de uno o dos aparatos en la sala para entretenerse en casa, por el contrario, es toda una gama de aparatos electrónicos que se encuentran ubicados por toda la casa, ya no solamente para entretener, sino también para hacer la vida más fácil y confortable. Desde el *microwave* en la cocina para calentar los *TV dinners* y hacer el *pop-corn,* los componentes estereofónicos, las video-grabadoras y los *discplayers,* hasta el abridor electrónico de la puerta del garaje y la antena *satellite-dish* en el techo de la casa, para "pescar" hasta más de 200 canales –sueño de cualquier pirata electrónico–.

Todos estos aparatos hay que tenerlos, pues se encuentran de moda, y nadie quiere quedarse atrás en esta supersociedad de consumo. A ello se debe que el lema "diviértase ahora y pague después" ha cobrado en estos tiempos especial popularidad, tanto que deber dinero parece ser hoy otro de los principales deportes nacionales que gozan de tremenda afición en todo el país. Precisamente para eso fue creado el *plastic money,* que no sólo es venerado, sino también usado y abusado con gran agilidad.

Por lo anterior, no es extraño el que ese maravilloso mundo de instrumentos y aparatos electrónicos representen un negocio masivo y redondo, a la vez que una ocupación con un inmenso campo de acción de la cual dependen muchas ramas relacionadas y cada una de ellas con un tremendo futuro comercial, pues entre más personas compren aparatos electrónicos, más ajustes, calibraciones y reparaciones van a ser necesarias tarde o temprano.

La reparación de aparatos electrónicos, es en sí mismo un inmenso campo, que abarca desde las computadoras e infinidad de instrumentos musicales, hasta un variado número de componentes electromecánicos en los automóviles.

Cabe destacar que tanto todo lo relacionado con el *home-entertainment equipment,* como el *home office equipment,* son los dos campos o segmentos de este mercado en donde más necesidad existe por los servicios de reparación a domicilio, y por consiguiente, de mejor remuneración después de las ocupaciones relacionadas con las computadoras.

Otra de las ventajas es que, para empezar a trabajar con el fin de satisfacer esas necesidades, sólo se requieren conocimientos básicos de electrónica, herramientas apropiadas, algunos instrumentos electrónicos de chequeo para localizar fallas y conocer el mecanismo interno de cada aparato, para proceder a cambiar las partes afectadas, pues como hemos visto en el tema de las computadoras, todos estos aparatos modernos constan de partes muy complejas, pero fáciles de cambiar una vez que se ha logrado identificar la falla y qué pieza ha dejado de funcionar. Por este motivo, no es raro ver a personas que prestan simples servicios de reparación y mantenimiento a domicilio, aun sin haber terminado sus estudios.

CAPACITACION. *Earn While You Learn.*- En ningún momento se puede dudar de que la Ingeniería Electrónica es una de las carreras más complejas que existen, no obstante, tampoco se requiere una gran capacidad matemática, ni mucho menos una extensa y complicada preparación para reparar, ajustar y mantener en buen estado el funcionamiento de esos aparatos que han sido creados por talentosos ingenieros. De tal modo que, una cosa es ser Ingeniero Electrónico y otra es trabajar como técnico en servicios de reparación y mantenimiento de aparatos electrónicos.

La disponibilidad y abundancia de medios de capacitación existentes en todos los niveles de la electrónica, es una de las grandes ventajas que ofrece esta multifacética ocupación en los Estados Unidos.

Modernos sistemas de *home study,* o cursos por correspondencia encabezan la lista de medios, ya que ésta es precisamente la manera más usual como muchos individuos que cuentan con poco tiempo y escasos recursos económicos, se han costeado sus estudios. Es una situación que se identifica bastante con casos de inmigrantes que frecuentemente llegan a este país con el bolsillo casi vacío, pero con la mente llena de esperanzas y deseos de hacer algo que en realidad valga la pena.

Fuera de esos populares cursos por correspondencia, que hoy se encuentran en su apogeo, pues cuentan con nuevos y modernos métodos de instrucción, también existen otros medios de aprendizaje que a través de varios niveles de capacitación dan la oportunidad de avanzar rápidamente para lograr el mismo fin.

Entre ellos, se encuentran las clases técnico-vocacionales de los colegios públicos y de los *junior colleges.* También están los programas de *apprentiships* en los sitios de trabajo, e inclusive los *internships,* auspiciados por las grandes corporaciones.

Mucho mejor aún, para ello también existe un excelente medio de entrenamiento que es posible adquirir a través del Servicio Militar, que en los Estados Unidos es voluntario, mas no obligatorio para toda persona, tanto hombres como mujeres. Este medio de capacitación no solamente es de mucho prestigio y muy bien cotizada en el campo civil, sino que también se adquiere gratuitamente, y a la vez se recibe un sueldo por parte del gobierno.

UNA FORMULA GENIAL DE AUTOCAPACITACION

Lo siguiente sirve como un excelente ejemplo de una ocupación multifacética en donde es posible escalar gradualmente con facilidad hasta llegar a la posición deseada, mientras se aprende y a la vez se gana dinero.

Donald Grant fue al principio de su carrera un "improvisado" *Electronic Service Technician,* a quien se le ocurrió la idea de desarrollar un plan de capacitación bastante curioso y efectivo por cierto, ya que a través del tiempo le dio un magnífico resultado.

Este hábil técnico, que en repetidas ocasiones me prestó servicios relacionados, razón por la cual tuve la oportunidad de conocer algo más a fondo acerca de su ocupación y de la interesante forma como logró perfeccionar su carrera, me platicó cuál fue su estrategia para salir adelante en esta ocupación sin pérdida de tiempo y ganando dinero mientras aprendía.

Después de tomar un breve curso por correspondencia, Donald empezó a trabajar en el ático de su casa, arreglando y experimentando sólo con receptores de televisión, hace 15 años.

Fue entonces que se le ocurrió la idea, y se propuso aprender cada año, de cualquier manera, lo que más pudiera acerca de un determinado aparato. Fuera de ser su **hobby** favorito, también había tomado la electrónica como su ocupación y modo permanente de ganarse la vida.

Después de la televisión, experimentó con los radios transistorizados; al siguiente año con grabadoras, después con equipos de sonido, con los **word proccesors,** etc.

Pasaron los años y con ellos llegaron nuevos aparatos electrónicos, que requerían nuevos pero relacionados conocimientos; hornos de micro-ondas, videograbadoras, computadoras, **key boards,** impresoras, **modems,** faxes y así sucesivamente.

"Después de conocer bien el mecanismo de un determinado aparato el resto es fácil" –comentaba Donald–. *"Todo sistema electrónico, por diferente que sea su forma y configuración, tiene principios básicos estrechamente relacionados los unos con los otros. Podrán cambiar las herramientas que se utilizan en ciertos trabajos de reparación, pero no los principios".*

"Hoy en día, la joya de mi corona" –como él se refiere a su especialización–, *"es todo lo relacionado con la fibra óptica y multimedia. A tal respecto agrega que: "ya estoy muy preparado y listo para pasearme por la Super-Autopista Electrónica y recoger* **cash** *como loco, trabajando en todos esos aparatos que forman parte de tan modernos medios de comunicación".*

A juzgar por el negocio tan bien instalado que tiene y la forma rápida y profesional como trabaja, pude darme cuenta que la idea de capacitación gradual y por etapas, para aprender el mecanismo y reparación de un aparato nuevo cada año, le había dado muy buen resultado. Por supuesto, es de imaginarse uno toda la experiencia que había acumulado a través de los años; experiencias que le capacitaron ampliamente para convertirse en experto de cada una de las áreas en que trabajaba, y ello le permite hoy en día, según me lo manifestó:

"Escoger sólo los mejores y más interesantes trabajos que se presenten. El resto se lo dejo a técnicos que me trabajan como contratistas, a quienes les pago por trabajo hecho y no por horas, como lo hacía antes. De esta manera se obtiene un mejor rendimiento".

Por simple curiosidad y sin poner en duda sus capacidades como técnico, en cierta ocasión se me ocurrió preguntarle más acerca de su entrenamiento académico, y cómo había hecho para establecer su negocio, pues en esos días se encontraba precisamente con un proyecto multimillonario, consistente en el montaje de un inmenso estudio de grabaciones.

Su contestación fue una anécdota de mucho interés, pues no solamente se trataba de una respuesta sincera, sino también una especie de confesión que revela algo muy cierto, especialmente para aquellas personas quienes creen que para poder triunfar en los Estados Unidos, hace falta tener mucha preparación desde un principio. Donald me comentaba:

*"Mis primeros conocimientos los adquirí a través de estudios por correspondencia, a la vez que por medio de revistas, libros y manuales de instrucción que sacaba de la **public library**, la cual visitaba con frecuencia.*

No obstante, algo que me avergonzó por mucho tiempo, fue que por la precaria situación en que me crié, nunca pude tener otro tipo de educación, ya que ni siquiera empecé la secundaria. Todo lo que aprendí posteriormente lo hice por mi cuenta y con mucho empeño de mi parte, pues mientras mis amistades se la pasaban viendo novelas y otras tonterías en la tele, yo empleaba ese tiempo aprendiendo algo que sabía me iba a servir más adelante en la vida. Por esa razón fue que tomé un camino diferente, y aunque parezca raro, hoy me encuentro en mejores circunstancias y ganando mucho más dinero que muchos profesionales de carrera, y como no trabajo de empleado, como lo hacen la mayoría de ellos, me queda suficiente tiempo para disfrutar la vida, haciendo las cosas que siempre quise hacer. Hoy no soy un ingeniero con títulos, pero sí soy el titular de envidiables inversiones y cuentas bancarias".

Esta es una lección de la cual algo interesante se puede aprender, y una fórmula que inteligentemente en la práctica se puede aplicar.

POCO ESPACIO Y BAJO CAPITAL PARA EMPEZAR

Fuera de que el costo de entrenamiento es moderado, y como ya lo hemos visto en algunos casos hasta es gratuito, otro de los elementos más favorables que la electrónica brinda a quienes desean desempeñarse en alguno de sus campos, es la facilidad con que se puede montar un taller en casa, ya que no se necesita mucho espacio, ni tampoco se requiere un capital muy alto para empezar a trabajar.

Ejemplos a este respecto son numerosos y abundan por todas partes, ya que cientos de garajes caseros son "invadidos" por emprendedoras personas con el fin de independizarse y levantar un negocio propio. Esta es una característica muy particular del *american way, from rags to riches.* Muchos garajes han sido cuna de multimillonarios imperios capitalistas, como lo es por ejemplo, *Disney World.* Y particularmente en el campo de la electrónica, *Hewlett Packard Co.* y *Apple Computer,* cuyos fundadores probaron ciertamente que trabajando por cuenta propia, desde cualquier lugar que sea, *only the sky is the limit.*

Cabe citar otro de esos fabulosos casos, pues son de mucho ejemplo y motivación para cualquier persona emprendedora: Billy y Dave, eran dos íntimos amigos que tenían mucho en común, especialmente sus conocimientos y afición a la electrónica. Querían trabajar juntos, pero no se decidían por falta de capital.

Un día decidieron ahorrar dinero para montar un taller en el garaje de la casa de uno de ellos, lugar en el cual –después de que sus esfuerzos de ahorros llegaron hasta cerca de $ 600.00 dólares–, se pasaban horas ensayando y experimentando con toda clase de cacharros electrónicos, y sucedió que un día armaron un aparato para medir la frecuencia del sonido.

Esto fue algo que resultó ser de mucha utilidad, y por lo tanto originó una serie de pedidos. Como consecuencia, pronto tuvieron que salir del garaje porque ya el espacio era muy poco y el trabajo era mucho, pues los pedidos no daban a basto.

Diez años más tarde, ya contaban con más de 100 empleados y un negocio que iba para arriba como proyectil disparado al cielo. Así fue como estos dos jóvenes campañeros empezaron muy modestamente en el garaje de una de sus casas, lo que hoy en día es una poderosa y reconocida corporación en el campo electrónico, que ocupa a más de 90 mil personas en casi todo el mundo y lleva los apellidos de sus mismos fundadores: ***Hewlett Packard Company.***

La moraleja detrás de esta fabulosa historia de éxito empresarial y muchas otras similares, es que, para montar un negocio, el dinero no siempre es lo más importante. Lo más importante es: de cualquier manera, EMPEZAR.

INFOSOURCES
Recursos y fuentes de información

CAPACITACION:

NRI. SCHOOL OF ELECTRONICS
McGraw-Hill Continuing Education
Center
3939 Wisconsin Ave.
Washington, DC. 20016
*

CLEVELAND INSTITUTE OF
ELECTRONICS
1776 East 17th. Street
Cleveland, Ohio 44114

ASOCIACIONES:

ELECTRONIC INDUSTRIES
ASSOCIATION
2001 Eye St. NW
Washington, DC. 20006
*

THE INTERNATIONAL SOCIETY
OF CERTIFIED ELECTRONICS
TECHNICIANS
2708 West Berry Sr.
Fort Worth Tex. 76109

**CATALOGOS DE PRODUCTOS Y
PUBLICACIONES DEL RAMO:**

MCM ELECTRONICS
650 Congress Park Dr.
Centerville, Ohio 45459

ELECTRONICS BOOK CLUB
Tab/McGraw-Hill, Inc.
Blue Ridge Summit, PA. 17294
*

FORDHAM RADIO
260 Motor Parkway
Hauppauge, NY. 11788
*

POPULAR ELECTRONICS (revista)
500-B Bi-County Blvd.
Farmingdale NY. 11735
*

CRUTCHFIELD
1 Crutshfield Park
Charlotesville, VA. 22906

LIBROS RECOMENDADOS:

"LOCALIZACION DE FALLAS Y
REPARACION DE SISTEMAS
ELECTRONICOS"
por: John D. Lenk.
Prentice-Hall Hispanoamerica

FIREARMS REPAIR AND SERVICING

Servicio de reparación y mantenimiento de armas de fuego

"The right to bear arms" es uno de los derechos más sagrados que la Constitución de los Estados Unidos le otorga plenamente a todos sus ciudadanos. Portar armas por una u otra razón, es un derecho y privilegio que tienen todas las personas mayores de 18 años que así lo deseen.

Claro está que cada estado y municipalidad regulan su porte y uso, pero ninguna autoridad puede prohibirlo del todo, pues ello inmediatamente constituiría un acto anti-constitucional.

Esta es la razón primordial por la que existe tan monstruo-so e increíble comercio de revólveres, pistolas, escopetas y hasta rifles de asalto. La sociedad norteamericana se encuentra tan saturada de armas de fuego, hasta un grado tal, que en las escuelas públicas ya son obligatorios los detectores de metal, puesto que millones de *hand-guns* circulan entre la juventud estudiantil.

No es raro que en los últimos años el índice de criminalidad haya aumentado considerablemente de costa a costa y de frontera a frontera, fenómeno que ha forzado a millones de personas, quienes viven en constante zozobra y temor, a adquirir armas a granel y entrenarse en su manejo, con el fin de protejerse de los constantes robos y atracos, a los cuales nos encontramos expuestos en todo momento, aun a la luz del día.

Existe además, entre cazadores, aficionados, entusiastas practicantes al tiro al blanco, coleccionistas de armas, guardas de seguridad y grupos paramilitares, que suman un estimado de 30 millones de personas que portan toda clase de armas de fuego, eso sin contar un caudaloso tráfico ilegal que existe en el *black market*

No obstante, aunque es un *business* que engendra bastante violencia, también es inmensamente lucrativo, y ahí está la Constitución para protegerlo.

Por tales razones, todo ello hace que este negocio de la reparación y mantenimiento de toda clase de armas de fuego, se haya convertido en una actividad tan común, como lo es por ejemplo, el arreglo de calzado en otros países.

Como consecuencia lógica, esta creciente y meteórica demanda por armas de fuego, no solamente le ha dado un fuerte impulso a un mercado secundario de servicios, de lo cual poco se había oído hablar en el pasado, sino que a la vez, también ha creado nuevos trabajos para aquellas personas que gustan de las armas y desean dedicarse a sacar dinero de ellas, ocupándose en hacer ajustes, reparaciones y algunos otros menesteres relacionados con tan peligrosos objetos, pues bien sabido es que con el uso, las armas requieren frecuente reacondicionamiento y cambio de partes desgastadas, para así mantener su precisión, que es lo que se conoce como *precision tuning.*

A tan inmensa necesidad de personas con conocimientos en el manejo y reparación de armas, se debe que miles de individuos que antes eran simplemente aficionados, hoy han convertido su *hobby* en una ocupación de carácter permanente, con el fin de satisfacer tales necesidades, que por cierto son servicios muy bien remunerados. Por ejemplo, hay muchos policías activos y en retiro, que ganan muy buen dinero extra, no solamente como instructores en el manejo de armas, sino también como expertos en reparación, pues ellos conocen muy bien sus "herramientas" de trabajo. Entonces, para satisfacer tales necesidades mantienen sus propios talleres en sus casas, ya que para ello no se requiere mucho espacio.

COMPRA Y VENTA DE ARMAS

Otros lucrativos aspectos relacionados con esta poderosa industria de las armas, y que muy bien pueden complementarse lo uno con lo otro (la compra y la venta), para trabajar independientemente y aumentar así el potencial de ingresos personales, son el: *Register Gun Dealer* y el *Lead Bullet Manufacturing.*
El primero consiste en la compra y venta legal de armas de fuego, negocio que con más de un millón de *dealers* registrados, alcanza fantásticas y variadas proporciones de mercado. Esta gente no solamente vende miles de dólares en cientos de *guns-shows* que se realizan constantemente en todo el país, sino que también a veces se les ve inclusive vendiendo armas desde el mismo *trunk* de sus automóviles.

Para ser *Registered Gun Dealer,* hay que poseer un permiso conocido como: *Federal Firearms License,* que es válida en todo el país. Y para obtenerlo se requiere ser mayor de 21 años y no poseer ningún **record** o antecedentes criminales. La información es verificada cuidadosamente por el *Federal Bureau of Investigations –FBI–.* Con esta licencia, su portador está en libertad de comprar armas al por mayor, con un substancial descuento de *wholesaler,* para venderlas al *detail,* obteniendo una buena ganancia por unidad. *Here applies the principle of a good business formula: "buy low, sell high".*

LEAD BULLET MANUFACTURING.- Es el otro campo relacionado, que consiste en la manufactura y recargamento de balas. Esta es un área muy popular, especialmente entre los aficionados y practicantes al tiro al blanco, debido en parte al alto costo de la munición de fábrica.

La maquinaria, pólvora y otras herramientas especiales para tal oficio son económicas y de fácil adquisición, ya que este es un proceso común de fabricación que es legal, y por tanto está permitido hacerlo en cualquier lugar apropiado, como lo puede ser un *basement* o garaje residencial. Esta es también otra oportunidad que muchos aficionados aprovechan como negocio de *part-time*, ya que no interfiere con otras labores de carácter permanente y a la vez les proporciona ingresos adicionales, pues no solamente están produciendo munición para su uso personal, sino también para vender.

INFOSOURCES
Recursos y fuentes de información

CAPACITACION:

NORTH AMERICAN SCHOOL OF
FIREARMS
925 Oak Street
Scranton, PA. 18508

ASOCIACIONES:

NATIONAL RIFLE ASSOCIATION
OF AMERICA
1600 Rhode Island Ave. NW.
Washington, DC. 20036
*

NATIONAL RELOADING
MANUFACTURES ASSOCIATION
One Centerpoint Drive
Lake Oswego OR. 97035
*

U.S. DEPARTMENT OF THE
TREASURY
Bureau of Alcohol, Tabacco and
Firearms
Washington, DC. 20226
Nota: Estas son las dependencias
oficiales del gobierno norteamericano,
encargadas de regular y expedir las
licencias necesarias a nivel federal.

**CATALOGOS DE PRODUCTOS Y
PUBLICACIONES DEL RAMO:**

GUNVIDEO
7888 Ostrow St. Suite A.
San Diego, CA. 92111
*

LYMAN PRODUCTS
CORPORATION
Dept. 90 Route 147
Middlefield, CT. 06455

MIDWAY ARMS INC.
5875 W. Van Horn Tavern Rd.
Columbia, MO. 65203
*

LEE PRECISION INC.
4275 Highway U.
Hartford, Wisconsin 53027
SHOTGUN NEWS
P. O. Box 669
Hastings, NE. 68902
*

SHOOTING TIMES -(revista)
P. O. Box 1790
Peoria IL. 61656
*

AMERICAN HUNTER (revista)
1600 Rhode Island Av. NW
Washington, DC. 20036
*

GUN TESTS
P. O. Box 420198
Palm Coast, Fl. 32142
*

AMERICAN HANDGUNNER
(revista)
591 Camino de la Reina
San Diego, CA. 92108
*

GUNS & AMMO (revista)
6725 Sunset Blvd.
Los Angeles, CA. 90028

FLEA MARKETS

Venta de productos en puestos públicos y bazares

La ciudad de México tiene a "Tepito", Madrid tiene "El Rastro", París tiene "Le Marche aux Puces", y en todo Estados Unidos, los *flea markets* son bastantes populares. Mercados de puestos en donde se venden a precio de descuento artículos nuevos, usados y hasta robados. Inclusive, miles de esas agrupaciones de comercio semi-ambulante, no solamente son eventos de *week-ends,* como tradicionalmente suele suceder en la gran mayoría de los casos, sino que también los hay de manera permanente, es decir, todos los días de la semana.

Llámense como se llamen, *flea markets,* pulgueros, tianguis, mercados callejeros, bazares, etc., lo cierto es que uno de esos sencillos puestos de ventas puede considerarse como piedra angular o base para levantar un futuro negocio. Son muchas las personas con iniciativa propia, que prácticamente con muy poco dinero han empezado desde abajo, hasta llegar a ser orgullosos propietarios de grandes y productivos negocios.

Gracias a la libre empresa y al empeño de tantas personas decididas a trabajar por cuenta propia, casos de esta naturaleza abundan en todos los Estados Unidos; tanto que podría escribirse un grueso libro acerca de cientos de emprendedoras personas que por medio de este popular campo de comercio, en pocos años han logrado lo que se han propuesto, a pesar de tan modesto comienzo.

Ello tiene su razón de ser, puesto que quienes están concientes de que un puesto de ventas callejero es como una escuela elemental de negocios, tienen la oportunidad de aprender a manejar los principios de la oferta y la demanda. Es decir, aprenden a comprar y vender, a producir ganancias, reinvertirlas y a progresar.

PRINCIPALES CARACTERISTICAS DE LOS
FLEA MARKETS

La razón primordial por la que decidí incluir en este libro el tema de los *flea markets,* es que sencillamente se trata de otra ocupación más, que puede estar basada en casa y operada por fuera de manera *part-time.*
De hecho, todos los fines de semana miles de personas desempleadas, o aun teniendo su trabajo *full-time,* pero que necesitan complementar sus ingresos, o que están buscando la forma más económica de levantar un negocio propio, pero no cuentan con mucho capital, llenan de mercancía su camioneta y montan sus puestos en uno de tantos *flea markets* que existen en las ciudades norteamericanas.
De ahí entonces que, para quien carece de experiencia como comerciante y suficiente capital, ello no sólo representa un modesto medio para hacer dinero independientemente, sino que es también una de las mejores y más apropiadas maneras para aprender a comerciar, tal como lo demuestran las tres siguientes razones por sus respectivas características:

En primer lugar: ES ECONOMICO, puesto que es la fórmula más facil para que cualquier persona pueda lanzarse al mercado comercial por primera vez, y sin mucho que arriesgar ni perder, ya que sólo basta con alquilar una mesa por 20, 30, 40 ó más dólares diarios, según lo popular que sea el sitio y la concurrencia que tenga los fines de semana.

En segundo lugar: ES FLEXIBLE, por la versatilidad con que se puede coordinar el tiempo, debido a que como estos negocios por lo general operan los fines de semana, se puede mantener cualquier otro tipo de trabajo *full-time,* hasta que se logre montar un negocio permanente que sea suficiente para igualar o superar el sueldo que se recibe como empleado. De esta forma, es como con frecuencia hay quienes después de un tiempo prudente, han logrado montar de manera permanente su propia tienda o almacén.

En tercer lugar: ES PRACTICO, quizás este es el factor más importante de todos, ya que hay infinidad de personas con instinto emprendedor y esta actividad les ha servido como medio de entrenamiento.

Son muchos quienes tienen allí su puesto o *stand,* simplemente para hacer unos cuantos dólares y pasar el tiempo; pero hay otros emprendedores inteligentes, que saben aprovechar esa oportunidad para conocer el sistema, aprender y avanzar, hasta que terminan abriendo un lugar permanente. Esa es su mejor escuela o campo de entrenamiento, porque allí se conoce y experimenta lo que es el verdadero significado de la oferta y la demanda, sin verse en la necesidad de arriesgar una gran cantidad de dinero.

El contacto y trato con el público por primera vez, no solamente les sirve como motivación, sino que también les enseña a negociar a corto y largo plazo, lo cual lógicamente les prepara para manejar correctamente un *full-time business.*

Esas primeras experiencias, ponen a prueba la responsabilidad de una persona y revelan su grado de capacidad como negociante. Son factores decisivos que hacen o deshacen el futuro de un negocio, cualquiera que sea.

Vale advertir que es casi imposible hacerse rico simplemente atendiendo un puesto en un *flea market,* pero lo que sí es posible, es sentar las bases, mediante un concienzudo planteamiento y aprender a conocer allí mismo, cuál es la mejor manera de levantar un negocio desde el "punto cero".

Esto lo atestiguan patéticamente muchos negocios hoy reconocidos y bien establecidos, que también tuvieron tan modesto comienzo. Lo más importante para sus fundadores no fue el dinero que en los *flea markets* recogieron, sino más bien lo que allí aprendieron y la experiencia que adquirieron como negociantes .

COMO EMPEZAR: Lo primero que debe hacer una persona interesada en este medio, es visitar varios *flea markets* a diferentes horas del día, observar detalladamente qué clase de público es el que visita tales o cuales puestos, cuáles son sus reacciones y cómo proceden sus propietarios, entablar conversación con ellos y hacerles toda clase de preguntas relacionadas que vengan al caso en particular.

Es muy importante tomar nota también de los productos que tienen mayor movimiento, y averiguar por qué, así como investigar todos aquellos detalles que no parezcan importantes, pero que en realidad son los que mueven el negocio.

Posteriormente, basándose en tales observaciones, usted podrá analizar y evaluar cada situación en particular, preguntarse qué artículos podrían hacer falta y quizás tener una buena aceptación. Con ello en mente, deberá buscar algo que sea de necesario uso, novedoso o entretenido. Una vez que se encuentre algún producto con estas características, inventar la forma más práctica y atractiva de presentárselo al público. Muchas veces lo que más ayuda a que se venda el producto no es éste en sí, sino más bien su empaque y presentación.

Todo lo anterior, son elementos claves que poseen los puestos que más venden. No es lo mismo vender toda clase de mercancías, que especializarse en un determinado ramo. Entre más conocimientos se tengan de lo que se ofrece, mayor será la oportunidad de lograr más ventas. En muchos casos, gana más dinero un vendedor de puesto, haciendo por ejemplo,nombres o pequeños artículos de madera con una sierra eléctrica portátil de $ 300.00 dólares, que quien tiene $ 1,500 ó $ 2,000 dólares invertidos en artículos no muy atractivos y de poco uso.

La mayoría de las investigaciones de mercadeo en este campo, indican que la gente casi nunca va a los *flea markets* por algo en específico, sino más bien en busca de artículos que sean curiosos, útiles y baratos. Esperar a que llegue el sábado y domingo para ir a gastar el cheque a esos lugares, es una especie de "ritual", al cual muchas personas están ya acostumbradas.

De tal manera que teniendo en cuenta los puntos básicos ya observados con anterioridad, y después de haber hecho las preguntas pertinentes, y sobre todo haber "espiado a muerte" los lugares que mayor movimiento tienen, sólo basta con aplicar el sentido común para escoger el tipo más apropiado de mercancías, entretenimiento o comida, que mejores posibilidades y demanda puedan tener. Estas tácticas de "espionaje" comercial y preguntas claves –que en los grandes negocios se conocen como *marketing research*– han sido las más usadas por quienes con éxito han levantado productivos negocios con poco capital y *from scratch.*

Por lo tanto, recuerde siempre y téngalo muy en cuenta en el momento de seleccionar el producto que va a vender: , "lo necesario, útil y novedoso, bien sea caro o barato, son los tres factores más importantes para atraer compradores y mover la mercancía más eficientemente".

INFOSOURCES
Recursos y fuentes de información

En cuanto a información se refiere, cabe destacar de que es tan variado y extenso el número de mercancías y curiosidades que se pueden vender en los *Flea Markets*, tanto que resultaría una lista de datos tan extensa de publicar, que realmente sería tema de otro libro aparte.

No obstante, si puedo ofrecer una serie de recomendaciones que muy bien le pueden ayudar a usted mi amigo emprendedor, si es que se interesa para empezar en la dirección correcta, puesto que los siguientes datos conducen a una fuente inagotable de ideas y contactos para conseguir toda clase imaginable de mercancías al por mayor y a bajo costo, para vender al numeroso público que suele asistir a los *Flea Markets*.

En primer lugar: Usted podrá dirigirse al departamento de *Business*, en la principal biblioteca pública de su localidad. Allí va a encontrar varios gruesos directorios, bajo el título *"Wholesalers and Distributors"*, en ellos aparecen cientos de direcciones, no solamente de Estados Unidos, sino también del exterior, lo cual le va a ser a usted de mucha utilidad para buscar y hacer los contactos necesarios, en orden de conseguir lo que necesita. Uno de los directorios que más recomiendo a este respecto, es el: *"American Wholesalers and Distributors Directory"* publicado por *Gale Research* de Detroit, y en el cual aparecen cerca de 20 mil contactos y direcciones.

En segundo lugar: varias de las otras ocupaciones que aparecen en este libro, tienen alguna relación con los *Flea Markets*, ya que de alguna forma también se prestan para ello. Por ejemplo, quien trabaja la Serigrafía o *Screen Printing*, al adquirir un puesto de ventas en un fin de semana, no solamente podrá vender atractivas playeras o camisetas, sino que también, podrá conseguir allí mismo, algunos pedidos extras, y nuevos clientes para su negocio permanente. Hay que tener en cuenta de que el abundante tráfico peatonal que generan los *Flea Markets*, representa muy buena publicidad para algunos negocios.

Como ejemplo, entre las ocupaciones aquí expuestas, y que mucho se prestan para ello, puedo citar las siguientes:

Carpentry/Woodworking. El trabajo de objetos curiosos en madera, no solamente tiene apreciable demanda, sino que también da muy buena margen de ganancias (vease *"Carpentry"*).

Catering Services. La venta de cualquier clase de comida al público, especialmente antojitos, es algo que siempre tiene alta demanda en todo lugar donde concurre mucha gente.

Locksmithing and Alarm Installation. Muchas personas que se dedican personalmente a esta ocupación, suelen alquilar puestos en los *Flea Markets* más concurridos, para aprovechar el númeroso tráfico de personas que concurren a dichos lugares, con el fin de ofrecer allí sus servicios, y luego hacer trabajos o instalaciones a domicilio.

Photography. En algunos campos de la fotografía, también sucede lo mismo que en el caso anterior. También se venden muchos objetos relacionados, como lo son fotos impresas en platos, impresiones en alto relieve, botones, playeras, calendarios, identificaciones, etc.

Screen Printing. La gran variedad de llamativos artículos que se pueden imprimir por medio de este práctico y económico sistema, suele atraer impulsivamente un buen número de compradores.

De tal manera que, las *infosources* de dichas ocupaciones, también sirven en este caso como fuentes de información adicional, con el fin de conseguir contactos, productos, mercancías, y equipos para ser negociados de una u otra manera en los *Flea Markets*.

FLOWERS DELIVERY SERVICE

Servicio de entrega de flores a domicilio

"Say it with flowers" es para los estadounidenses no solamente un lema, sino también una tradición de cortesía y galantería, que data de los tiempos en que los primeros inmigrantes anglosajones desembarcaron en costas norteamericanas, procedentes del viejo continente.

Hoy en día, "decirlo con flores" representa uno de los servicios de envíos a domicilio que más demanda tienen en todas las épocas del año, y en casi todos los niveles sociales. La lista de eventos y ocasiones que demandan toda clase de adornos florales, es por cierto, bastante amplia.

Y ocurre que para vender arreglos florales no se requiere necesariamente tener una floristeria establecida en un céntrico lugar, ya que ello implica que una gran parte de los ingresos tengan que ser destinados al pago de servicios de luz, agua y un costoso alquiler de local, lo cual constituye un enorme gasto que consume gran parte de las ganancias.

Aunque entregar flores personalmente es un hábito muy común, no representa un negocio de la misma magnitud que el de los servicios de envíos de flores a domicilio, ya que no solamente dejan una *lasting impression,* sino que también es más rápido y conveniente, motivos por los cuales es bien sabido que el mayor porcentaje de ganancias que generan las grandes floristerías provienen precisamente de estos servicios, que son prestados a manera de *Flowers Delivery Service.*

Ello indica que: más importante que una buena ubicación, es muy necesario saberse dar a conocer, valiéndose de todos los medios posibles, para mantener un buen grupo de clientes permanentes, especialmente aquellos que solicitan el servicio con frecuencia, pues es normal que durante todo el año se les presenten distintas ocasiones que requieran de servicios de arreglos florales enviados a domicilio.

Con el fin de mantener una nutrida lista de clientes permanentes, es muy importante saber hacer la publicidad adecuada y de manera permanente en los medios más apropiados. Los avisos a tiempo oportuno y en sitios estratégicos donde van a llevarse a cabo los eventos y festejos, suelen ser otro medio efectivo para atraer este tipo de clientela.

Además, como este negocio es de los que ofrecen mucho contacto con el público en general, *word-of-mouth,* es a la vez uno de los medios promocionales más eficaces para darse a conocer y lograr que otras personas corran la voz acerca de estos creativos servicios entre sus amistades.

Arreglar *bouquets,* canastas o ramos de flores de una manera creativa, no es una tarea difícil. Se trata de un oficio que inclusive se puede aprender por medio de videos instruccionales.

Como hemos visto, para que este negocio funcione como debe de ser, la clave está en la presentación del producto, mientras que el *trick* consiste en la puntualidad del *delivery.* Hay que recordar que con las flores no solamente se dicen muchas cosas, sino que también sirven para hacer nuevas amistades, o poner una sonrisa en los labios de las ya establecidas.

Estos servicios son prueba suficiente de que los gustos, necesidades y placeres de los gringos, presentan muchas oportunidades que fácilmente pueden convertirse en confortables y permanentes fuentes independientes de ingresos, para que las personas emprendedoras las aprovechen valiéndose de un sencillo nivel de capacitación, tal como lo veremos en el siguiente ejemplo.

DE VENDEDORES AMBULANTES, A DUEÑOS DE FLORECIENTE NEGOCIO

Adiela Zapata, junto con su esposo Manuel, empezaron como vendedores callejeros, ofreciendo flores en medio del peligroso tráfico que hace sus paradas en las intersecciones de la vía pública en suburbios aledaños a la ciudad de Chicago.

Estas son escenas que se presentan frecuentemente cuando uno va conduciendo por distintos sectores de la ciudad, especialmente en las épocas de verano. Por lo general, esta es una labor que en muchas áreas no está permitida, debido al riesgo de que los vendedores sean atropellados, razón por la cual Adiela y Manuel fueron arrestados en varias ocasiones, y hasta llegaron a ponerse en riesgo de una segura deportación, puesto que sólo tenían permiso de inmigración para laborar en el campo.

Pero esto era algo que no les intimidaba, pues de alguna manera tenían que ganarse la vida, y además, Adiela presentía firmemente que de una u otra forma, en el negocio de las flores estaría su futuro, dado que en una ocasión eso fue lo que le hizo saber una gitana que le leyó su suerte.

"Suerte o no –comenta ella– *esa autosugestión fue lo que más me ayudó, dándome ánimo y empeño a seguir con el negocio de las flores".*

Sucedió entonces que en cierta ocasión, en la parroquia de un vecindario aledaño al lugar que ellos solían frecuentar, se celebró una festividad, para lo cual se ofrecieron voluntariamente a hacer parte de los *floral arrangements,* inclusive donando algunas de sus propias flores.

Para sorpresa de algunos, sus arreglos ornamentales llamaron mucho la atención, ya que Adiela resultó tener cierta habilidad artística para elaborar atractivos adornos florales, conocimientos que había complementado con un video ***how-to*** de instrucción vocacional, titulado *"how to make money with floral designs"*, que ocasionalmente hayó en la Biblioteca Pública una vez que andaba buscando unos manuales de arreglos florales.

Pocos días después de la celebración religiosa y de haber puesto a la vista pública sus conocimientos, recibió varias llamadas a través del párroco de la iglesia, solicitando trabajos de arreglos similares, tanto que una de esas llamadas procedía del gerente de promociones de un lujoso hotel que frecuentemente requería de tales servicios ornamentales para banquetes y otras recepciones.

Ni corta, ni peresoza, Adiela supo reconocer inmediatamente esas oportunidades, y aunque con muy pocos ahorros, se lanzó de lleno y con empeño a ese negocio. Lo primero que hizo fue mandar a imprimir tarjetas, *flyers* y papelería para hacer publicidad por todas partes, y fue así entonces, como su *floral business* se fue para arriba.

A la fecha, desde una remodelada e inmensa *farmhouse*, situada en las afueras de la ciudad, que ella misma decidió comprar por su amplitud, pensando más que todo en tener bastante espacio para su negocio de flores, Adiela opera una próspera empresa, asistida por su esposo Manuel, quien se encarga del personal y de los vehículos para las entregas y otros servicios de *delivery*. Manuel ya conocía muy bien la ciudad y sus suburbios, puesto que anteriormente había comprado una camioneta para hacer mudanzas, negocio al cual pensaba dedicarse de lleno, pero resultó que su esposa le salió adelante con el negocio de las flores.

Ese floreciente negocio de tan emprendedora mujer, que hoy está especializado exclusivamente en vender arreglos florales a domicilio, ocupa cerca de 15 personas, según sea la temporada y el volumen de pedidos. Y en ocasiones, Adiela misma hace ciertos trabajos con *appointment only.* Su *"floristería sobre ruedas"*, según ella, actualmente cuenta con cinco *vans,* equipadas con compartimientos de refrigeración, para poder así distribuir flores frescas a toda hora y en cualquier temporada. El año pasado fue uno de sus mejores años, reportando *gross sales,* superiores a los $ 200 mil dólares.

GRATOS RECUERDOS DE UN HUMILDE COMIENZO

Con cierto grado de nostalgia, esta emprendedora mujer me comentaba:

"Aunque hoy importo directamente miles de dólares en flores de Centro y Sudamérica, nunca he olvidado mi pasado, y siempre que la ocasión se presenta, detengo mi automóvil en las intersecciones y compro unas cuantas flores, pues en mi home office les tengo un sitio muy especial. A esa pobre gente que se gana la vida como vendedores ambulantes, hay que ayudarles de alguna manera. Por esta misma razón es que cuando necesito personal, recurro a ellos, para darles un mejor trabajo. Entre todas las cosas que he aprendido en este gran país, lo que más admiro es que ayudando a la gente, también se ayuda uno mismo. Yo experimenté esa situación en carne propia, y sé muy bien lo que es pasar por esas etapas y cuánto se sufre. Cuando no se echan a perder las flores, es la policía quien lo trae a uno "de cabeza", como si se tratara de un delito grave, no tienen en cuenta que a pesar del riesgo, es una manera honrada de ganarse la vida.

Yo casi nunca he creído en supersticiones, pero la verdad es que lo que me dijo aquella gitana un día, me sirvió mucho para programarme o autosugestionarme. Fue así como a raíz de ello, siempre procuro imaginarme que estoy teniendo éxito rotundo en todo lo que planeo y hago.

Con los años he podido comprobar que imaginarse y visualizarse uno mismo en que está progresando, resulta ser el mejor motivador para animarse a seguir adelante cada vez que se tienen tropiezos.

Imaginarse uno cosas buenas no cuesta nada, y lo mejor de todo es que a veces, con mucho empeño y persistencia resultan haciéndose realidad.

Le doy gracias a Dios y a este lindo país, porque hoy mi vida es para bien, muy diferente a lo que fue en un principio. Estoy totalmente convencida de que quien no progresa en esta gran nación es simplemente por pura pereza o porque no tienen la más mínima ambición de hacer algo productivo en su vida; muchos prefieren desperdiciar su tiempo en tonterías, "pegándose" como chicle todo el tiempo a la televisión, o tras el vicio en los bares, en lugar de emplear ese tiempo para aprender algo útil que les permita salir adelante y ser el orgullo de su familia.

Las oportunidades abundan por doquier, nadamás hay que estar preparado y saberlas buscar y detectar, y una vez que se encuentran hay que persistir en ellas. No hay nada fácil en la vida, pero quien mucho busca, siempre encontrará un buen lugar por donde empezar.

En resumen, estos servicios de ***flower delivery*** pueden ofrecerse desde cualquier punto de la ciudad, siempre y cuando se cuente con los medios de transporte adecuados.

No tiene nada de extraordinadrio operar una floristería móvil desde un amplio garaje, o inclusive desde un espacioso **basement.** De esta manera, se tendrá la oportunidad de cobrar precios más bajos que la competencia establecida en lugares donde se pagan costosos arrendamientos. Para el cliente, cobrarle menos de lo normal representa un mayor incentivo, que a la vez le motiva a utilizar nuevamente tales servicios. Mientras que quien tiene que pagar mucho dinero en alquiler, no puede darse el lujo de hacer buenas rebajas con el fin de atraer más clientes.

Así pues que "decirlo con flores", no solamente hace felices a muchas personas, sino también a otras tantas que trabajan independientemente, pues les da la oportunidad de prestar un lucrativo servicio a domicilio y así mismo ganarse la vida más cómodamente.

INFOSOURCES
Recursos y fuentes de información

CAPACITACION:

SCHOOL OF FLORISTRY
925 Oak Street
Scranton, PA. 18515
*
THE SCHOOL OF FLORAL
DESIGN
6065 Roswell Road.
Atlanta, Georgia 30328

ASOCIACIONES:

TRANSWORLD DELIVERY
ASSOCIATION
29200 Northwest Hwy.
P. O. Box 2227
Southfield, Michigan 48037

CATALOGOS Y REVISTAS:

SRC REFRIGERATION
6615 Nineteen Mile Rd.
Sterling Heights, MI. 48314
(especialistas en equipos para
refrigeración floral)
*
FLOWERS&
Teleflora Plaza 12233 W. Olimpic Blvd.
Los Angeles, CA. 90064
*
FLOWER & GARDEN
P. O. Box 7507
Red Oak IA. 51591

HOME INSPECTION

Inspección estructural de casas

"Más vale prevenir que lamentar"

La compra de una casa es quizás la mayor inversión que una persona hace en toda su vida.
Pero sucede que la mayoría de las casas, tanto viejas como nuevas, tienen serios problemas como daños, violaciones a códigos residenciales y otra serie de desperfectos difíciles de detectar por una persona ajena a la construcción, o por compradores ingenuos que son los que más abundan.

A ello se debe que con cierta frecuencia, muchas personas que creen haber adquirido su *dream house* terminan viviendo una verdadera pesadilla. No es raro encontrarnos con personas que compran una casa, por ejemplo, en 100 mil dólares, y cinco años después, cuando creen que ésta tiene un valor mayor, se llevan la impactante sorpresa de que en realidad sólo vale sesenta o setenta mil dólares.

Como es normal, las casas con el tiempo sufren deterioros internos que muchos vendedores deshonestos creen remediar con una "manita de pintura" o lo que es más, engañadores "tapados" de *aluminum sading* . Por otro lado, también sucede que un alto porcentaje de las casa nuevas hoy en día, tienen infinidad de defectos y malos acabados, debido al uso de materiales *make believe,* o "cosméticos" baratos que son de mediocre resistencia y poca durabilidad.

De igual manera sucede con un gran número de casas nuevas, que por estar construidas "a la carrera", –estilo líneas de ensamblaje– quedan muy mal fabricadas, a lo cual se le suma, para colmo de males, que han sido utilizados materiales de una calidad tan baja que hasta da vergüenza.

Por ejemplo, en 1992 con el huracán Andrew, en el Estado de Florida, cientos de propietarios quedaron en la calle cuando sus casas "nuevas" fueron totalmente arrasadas. Y fue así como se descubrieron numerosos fiascos de construcción, lo cual fue comprobado más tarde por arquitectos e ingenieros investigadores del gobierno, quienes llegaron a la conclusión de que tanta destrucción no se debió en su mayor parte a la fuerza de los vientos, sino más bien a la frágil fabricación de las estructuras, y a la baja calidad de los materiales empleados en su construcción.

No es necesario continuar enumerando razones para demostrar la urgente necesidad y el por qué en la actualidad se requierren los servicios de un *home inspector.*

Este era antes un campo, al cual sólo se ocupaban a los mismos avaluadores bancarios, agentes inmobiliarios y otro personal relacionado. Pero hoy en día, este mercado residencial ha crecido de tal manera y es tan complejo y arriesgado, que ha dado como resultado la necesidad vital de contratar los servicios de personas independientes, que se especializan única y exclusivamente en asuntos de inspección, tanto que ya existen instituciones docentes y de *home-study* que ofrecen cursos de *home inspection.*

Los *home inspectors,* son individuos que hacen estudios apropiados, los cuales abarcan conocimientos básicos en techos, áticos, paredes, ventanas, puertas, áreas pavimentadas, patios, sótanos, suelos, sistemas de electricidad, plomería y conductos ambientales, como lo son el aire acondicionado y otras instalaciones relacionadas.

Basándose en dichos conocimientos, mediante una inspección formal por dentro y por fuera, desde el sótano hasta los techos, ellos determinan el grado de deterioro que ha sufrido una casa debido a su uso a través de los años. O bien, en el caso de una propiedad nueva, buscan y revisan algunos fallos técnicos, comprueban la calidad y durabilidad de los materiales empleados y verifican que no existan posibles violaciones que estén fuera de las normas y códigos residenciales.

De esta manera, se establece el estado estructural y condiciones generales de la vivienda. Como resultado, el *home inspector* produce un reporte final que muestra detalladamente la condición y evaluación real en que se encuentra la casa que su cliente está interesado en comprar. Ello representa una opinión profesional e imparcial, la cual tendrá mucho que ver con el valor y precio real de la propiedad.

Como es de suponer, un inspector de casas independiente, encontrará más fallas –y tal vez fraude–, que uno que está ligado a los intereses del vendedor.

Inspeccionar casas profesionalmente con tales fines no es nada nuevo, pues los mismos bancos y otras entidades inmobiliarias siempre han tenido expertos en la materia. Pero la modalidad, y forma sistemática e independiente de como este proceso se está desarrollando hoy en día sí es nueva, puesto que es el mismo consumidor quien necesita protejerse para evitar así problemas, fraudes y malos entendidos que puedan surgir posteriormente, dando motivo a desagradabes y costosas sorpresas. A raíz de ello, el comprador no solamente obtiene *piece-of-mind,* sino que también estará pagando un precio justo por su futura propiedad.

RESULTADOS COMPUTARIZADOS, SIGNIFICAN ALTA PRODUCTIVIDAD

No hace muchos años, cuando este trabajo empezaba a tomar una posición independiente y reconocida dentro de los mismos círculos del *real estate,* aparecieron los primeros *software* de *home inspection* para las computadoras, los cuales han dado como resultado un tremendo impulso a esta ocupación, no solamente en su mismo campo de autocapacitación, sino también en el ejercicio de estas funciones, puesto que con uno de estos programas, después de cada inspección, la computadora realiza y produce en poco tiempo, reportes muy completos y profesionales, permitiendo así que un *home inspector* dedique menos horas en su *home office* y le quede más tiempo para realizar otras inspecciones por fuera. Este rendimiento no sólo representa más profesionalismo, sino que también se traduce en más dinero para su bolsillo, puesto que puede atender más casos en menos tiempo.

TENTATIVA Y DOBLE OPORTUNIDAD

Estos servicios no solamente son muy bien remunerados, sino que también es otro de los caminos más apropiados que conducen a ese fabuloso negocio del *real state,* debido a que la experiencia que se adquiere con este trabajo, y en el proceso de envolvimiento con propiedades inmobiliarias, es la mejor escuela para aprender a identificar y descubrir verdaderas gangas y oportunidades. Es decir, que inspeccionando casas independientemente, se adquiere y acumula un grado tal de experiencia en la materia, que no se obtendría con facilidad en ninguna institución docente.

De ahí que algunos emprendedores *home inspectors* terminan descubriendo y comprando propiedades en mal estado y en *foreclosures,* para renovarlas y luego revenderlas a precios que les proporcionan muy satisfactorias ganancias.

Otra excelente oportunidad que se les presenta a quienes se dedican a este campo, es que fácilmente, a través de algunos cursos adicionales, pueden convertirse en *real estate agents* que es una de las ocupaciones más lucrativas y de prestigio en Estados Unidos.

Nota de interés general *–WARNING–* Si esta ocupación no se encuentra dentro de sus favoritas, por lo menos sí es muy importante que tenga en cuenta las observaciones y puntos anteriormente expuestos, por si usted piensa comprar casa algún día, que obviamente es uno de los principales objetivos de quienes vienen a progresar a los Estados Unidos.

Con base en tales pormenores, es primordial considerar la búsqueda de un buen *home inspector,* que aunque tiene su costo, le ahorrará no solamente muchos dolores de cabeza, sino también unos buenos dólares en su más importante y considerable inversión. No olvide que "las apariencias engañan", y de descubrir esos engaños es que precisamente se encargan los *home inspectors* que trabajan independientemente.

I N F O S O U R C E S
Recursos y fuentes de información

CAPACITACION:

NRI. COURSE IN HOME
INSPECTION
McGraw-Hill Continuing Education
Center
4401 Connecticut Ave. NW
Washington, DC. 20008

THE SCHOOL OF HOME
INSPECTION
6065 Roswell Road
Atlanta, Georgia 30328

HOME REMODELING AND REPAIR

Remodelación y reparación de casas

Según un reporte en el *"Occupational Outlook Handbook",* que es el manual oficial sobre proyecciones de empleos en los Estados Unidos y considerado como la "biblia" ocupacional, por tratarse de que está basado en estadísticas recopiladas por el mismo gobierno y que publica anualmente el *U.S. Department of Labor,* se desataca que "la demanda por nueva vivienda, así como la inmensa necesidad de renovar estructuras existentes, dará como resultado una fuerte demanda de mano de obra, por lo menos hasta más allá del año 2005.

Si observamos detenidamente la frase de "inmensa necesidad de renovar estructuras existentes", nos daremos cuenta que habla por sí misma, puesto que eso representa miles de oportunidades en todos los segmentos de una de las industrias más ricas y con mayores fuentes de trabajo que, como ya lo hemos visto, constituye uno de los grupos ocupacionales más grandes de la fuerza laboral norteamericana. Muchos expertos laborales aseguran que el *home remodeling* es independiente de la industria de la construcción, mientras que otros refutan que es parte intrínseca de la misma.

En mi opinión personal, y para no entablar polémica ni herir sentimientos, me atrevo a definir este campo con el popular dicho: "juntos pero no revueltos".

Indiscutiblemente que, tanto para fabricar una casa nueva u otra edificación, como para remodelar una propiedad, se necesita indiscriminadamente el trabajo y los servicios de carpinteros, albañiles, plomeros, electricistas y así sucesivamente.

Ahora bien, con la gran cantidad de casas viejas que hay en los Estados Unidos, existen más oportunidades para la reparación y remodelación, que para proyectos de construcciones nuevas, tanto que se ha podido comprobar que aún en épocas cuando la construcción de casas nuevas se estanca por una u otra razón, la necesidad y demanda por el *home remodeling* aumenta. Inclusive, con mucha frecuencia ocurren casos de personas que aunque compran una casa nueva, no quedan completamente satisfechas con algunos de sus diseños originales, por lo que proceden a ordenar variaciones en los baños, cocina, el *porch,* los patios, etc.

FACILIDADES DE PRESTAMOS PARA MEJORAS HABITACIONALES

Si bien es cierto que los bajos intereses para préstamos hipotecarios que hemos tenido sostenidamente durante los últimos años, ha permitido que millones de personas se hagan de una casa nueva, no todo el mundo tiene la suerte o está en capacidad de obtener como por arte de magia, préstamos grandes de la noche a la mañana.

Mientras que en el caso de *home remodeling,* ocurre totalmente lo contrario, pues quien desea renovar su casa no encuentra ninguna dificultad. Con base en la misma propiedad y como colateral, cualquier banco o institución de préstamo, están dispuestos a prestar con gran facilidad sumas de dinero equivalentes a un determinado valor de la propiedad, lo cual representa para ellos una garantía o respaldo por adelantado.

Por tales razones, ocurre que una infinidad de propietarios aprovechan dichos préstamos con bajas tasas de interés, para arreglar, renovar o inclusive hacer adiciones a sus hogares, como por ejemplo, la conversión de áticos en desuso, a acogedoras alcobas, o algo que en la actualidad está muy de moda, como lo es transformar feos *basements* en confortables *home offices,* o en salas de recreación, ya que con el bajo costo y accesibilidad a tantos aparatos electrónicos, se prestan para convertirlos en envidiables centros de entretenimiento familiar. E inclusive, muchos estrechos y oscuros garajes son transformados en amplios talleres de trabajo.

Y aunque hoy existen muchas facilidades, muy buenas herramientas y cantidad de materiales prefabricados, de fácil manejo para realizar tales trabajos, no todo el mundo puede o tiene la capacidad de hacerlo ellos mismos.

Entonces recurren a firmas de contratistas especializados en esas diferentes ramas de la construcción, y quienes suelen cobrar altos precios por cualquier trabajo aunque éste sea pequeño. Mientras que otra gran mayoría de personas con necesidad de trabajos similares, prefieren buscar a individuos particulares, que por su misma condición de contratistas independientes, se encuentran en mejor posición para negociar costos y precios razonables que beneficien a ambas partes.

Como resultado, una vez realizados los trabajos requeridos, la propiedad automáticamente adquiere un mejor atractivo y mayor valor.

Lógicamente, ello ha originado un notable *boom* en estos campos de la construcción, haciendo que los distintos servicios del *home remodeling,* se hayan constituido como uno de los segmentos más lucrativos y con mayor crecimiento en la economía norteamericana. De hecho, ello representa un amplio mundo de oportunidades para quienes están capacitados –o están pensando hacerlo– en uno u otro de estos campos relacionados entre sí, y que como ya hemos visto más ampliamente en el tema de la construción, tienen la ventaja de que pueden aprenderse y trabajarse de manera simultánea, como contratista independiente.

INFOSOURCES
Recursos y fuentes de información

INFORMACION ADICIONAL:

Para no ser repetitivo, y debido a que en la Remodelación y Reparación de casas se requiere de la participación y conocimientos de distintas ocupaciones relacionadas con la construcción, usted podrá encontrar allí mismo, en ese interesante tema que ya hemos visto con anterioridad y por separado, otros medios de capacitación y fuentes de información correspondientes a cada uno de esos ramos de la construcción.

CAPACITACION:

La mayoría de los colegios públicos imparten determinados programas vocacionales en las áreas de la construcción que cuentan con mayor demanda, y algunos de ellos son gratuitos para las personas de escasos recursos económicos. También en las *public libraries* se consigue toda clase de manuales y literatura relacionada, al igual que videos de instrucción para un mejor aprendizaje. Además, existe un variado y económico número de cursos a través del sistema *home study.*

No obstante, una de las mejores y más prácticas formas de capacitación consiste en hacerlo *hands-on,* en el mismo sitio donde se desarrolla el trabajo, pues hay empresas y fábricas que ofrecen la oportunidad para capacitarse a individuos sin experiencia alguna, pero con deseos y motivación para aprender, y el único requisito es encontrarse en buen estado físico y ser mayor de 18 años.

Tomorrow's At Hand...
SweetSearch® Puts Product Data At Your Fingertips

SWEET DIRECTORY, el más extenso y completo directorio de productos y materiales para la construcción.

INTERIOR DESIGN AND DECORATION

Diseño y decoración de interiores

La decoración de interiores está considerada como una de las ocupaciones pertenecientes al grupo de las Artes Visuales, que en buenos o en malos tiempos económicos no dejan de tener una consistente y satisfactoria demanda, debido en primer lugar: al estándard de vida y confort personal al que están acostumbrados a vivir una gran mayoría de los Anglosajones. Y en segundo lugar: a que en este país de las grandes apariencias, las ideas y gustos estéticos cambian con mucha frecuencia.

Los servicios que se encargan de prestar estos artistas del diseño estético y la decoración de lugares que se encargan de prestar, consisten principalmente en planear y diseñar arreglos decorativos, elaborar *sketchs* en proporción a los entornos del lugar, y distribuir con buen gusto estético el mobiliario de los espacios indicados.

Para realizar esos planes, seleccionan materiales, muebles, cuadros, iluminación y otro tipo de adornos que contribuyen al embellecimiento del lugar. Escogen también carpetas, cortinas y persianas, asegurándose de coordinar colores y diseños, de acuerdo a las exigencias y gustos de sus clientes.

En algunos otros casos, cuando las circunstancias así lo requieren, colaboran en el diseño de renovaciones y adiciones estructurales, que no solamente hacen más eficientes y confortables los interiores, tanto residenciales como comerciales, sino que también le dan un buen realce a la arquitectura de dichos lugares.

Las residencias elegantes y apartamentos, los edificios públicos y otras propiedades comerciales como hoteles, restaurantes, tiendas, oficinas, etc. es donde los Decoradores de Interiores encuentran el mayor segmento de mercado, para ofrecer sus servicios.

Requisitos: Como requisito especial, más que cualquier otra cosa, la creatividad es un factor crucial en esta ocupación. Luego, algunos conocimientos básicos de dibujo, sentido estético en el más mínimo detalle, y un buen ojo para armonizar y balancear proporcionalmente toda clase de colores, tanto en los textiles como en las pinturas que se van a emplear, es lo que hace eficiente a quienes laboran como *Interior Decorators*. De igual manera, también algunos conocimientos fundamentales de las Bellas Artes y de la fotografía suelen ser un gran complemento profesional en este campo. En pocas palabras, quien tiene creatividad e imaginación, y gran capacidad para comunicar sus ideas lo más gráficamente posible, también tiene aquí una gran oportunidad para explotar esta artística y lucrativa ocupación.

Un estudio basado en cifras procedentes de los últimos censos, revelaron un interesante dato a este respecto, cuando indica que más de la mitad de las firmas dedicadas a prestar este tipo de servicios, han sido empezadas por diseñadores que trabajan independientemente, y muchos de los cuales mantienen sus estudios y oficinas en su mismo lugar de residencia, desde donde planean la decoración de un despacho, hasta las habitaciones de un hotel o las de una elegante residencia.

Estos datos no son de sorprender, dado que no se requiere ningún equipo especial para ralizar dichas labores, sólo basta con un pequeño espacio o inclusive un amplio *walk-in-closet,* para mantener suficientes libros de decoración y diseño, catálogos y muestrarios de *floor coverings, fabrics* y otros materiales relacionados.

Las consultas y presupuestos se hacen en el lugar del cliente, mientras que los planes y diseños correspondientes son elaborados en la *home office* del *Interior Decorator.*

Imagínese usted mismo, consultando con arquitectos, constructores, artesanos y otros especialistas en todas las áreas de la decoración y el diseño. Aconsejando y ayudando a sus clientes en la selección de muebles, objetos de arte y otros elementos indispensables para la elegante transformación de sus viviendas, negocios u oficinas. Supervisando proyectos similares que contribuyen a la belleza estética y el buen gusto de los lugares que se le encomienden, y por último, relacionándose con gente distinguida, quienes a su vez, le recomendarán nuevos clientes para futuros proyectos.

Ingresos: Generalmente, algunos decoradores cobran los costos de sus servicios según el número de horas empleadas en la obra; mientras que otros, sugieren un precio fijo por el costo total del proyecto.

Además, tienen libre acceso a *wholesale showrooms,* que venden única y exclusivamente a miembros de este gremio y en donde reciben sustanciales comisiones o descuentos en los artículos y materiales que compran, lo cual en la mayoría de los casos representa sumas nada despreciables, ya que por ejemplo, en un proyecto que se lleva unos 5 mil dólares en decoracines y materiales, la comisión normalmente es de un 15 por ciento, lo que representa para el decorador un equivalente a $ 750.00 dólares, sólo en comisión.

Además, fuera del enorme campo residencial, los *Interior Decorators* también suelen realizar trabajos como *independent contractors,* para *department stores, malls, hotels* y firmas de arquitectos.

NEW TOOLS OF THE TRADE

"Para los profesionales en este campo que estén familiarizados con el uso de las computadoras, el futuro que les espera es más que brillante".

Con estas palabras cerraba su discurso recientemente el presidente de una prestigiosa firma de arquitectos. Este mensaje encierra una predicción verídica, que prácticamente ya es todo un hecho, puesto que con estos aparatos electrónicos y sus excelentes programas que tanto inspiran la creatividad, se logra con increible rapidez manipular fabulosos planos de decoración en la pantalla, sin ni siquiera haber entrado u ocupado físicamente un cuarto, ni haber movido un mueble.

Los clientes pueden ver con anticipación, no uno sino varios y diferentes **print-outs**, o bosquejos de como van a quedar sus lugares, una vez que hayan sido decorados.

De tal manera que: si usted alguna vez ha recibido felicitaciones por el buen gusto con que tiene decorada su casa, apartamento u oficina; si tiente gusto para combinar colores y también tiene *flair* y habilidad para el dibujo, y siente atracción por los objetos decorativos de arte o tiene otros gustos por el estilo, es muy probable que si adquiere el entrenamiento adecuado, va a tener éxito en este distinguido y lucrativo campo de la Decoración de Interiores.

INFOSOURCES
Recursos y fuentes de información

CAPACITACION:

NRI. AT-HOME TRAINING IN
INTERIOR DESIGN
McGraw-Hill Continuing Education
Center
4401 Connecticut Ave. NW
Washington, DC. 20008

*

SCHOOL OF INTERIOR DESIGN
Scranton PA. 18515

ASOCIACIONES:

NATIONAL ASSOCIATION OF
SCHOOLS OF ART AND
DESIGN
11250 Roger Bacon Dr.
Reston, VA. 22090

AMERICAN SOCIETY FOR
INTERIOR DESIGNERS
1430 Broadway
New York, NY. 10018

*

INDUSTRIAL DESIGNERS
SOCIETY OF AMERICA
1142-E Walker Rd.
Great Falls, VA. 22066

LIBROS RECOMENDADOS:

"INTERIOR DESIGN ON YOUR
OWN". Consumer Reports Books.
9180 Le Saint Drive
Fairfield, OH. 45014

LANDSCAPING AND GARDENING

Mantenimiento de zonas verdes y jardinería ornamental

Martín Gutiérrez y su esposa Graciela, llegaron a los Estados Unidos en busca de una mejor vida, y con el afán de ofrecerle a sus hijos un mejor futuro.

El primer trabajo que Martín encontró, fue en una compañía encargada del mantenimiento de patios y jardines en hoteles y áreas residenciales de la ciudad de Los Angeles. Eran muchas las horas que él trabajaba, pero afortunadamente descansaba los fines de semana.

Esos días de "descanso", fueron una oportunidad que Martín muy bien supo aprovechar desde un principio, puesto que decidió invertir algunos de sus primeros ahorros en una cegadora y otras herramientas necesarias, para dedicarse en sus *days off* a ofrecer servicios de *lawn mowing* y jardinería en áreas residenciales de la ciudad, pues ya había adquirido alguna experiencia en tales labores. Se trataba de hacer el mismo trabajo que hacía durante la semana, pero en este caso, por su propia cuenta.

Fue así que al cabo de un año, y como resultado de los buenos y económicos trabajos que hacía, ya contaba con algunos clientes propios, lo cual le permitió dejar su otro trabajo, para dedicarse de lleno a lo suyo.

Transcurridos dos años de ahorrar y trabajar independientemente, desde una oficina que montó en el garaje de su casa, manejaba un negocio de jardinería, que contaba con más de una docena de empleados a su disposición.

Mientras que Graciela por su parte, y también emprendedora como su marido, resultó con *green thumb* y cierto *flair* para con las plantas; razón por la cual se dedició a tomar unos cursos vocacionales de **green-house growing** y jardinería para hacerle frente y encargarse de un vivero o terranium que Martín estaba construyendo en el patio de una amplia casa rural, situada muy a propósito en frente de una transitada carretera cerca de la ciudad.

Dicho vivero resultó ser un tremendo negocio, el cual empezó a producir muy buen rendimiento adicional, puesto que Martín no solamente usaba muchas de esas plantas y materiales relacionados para realizar sus propios trabajos de jardinería, sino que además, frecuentemente paraban allí frente a su casa muchos motoristas a comprar plantas y arbustos con el fin de adornar sus casas, **apartments** u oficinas.

A este respecto, comentaba Graciela que:

"aun sin haber terminado de construir el vivero como lo había planeado mi marido, hubo fines de semana en que vendíamos entre $ 750.00 y mil dólares en plantas y artículos de jardinería".

Después de 10 años, Martín y Graciela aceptaron una oferta para vender el negocio, con muy buenas ganancias, a una corporación que opera **franchises** de esta naturaleza.

Ya con un buen capital en el banco, decidieron regresar a su país a montar un negocio basado en la misma idea. Esta vez no solamente con suficiente dinero, sino también con valiosa experiencia ya adquirida.

Si en los Estados Unidos, en donde no tenían nada al principio, ésta fue una fórmula de progreso que les dio resultado, sin duda alguna en su país, ya con los medios económicos y conocimientos necesarios, encontraron por anticipado un éxito garantizado.

El caso de este emprendedor matrimonio es evidencia, e ilustra cómo para algunos de los muchos inmigrantes que llegan anualmente de todas las partes del mundo a Norteamérica, sin ni siquiera conocimiento del idioma y poco o nada de capital, un simple trabajo, como lo es en este caso el de jardinería, resultó ser una de las muchas alternativas a considerar, puesto que es fácil y muy económico para empezar, y después de un tiempo puede convertirse en una ocupación o negocio *full-time.*

Obviamente, al principio es puro *hard-work* y se gana poco, en comparación a otra clase de trabajos que pagan más, pero que no ofrecen ningún aliciente o futuro. De la manera anterior, existe la oportunidad de progresar cuando se sabe lo que se está haciendo, puesto que así, siempre tiene que haber un lugar apropiado por donde comenzar, tal cual lo supieron hacer Martín y su esposa Graciela.

No es nada raro que después de trabajar eficientemente durante un tiempo razonable, se haga necesario el tener que emplear ayudantes o subcontratistas para poder cumplir con todos los contratos que se presenten. Este es precisamente el fin y la posición a la cual se debe de llegar: dejar que otros continúen haciendo el trabajo que usted antes hacía, para dedicarse a administrar el negocio, que es la parte más crítica de un proyecto en vía de desarrollo. Usted supervisará, cobrará, sacará su *lion's share* y les pagará a sus subalternos el excedente previamente convenido.

MUCHO MAS ALLA DE CORTAR EL *GRASS*

Aunque hay muchas personas que creen que esta labor consiste solamente en cortar la hierba o césped y podar algunos árboles, resulta que se encuentran equivocadas, pues fuera de ello, hay muchas otras cosas más que hacer en este campo del embellecimiento y mantenimiento de zonas verdes, patios y jardines.

Realmente da gusto pasearse por sectores residenciales en donde la impecable presentación de las fachadas y alrededores dan "aires" de muy buen gusto y exquisita elegancia. A ello se debe que muchas personas que se dedican profesionalmente a esta ocupación ganen muy buenas sumas de dinero, particularmente cuando hacen contratos con firmas de arquitectos, corporaciones y otras empresas que con regular frecuencia requieren de estos servicios.

Se trata pues, de una ocupación que es también considerada casi como un arte, ya que para ello se requiere tener muy buen gusto estético y sentido de armonía y coordinación con la naturaleza. Quienes a ello se dedican profesionalmente, logran éxito con uno de estos negocios dedicados a darles esos toques artísticos de elegancia natural a cientos de propiedades y otros lugares recreativos.

DIFERENTES SEGMENTOS DE MERCADO

Existen en los Estados Unidos millones de residencias, dentro de las cuales un alto porcentaje de su propietarios miran este tipo de servicios, no en términos de lujo, sino más bien de necesidad, y por lo cual están dispuestos a pagar bien, ya que centenares de ellos son personas *retired* o jubiladas y otros tantos son matrimonios en donde ambos trabajan y por lo tanto, casi nunca les queda tiempo para hacerlo ellos mismos. Ahora bien que los más afluentes, durante sus ratos de ocio prefieren hacer otras actividades más "deportivas" o interesantes que la jardinería.

Entonces, lógicamente hay que recurrir a otras personas con tales conocimientos para que hagan esos trabajos, con el fin de que las propiedades luzcan atractivas. Además, cuando una casa se pone en venta, estos son factores que mucho tienen que ver con su precio y hasta con su valorización.

Fuera de ese enorme segmento residencial, nos encontramos con otro bastante lucrativo por cierto, como lo es el comercial, el cual incluye principalmente a hoteles, centros comerciales, *country clubs* y muchas otras edificaciones públicas, en donde se logran establecer cuantiosos contratos de mantenimiento y servicios relacionados, puesto que anteriormente la gran mayoría de empresas mantenían personal propio para ello, pero hoy en día esos empleos significan altos costos laborales, por lo que entonces prefieren contratar personal independiente que se dedique a esas labores.

DIFERENTES SERVICIOS RELACIONADOS

En términos generales, de esta ocupación se desprenden varios tipos de servicios relacionados entre sí. Ellos son:

Lawn care and bush trimming: Se trata de cegar el cesped con frecuencia y mantener los prados irrigados e igualmente, podar los árboles y arbustos cuando éstos lo requieran.

Chemical treatments: Consiste en hacer tratamientos químicos controlados a través del uso de insecticidas, para prevenir plagas destructoras. De igual manera, rociar fertilizantes para lograr un mejor desarrollo de todos esos elementos naturales que tanto realce le dan a las propiedades.

Planting/installation: Este segmento de siembra de plantas o plantación de árboles ya en desarrollo, es de los que más experiencia y cuidado requieren; pero a su vez, es en donde mejores resultados económicos se obtienen.

Quienes a ello se dedican, recurren a los *nurseries,* que son los lugares en donde se adquieren todo tipo de plantas y árboles decorativos, junto con toda otra clase de materiales relacionados para realizar dichos trabajos.

Una de las mejores maneras para saber cobrar, es como lo hacía Martín, quien tomaba el costo de cada planta y lo triplicaba, lo cual le daba un cálculo razonable, pues como todo *general contractor* en esta área lo sabe, hay que hacer dinero, tanto en el producto como también en la mano de obra. Es decir que, si una planta le costaba $ 20.00 dólares, una vez instaladas, él cobraba $ 50.00 por cada una. Así por ejemplo, el costo de sembrar 10 plantas, tendría un valor total de $ 500.00 dólares, más *taxes.*

Generalmente, las personas con suficiente experiencia en estas tres áreas, suelen operar su negocio como *general contractors* en la ocupación de *landscaping gardening* o jardinería ornamental.

COSTOS DE EQUIPOS

El mayor gasto para empezar un negocio de esta naturaleza, consiste en la adquisición de un *truck* o *van* adecuada, y cuyo precio puede ser desde unos 3 mil dólares en adelante. No obstante, y como gran ventaja, los préstamos bancarios para la adquisición de vehículos, son como lo veremos más adelante, los más fáciles de conseguir, puesto que los mismos títulos de propiedad de los vehículos le sirven al banco como garantía.

Luego, es necesario un *lawn mower* tipo industrial, cuyo precio puede variar entre unos cuatrocientos, y mil dólares, dependiendo del tipo que se adquiera, ya que en el mercado existen varias clases de uso común, como lo son los de aspas rotativas y los de cuchilla cilíndrica. Para ciertos trabajos, unos producen más rendimiento que otros; por lo cual es recomendable mantener ambos sitemas.

También existen los *ride-on mowers,* en los cuales el operador maneja sentado. Sus costos son mucho más altos y requieren un mayor uso de combustible, pero de acuerdo al volumen de trabajo, esta es otra opción a considerar, ya que en cuanto a los factores tiempo y rendimiento, lo uno se compensa con lo otro. Recuerde que entre mayor rendimiento exista, mejores serán las *profits.*

Spray Tanks: En cuanto al equipo para trabajos de mantenimiento químico, que consiste en rociadores especiales y que varían en su forma y tamaño de acuerdo a las diferentes clases de pesticidas o fertilizantes que van a ser empleados, éstos se encuentran de todas clases y precios; desde económicos tanques rociadores portátiles de operación manual, hasta costosos equipos automáticos movilizados, con los cuales obviamente, en trabajos de mayor volumen se logran más altos rendimientos. Algunas de las firmas fabricantes de estos equipos conceden facilidades de financiamiento para su adquisición.

USED EQUIPMENT

No siempre hay que comprar equipo nuevo para empezar un negocio. En las *yellow pages* se encuentra un sinnúmero de firmas que se dedican a vender toda clase de equipos y maquinaria usada en muy buenas condiciones, ya que en muchos casos provienen de confiscaciones, negocios que quiebran, remates de incendio, etc. Esto es algo que en ciertas circunstancias vale la pena, ya que de tal manera se logran muy buenos ahorros.

No obstante, hay que tener mucho cuidado con ello, ya que no siempre se encuentran buenas gangas, sino que más bien por el contrario, lo que se encuentra es equipo o maquinaria con excesivo uso y fatiga, lo cual indica que pronto van a ser necesarias algunas reparaciones. Entonces los ahorros que se lograron por una parte, se van a tener que gastar con frecuentes reparaciones por la otra. Y peor aún, cuando se presenta un *brake-down* en la mitad de un trabajo, ocurre un forzoso *down-time,* tiempo que también representa dinero perdido, pues la labor tiene que ser interrumpida de manera intempestiva.

RENTAL EQUIPMENT

Otra alternativa práctica, a la cual también muchos suelen recurrir, es la de alquilar equipos cuando se les presentan trabajos más grandes de lo ordinario. Por ejemplo, en ciertas circunstancias se requiere de un vehículo de superior capacidad para poder transportar árboles grandes, *gravel, soil mulch* e inclusive, *big boulders* para construir *rock gardens y mounds.*

Entonces, para estos trabajos grandes y poco frecuentes, que no justifiquen el mantenimiento permanente de cualquier equipo costoso, la mejor respuesta y solución, es la de alquilar.

OCUPACION PERMANENTE O DE TEMPORADA

Aunque en el norte de los Estados Unidos, es donde mejor remunerada es esta ocupación, quizás el doble, un factor muy importante a tener en cuenta, es que: precisamente en estas mismas zonas, dichas labores de *landscaping* se reducen al mínimo en las temporadas de invierno, razón por la cual se debe de buscar otra alternativa de subsistencia e ingresos durante tales periodos invernales.

En virtud de tal factor climatológico, existen dos alternativas lógicas a escoger, ya que suelen ser comunes entre quienes a esto se dedican.

En primer lugar: si es que se piensa tomar esta ocupación para establecerse de manera permanente, se debe seleccionar un área del país en donde los cambios climatológicos no sean tan drásticos, como sucede en todos los estados de la parte norte del inmenso territorio norteamericano. Mientras que por ejemplo, Florida, Texas, California y otros, sí son estados en los cuales la demanda por este tipo de servicios es durante todo el año, gracias a que sus temperaturas son más favorables para ello.

En segundo lugar: esta ocupación se puede tomar como un trabajo *seasonal* o de temporada. Hay quienes laboran sólo parte del año, y después de tales periodos de intenso trabajo, (más que todo durante la primavera y el verano) cuando llega el invierno se regresan a su país de origen en donde las temperaturas son más agradables; tal es el caso de muchos mexicanos, quienes aprovechan para darse unas largas vacaciones en compañía de su familia e invertir los dólares que se ahorraron en el norte. Luego, se regresan cuando el tiempo vuelve a cambiar y de nuevo cuentan en Estados Unidos con una clientela ya establecida.

INFOSOURCES
Recursos y fuentes de información

CAPACITACION:

LIFETIME CAREER
SCHOOLS/LANDSCAPING
2251 Barry Av.
Los Angeles, CA. 90064
*

MODERN SCHOOLS
INTERNATIONAL
100 NW. 37 Avenue
Miami, Fl. 33125

ASOCIACIONES:
AMERICAN ASSOCIATION OF
NURSERYMEN
1250 St. NW.
Washington, DC. 2000
*

LANDSCAPE CONTRACTORS OF
AMERICA
405 North Washington St.
Falls Church, VA. 22046

CATÁLOGOS DE PRODUCTOS:
TROY-BILT MANUFACTURING
CO.
102nd. Street and 9th. Avenue
Troy, New York 12180
*

THE TORO COMPANY
8111 Lyndale Avenue South
Bloomington, Minnesota 55420
*

STIHL INCORPORATED
536 Viking Drive
Virginia Beach, VA. 23452
*

ALSTO'S HANDY HELPERS
P. O. Box 1267
Galesburg, IL. 61401

STARK BRO'S NURSERIES
Lousiana, Missouri 63353

JACKSON & PERKINS
P. O. Box 1028
Medford, Oregon 97501
*

MICHIGAN BULB CO.
1950 Waldorf NW.
Grand Rapids, Michigan 49550
*

SPRAY ROSS
101 W Second
Box 350
Duke, Oklahoma 73532

PUBLICACIONES DEL RAMO:
GARDEN GATE
P. O. Box 10784
Des Moines, IA 50347
*

THE GARDEN BOOK CLUB
3000 Cindel Drive
Delran, New Jersey 08370

LIBROS RECOMENDADOS:
"EASY LAWN AND GARDEN
CARE" Consumer Reports Books
9180 LeSaint Drive/Fairfield, OH.
45014
*

"GARDENING AND
LANDSCAPING TECHNIQUES"
Rodale Press Inc./Rodale Books
Emmaus PA. 18098

LOCKSMITHING AND ALARM INSTALLERS

Cerrajería e instalación de alarmas

"In God we trust...
but always lock your house and your car"

Lo que son pérdidas para unos, trae negocio para otros. Sólo basta con sintonizar las noticias a cualquier hora del día o de la noche, para constatar una increíble ola de crímenes, asaltos a mano armada y robos, que de costa a costa y de frontera a frontera, han alcanzado proporciones evidentemente epidémicas.

Como consecuencia, ese estado de inseguridad ha afectado visiblemente la forma de vivir de la sociedad norteamericana en todos sus niveles, existe por doquier hoy en día un verdadero ambiente de zozobra, miedo e intranquilidad. Las estadísticas no dejan escapar esta inconfortable realidad, lo cual ha forzado prácticamente a todo el mundo, a ser menos confiado y tomar drásticas medidas de seguridad, para protejerse de los "amigos de lo ajeno". Estos sujetos que cada segundo están haciendo de las suyas en el momento menos esperado, y a quienes muy apropiadamente se les conoce como "ratas de dos patas".

Esa peligrosa e intimidante situación, ha creado una fuerte demanda por individuos capacitados para prestar servicios de cerrajería e instalación de alarmas y otros *devices* de seguridad, especialmente en sectores donde se hayan apreciables concentraciones urbanas y en los suburbios afluentes de las grandes áreas metropolitanas.

DOBLE OCUPACION

En este campo de *locksmithing,* que anteriormente sólo se limitaba a la instalación y reparación de cerraduras, hoy muchos han encontrado una doble oportunidad, y de manera *part-time* o como *side-job,* para complementar lo uno con lo otro, aumentando así sus ingresos personales; mientras que también, muchos otros tantos con mayor experiencia y conocimientos adicionales relacionados, se están ganando confortablemente la vida, haciéndolo de manera permanente, pues se trata de un muy necesario y gigantezco mercado con un inmenso territorio, en el cual la demanda por este tipo de servicios es en estos tiempos de inseguridad más alta que nunca.

En cualquier comunidad, el número de clientes a quienes les urgen esos variados trabajos de seguridad, es bastante amplio, pues no solamente se hace necesario proteger la propiedad, sino también la seguridad personal, puesto que muchas vidas se han perdido a consecuencia de tan simples detalles. Esta preocupación se refleja en datos estadísticos del *Federal Bureau of Investigation,* los cuales reportan que el número de *brake-ins, burglaries* y asaltos a mano armada dentro de las propiedades y vehículos, se han triplicado en los últimos cinco años.

Casas, apartamentos, negocios, tiendas, oficinas, hoteles, centros recreativos, etc., requieren constantemente de tales trabajos de seguridad preventiva, e inclusive toda clase de automóviles son también parte integral de este inmenso mercado, pues bien sabido es que en los Estados Unidos, cada cinco minutos un automóvil es robado a su propietario.

A esta urgente necesidad y dada la estrecha relación existente entre estas ocupaciones, se debe a que muchos cerrajeros profesionales también se están dedicando a la instalación y reparación de alarmas, lo cual constituye un indispensable elemento más de seguridad para millones de personas dispuestas a pagar por ello. De ahí que a medida que aumenta la inseguridad, también aumenta proporcionalmente la demanda por mejores cerraduras y sistemas de alarmas de todos tipos, precios y tamaños. Tanto que hay quienes se dedican única y exclusivamente, a la instalación de sofisticados sistemas electrónicos de seguridad.

PROFITS Y TARIFAS

El *Locksmithing Ledger,* que es una de las publicaciones oficiales del gremio, reportó el año pasado que el sueldo promedio fue de $ 20.00 a $ 25.00 dólares por hora, para efectuar labores tales como por ejemplo la instalación y arreglos de cerraduras, trabajos en el arranque y puertas de automóviles, e instalación de cerraduras con sistema propio de alarma.

A esas labores y mano de obra, también se suma la venta de artículos y componentes relacionados, en lo cual existe otro buen margen de ganancias, si tenemos en cuenta por ejemplo, que el costo de un *blank* para hacer una llave común es de veinte centavos de dólar y una vez efectuada su duplicación, tiene un precio promedio al consumidor de dos dólares. O bien, una alarma cuyo costo al mayoreo es de $ 50.00 dólares, una vez ha sido instalada, le representa al cliente un gasto que oscila entre $ 150.00 y $ 200.00 dólares. Este último campo, suele ser de los mejor remunerados, ya que requieren poca mano de obra y la venta de sistemas en sí deja muy buenas ganancias.

Una gran mayoría de propietarios que hoy tienen montados sus propios negocios de cerrajería e instalación de alarmas, han empezado operando desde pequeños talleres en el *basement* o garaje de su propia casa, haciéndolo de manera *part-time,* y al transcurrir del tiempo, lo han sabido convertir en un negocio de carácter permanente.

APRENDIZAJE

Si existe un negocio fácil de aprender y empezar, tanto *part-time* como *full-time,* éste es uno de ellos, puesto que el entrenamiento es corto y el capital que se requiere es bajo. Para la debida capacitación, existen muy buenos cursos por correspondencia, entre los cuales sobresalen los de las reconocidas casas *N.R.I.* de *McGraw-Hill* y el *Locksmithing Institute of America.* Estos cursos, que no solamente proveen un entrenamiento apropiado en tiempo razonable, e incluyen las herramientas básicas necesarias, sino que también le dan la oportunidad al estudiante de empezar a ganar dinero casi desde el primer momento de haber aprendido algunas lecciones iniciales. De esta forma, podrá prestar servicios de práctica a domicilio entre familiares, amigos, vecinos y negocios de la comunidad en donde reside. Haciendo toda clase de trabajos relacionados desde una unidad móvil, misma que podrá ir equipando gradualmente a medida que se van adquiriendo nuevos clientes.

De tal manera que entre más aumenta la ola de robos e inseguridad, también aumenta la demanda por individuos capacitados en instalar cerraduras de alta calidad, alarmas y otros elementos de seguridad. De hecho, ésta es una ocupación que también, como lo vienen haciendo muchos, puede complementarse con otras similares en el campo de la electrónica, puesto que a base de ella es que funcionan hoy en día modernas cerraduras y equipos de seguridad.

INFOSOURCES
Recursos y fuentes de información

CAPACITACION:

FOLEY BELSAW
Institute of Locksmithing
P. O. Box 419593
Kansas City, MO. 64141
    *

LOCKSMITHING INSTITUTE OF
AMERICA
1500 Cardinal Drive
Little Falls, NJ 07424

ASOCIACIONES:

NATIONAL LOCKSMITH
SUPPLIERS ASSOCIATION
1900 Arch Street
Philadelphia, PA. 19103

PUBLICACIONES:

KEYNOTES (revista)
3003 Live Oak St.
Dallas, TX. 75204

LOCKSMITHING INSTITUTE OF AMERICA
1500 Cardinal Dr., Little Falls, NJ. 07424

 **Associated Locksmiths
of America, Inc.**

3003 Live Oak. Street, Dallas Texas 75204

MOBILE DISC JOCKEY SERVICE

Servicio móvil de animador musical de fiestas

Después de animar unas cuantas fiestas entre familiares y amistades, **Mark Schnaider,** quien desde muy joven se dedicó a coleccionar una extensa variedad de música popular, como su **hobby** o pasatiempo favorito, se dio cuenta de que no solamente tenía talento y gracia para animar fiestas musicalmente, sino que también a la vez, se le ocurrió que esta era una forma entretenida de ganarse la vida, ya que se trataba de algo que en realidad, mucho le entretenía y gustaba hacer. *"Ello además, –decía– trae consigo muchas amistades agradables y placenteras"*
Por tales razones, se dedicó a investigar que tan factibles serían las posibilidades, para dedicarse a esta ocupación de manera permanente, a la vez que profesional.

Para empezar, decidió entonces buscarse un trabajo, haciéndola de **helper,** o ayudante de **Disc Jockey,** en una discoteca que administraba un amigo suyo. El fin, era conocer personas claves en tales círculos, aprender **what is going on** en ese medio, y por supuesto, adquirir experiencia profesional; es decir, hacer escuela ahi en su mismo lugar de empleo.
Después de corto tiempo, ya le habían ascendido de **helper,** a **Disc Jockey** encargado; pero no obstante, no se conformó con ello, y pasados algunos meses, cuando ya había adquirido suficientes conocimientos útiles y la experiencia profesional necesaria acerca de como es que esta ocupación funciona y se maneja a manera de negocio, se decidió entonces por hacer la publicidad necesaria para buscar clientes, y dedicarse a prestar estos mismos servicios a do-

micilio, en toda clase de ocasiones y reuniones sociales, que muy apropiadamente requieren de *Disc Jockeys* profesionales para proporcionar entretenimiento musical. Ya se había podido dar cuenta claramente, de que el público que utiliza estos servicios de entretenimiento a domicilio es bastante amplio, puesto que incluye una gran variedad de eventos tales como: *weddings, birthdays, anniversaries, sweet sixteens, high school dances, graduations, company parties*, y muchas otras ocasiones más, en donde grupos de personas, menores y mayores, y de diferentes círculos sociales, se reunen para divertirse sanamente, y bailar al son de su música favorita.

Por tales motivos y razones, llevar música y entretenimiento a domicilio, *it's big business today.*

Con tal fin, Mark se compró una camioneta usada, la cual acondicionó con un apropiado equipo de sonido profesional en muy buen estado, el que adquirió como una "ganga" de oportunidad, por tan sólo ochocientos dólares, en una *musical second-hand store.*

Después de 4 años, hoy cuenta ya con un negocio *full-time* de esta misma naturaleza, y en grande, puesto que tiene a su disposición 5 amplias y modernas camionetas tipo *van,* muy bien equipadas con todos los elementos necesarios, que incluyen sonido profesional, y luces de efectos especiales; por lo que comenta con gran orgullo:

*"Son mis orquestas móviles, operadas por **Disc Jockeys** que yo mismo entreno. Mi esposa y una secretaria, manejan mi **home office** durante el día, y yo las fiestas que más me convienen, por las tardes. Tanto que inclusive, le doy empleo a otros miembros de la familia; y en veces, tengo que contratar a **D.J's.** profesionales para que trabajen por mí, en algunos*

de tantos eventos que nos resultan, especialmente los **week-ends**. *Todo* **disc jockey** *a mi mando, recibe como pago un porcentaje de lo que se cobra por cada respectivo evento; a diferencia de otras personas que suelen pagar por hora.*

Por lo general, anualmente estoy recaudando magníficos ingresos, dado que la margen de ganancias en este tipo de negocio es bastante amplia; puesto que una vez que se ha pagado la inversión inicial de los medios necesarios, como lo son un vehículo apropiado, el equipo y música adecuada, y descontar pago de impuestos y personal, ya el resto son todo **net profits**. *Sólo hay que presentarse donde el cliente lo solicite, y complacer al público con la clase de música que más sea de su agrado".*

En cuanto a su éxito como **Disk Jockey**, o animador musical de fiestas, él se lo atribuye a un factor muy importante, cuando dice:

"El secreto no está en la cantidad de música que se ofrezca, sino más bien, en la calidad, con proporción al gusto de la audiencia, y en relación a las edades de las personas presentes. Es muy importante poder contar con una buena cantidad, o selección de material musical bien variado, para poder ofrecer lo que el público pida, no lo que al **D. J.** *mejor le parezca. Cada fiesta tiene su público y características particulares; es algo que sólo con el tiempo, se va aprendiendo mejor".*

El caso de Mark, no es único. Por el contrario, son muchos los individuos que como él, han identificado, y sabido reconocer desde un principio lo que realmente quiere hacer. Y para lograrlo, se han valido de recursos tan simples, como lo es el convertir sus propias colecciones de discos, *tapes*, y *compact discs*, en un hecho que les ha permitido obtener como resultado, el poder levantar así una fuente permanente de ingresos, al mismo tiempo que se divierten, y hacen toda clase de interesantes amistades en función de su propia ocupación.

Tanto que por ejemplo, con frecuencia se encuentran estudiantes universitarios que se dedican a ello como *part-time*, con el fin de recaudar dinero extra para costearse sus estudios. Pero lo más curioso de esto, es que algunos dejan de estudiar lo que se habían propuesto, para dedicarse más bien de lleno y *full-time,* a diferentes ocupaciones, que como la de Mark, están directamente relacionadas con el entreenimiento.

Todo lo anterior indica, que la ocupación de animador musical de fiestas, es un tipo de trabajo y servicios que se encuentra muy de moda hoy en día, debido principalmente a la conveniencia, y a lo económico que sale. En comparación, los costos para contratar una banda musical u orquesta son altos, y en algunos casos, casi que prohibitivos; además, también tienen sus límites, con respecto al tipo de música que pueden ofrecer, y al espacio necesario para actuar. Mientras que en cambio: con una *turntable* o *C.D. Player*, pueden tocar en el volumen que uno desee, cualquier ritmo que al público se le antoje.

Más aun, otra ventaja adicional, es de que hoy en día existe en Estados Unidos, mucha facilidad para adquirir a crédito, modernos y potentes equipos electrónicos de sonido, como también muchos otros aparatos portátiles de luces y rayos *laser* digitalizados, que producen una gran variedad de atractivos efectos especiales, tal como los que se ven en los grandes conciertos, pero que en menor escala, también mucho le gusta al público para divertirse, ya que son medios que le dan vida propia a las fiestas, y muchas otras clases de eventos y entretenimiento social.

UNA PUERTA ABIERTA, HACIA OTRA ENTRETENIDA Y LUCRATIVA OCUPACION

Cabe también señalar, de que: muchos **Disk Jockeys** emprendedores hacen cursos adicionales de capacitación, para continuar como Ingenieros de Sonido en estudios de grabación; campo éste en el cual los ingresos suelen ser altos, y la diversión, ni se diga.

INFOSOURCES
Recursos y fuentes de información

CAPACITACION:

Uno de los mejores, y más recomendables manuales de capacitación en este entretenido y lucrativo campo de la animación musical a domicilio, es la guía titulada *"Mobile Disc Jockey"* publicada por el grupo editorial *Entrepreneur*, de Irvine, California. En su contenido a manera de texto de instrucción, se explica cómo montar y operar uno de estos negocios; e inclusive, cómo comprar el equipo más apropiado, y cuál es el tipo de publicidad que produce mejores resultados en este campo.

ENTREPRENEURS GROUP.
"MOBILE DISC JOCKEY GUIDE"
2392 Morese Avenue
Irvine, California 92619
*

MUSICIANS INSTITUTE
(capacitación/estudios de grabación)
1655 McAdden Place
Hollywood, CA. 90028

CATALOGOS DE EQUIPOS Y OTROS PRODUCTOS RELACIONADOS:

DAK INDUSTRIES INC.
8200 Remmet Av.
Conoga Park, CA. 91304
*

ELECTRONIC MUSICIAN -revista-
P.O. Box 41525
Nashville, TN. 37204
*

CRUTCHFIELD
1 Crutchfield Park
Charlottesville, Virginia. 22906
*

DAMARK INTERNATIONAL, INC.
7101 Winnetka Ave. N.
Minneapolis, MN. 55440
*

LT SOUND
7080 LT Parkway
Lithonia GA. 30058
*

MEL BAY PUBLICATIONS INC.
Music Catalog
Pacific Missouri, 63069

MOTORBOAT REPAIR AND MAINTENANCE

Reparación y mantenimiento de motores fuera de borda

¿Tiene usted inclinación a la mecánica, y le gusta la recreación acuática?

Pues bien, esta ocupación tal vez pueda interesarle. **Motorboating**, es la recreación y deporte acuático favorito de millones de estadounidenses. Tanto que, según estadísticas, en este país existe un número mayor de botes y embarcaciones de placer, al que puede haber de automóviles en cualquier otra nación del mundo.

De ahi que, el trabajo de los mecánicos que se especializan en este campo, constituye otro importante y gigantesco segmento ocupacional, con un formidable atractivo de empleo y muy buena remuneración.

Lo enorme de esta placentera industria, se debe principalmente a dos importantes factores que son, en primer lugar: las fabulosas y extensas costas con que este país cuenta en ambos océanos, y parte del Golfo de México; como también, a la cantidad de ríos e inmensas cadenas de lagos navegables en las distintas áreas limítrofes con el Canadá.

Y en segundo lugar, a que adquirir un bote recreacional de vela o motor, se encuentra prácticamente al alcance de cualquier trabajador o empleado que perciba ingresos razonables, no como ocurre en la mayoría de otros países, en donde solamente quienes pertenecen a la clase adinerada, son los únicos que tienen acceso a tan fascinante entretenimiento y deporte. A este campo, también se suma un gigantesco número de embarcaciones pequeñas empleadas en el **hobby** de la pesca, que también es otro de los pasatiempos favoritos del pueblo estadounidense.

Con el fin de satisfacer esa enorme demanda, anualmente se producen e importan varios millones de motores para instalación permanente, y *outboards*, que apropiadamente se montan fuera de borda.

En términos de negocio, todo ello representa una increible cifra en dólares, con relación a lo que los aficionados a la navegación y a la pesca se gastan anualmente para mantener sus embarcaciones pequeñas funcionando y en buen estado. Esto a su vez, obviamente se traduce en una constante necesidad y demanda, por individuos capacitados para prestar una gran variedad de servicios relacionados con el mantenimiento y la reparación de motores acuáticos.

Aprovechando la ventaja de que todos aquellos motores *outboard*, o que se utilizan fuera de borda, son fácilmente desmontables de las embarcaciones, no solamente se puede trabajar en un garaje para realizar reparaciones necesarias, y dar apropiado mantenimiento, sino que también se pueden efectuar trabajos a domicilio en los *docks*, valiéndose de una camioneta *van* de servicio, que se encuentre debidamente equipada con las herramientas necesarias. De esta manera, es posible cobrar menos dinero de lo normal, lo cual a su vez junto con un buen servicio, ayuda a mantener un variado grupo de clientes permanentes.

Doing what you love to do most: Es raro encontrar un *motorboat mechanic*, que no sea aficionado a tan fascinante deporte del *boating*, de lo cual, también depende directamente su mismo modo de ganarse la vida. Para ellos, una de sus mejores ventajas, aparte de lo que se ganan, es de que a su vez se pueden dar el lujo de ahorrarse mucho dinero en este su *hobby* favorito, puesto que como lo es bien sabido: los gastos más altos en esta afición, son precisamente el mantenimiento y las reparaciones que se van haciendo necesarias a causa del uso y deterioro, muy en particular con los motores de aquellas embarcaciones que operan en agua salada, ya que este es un elemento supremamente corrosivo, y por lo tanto al secarse, se convierte en la causa principal de constantes averías, y otros problemas mayores.

Por lo demás, este campo no solamente es un envidiable y placentero deporte, sino también una interesante, amena y lucrativa ocupación. Estas personas bien lo saben, de que realmente da gusto ganarse la vida, trabajando en lo que uno mismo disfruta haciendo.

INFOSOURCES
Recursos y fuentes de información

CAPACITACION:

NRI. SCHOOL OF SMALL ENGINE
REPAIR/McGraw-Hill
3939 Wisconsin Avenue
Washington, DC. 20016

*

AMERICAN MARINE INSTITUTE
1445 Skytrooper Road
Daytona Beach, FL 32014

CATALOGOS:

E&B. DISCOUNT MARINE
201 Meadow Road
Edison, NJ 08818

*

CABELA'S
812 13th. Avenue
Sidney, Nebraska 69190

MOTORCYCLE REPAIR AND MAINTENANCE

Reparación y mantenimiento de motocicletas

Si usted está pensando en adquirir una motocicleta para darse gusto, es muy posible que también pueda convertir esa diversión en una ocupación permanente, la cual no sólo le permitirá vivir confortablemente de ella, sino también disfrutar más de tan apasionante deporte como lo es el motociclismo.

A diferencia de muchos otros países del mundo, como Italia o España por ejemplo, en donde las motocicletas son usadas principal y necesariamente como medio de transporte, en Estados Unidos sus usos están dedicados más bien al placer y a la recreación, por lo que de allí se desprende también un inmenso y bien organizado segmento de carácter deportivo, que es de los más excitantes a la vez que lucrativos.

Todos estos factores señalan que se trata entonces, de una inmensa industria por sí misma, en donde se mueven millones de dólares equivalentes en servicios relacionados. Tan es así que, aún dentro de la misma industria de las motos, hay quienes se especializan en sólo una o dos de las más reconocidas y prestigiosas marcas. Por ejemplo, existen muchos mecánicos expertos en motos **Harley Davinson** o **BMW's** que ganan arriba de 50 mil dólares al año.

Por tales razones, quienes a este campo mecánico se dedican, no solamente gozan del medio ambiente que los elementos de su propio trabajo les proporcionan, sino que también disfrutan a su vez de una confortable fuente de ingresos, desde un apropiado taller o garaje.

MANTENIMIENTO PREVENTIVO

El mantenimiento y reparación de ciertos vehículos recreacionales, es una industria tan diversa y lucrativa como lo es la misma mecánica automotriz. Aunque los motores de combustible que generan la fuerza de las motocicletas, *motorboats, jetskis, snowmobiles* y otros aparatos similares, son por lo general más pequeños que los que le dan *power* a los automóviles y a otros vehículos de mayor capacidad, no obstante, también tienen mucho en común con sus mecanismos internos y su funcionamiento.

Entonces, para que funcionen con eficiencia óptima, a la vez que para reducir las posibilidades de que se descompongan fácilmente, esos motores medianos y pequeños requieren frecuentes servicios de mantenimiento. Tales servicios rutinarios consisten principalmente en limpiar, ajustar, lubricar, y cuando se estima necesario, también hay que cambiar partes defectuosas y piezas gastadas, tales como: *spark plugs, ignition points, valves, carburators,* etc. Es así como la mayor parte del trabajo de estos mecánicos, consiste más que todo en servicios rutinarios de mantenimiento preventivo.

Para resolver problemas mayores que los clientes tengan con sus motos, los *motorcycle mechanics* toman como base la descripción de "síntomas" que ha venido percibiendo el dueño del aparato; acto seguido, proceden a reparar las averías y reemplazar las partes afectadas. En algunos casos cuando ocurren *brake downs* más críticos, se tienen que usar instrumentos especiales de chequeo mecánico y desarmar algunos componentes interiores, para observar más a fondo en qué consiste la causa real del problema. Es por ello que la mayor habilidad de tales técnicos, se demuestra diagnosticando correctamente los problemas mecánicos o electrónicos en un mínimo de tiempo, e igualmente, haciendo las reparaciones correspondientes dentro de un razonable margen del mismo, ya que por ejemplo, algunos servicios como el ajuste o reemplazo de una sola pieza, tal como lo es un carburador, o una *fluid pump* de una motocicleta, puede tardar aproximadamente entre una o dos horas, mientras que un *overhaul* completo, o cambio de motor, puede llevarse hasta más de un día.

INFOSOURCES
Recursos y fuentes de información

CAPACITACION:

NORTH AMERICAN SCHOOL OF
MOTORCYCLE REPAIR
925 Oak Street
Scranton PA. 18515

*

NRI. SCHOOL OF SMALL ENGINE
REPAIR
3939 Wisconsin Avenue, NW.
Washington DC. 20016

*

AMERICAN MOTORCYCLE
INSITUTE
1445 Skytrooper Road
Daytona Beach, Fl. 32014

CATALOGOS DE PRODUCTOS:

DENNIS KIRK
955 South Field Ave.
Rush City, MN. 55069

*

HARBOR FREIGHT TOOLS
3491 Mission Oaks Boulevard
Camarillo, CA. 93011

PUBLICACIONES DEL RAMO:

CYCLE WORLD
P. O. Box 754
Holmes, PA. 19043

LIBROS RECOMENDADOS:

"MOTORCYCLE AND ATV.
REPAIR MANUAL" Publicado por
Chilton's.

"MANUAL DE MOTOCICLETAS"
Publicado por Prentice-Hall
Hispanoamericana, S.A.

PARTY PLANNERS

Organizadores de fiestas

Por naturaleza, a los norteamericanos siempre les ha gustado la vida social, y saben reconocer que no es lo mismo una fiesta cualquiera que una fiesta bien planeada. Además, es mucho más agradable departir, que tener que repartir.

Entretener a sus familiares, amistades y socios es para una gran mayoría su placer o *hobby* favorito. Desde eventos de gala en salones elegantes, hasta fiestas de *backyards* y *company picnics* en parques públicos, son generalmente planeados por personas que se especializan en hacer que todo tipo de fiestas y reuniones sociales resulten del agrado tanto de los anfitriones, como de sus invitados.

Por el lado de la familia y amistades se presenta una serie de acontecimientos, tales como: *birthdays, anniversaries, sweet sixteens, barmitzvahs* y *weddings,* siendo estas últimas las que más detallada planeación requieren.

Ahora bien, en cuanto a los negocios y empresas se refiere, los eventos sociales más comunes y frecuentes son: *sport events, celebrations, promotional tent events, company picnics, fund raising, corporated marquees* y otros más que aunque de menor importancia, requieren de una planeación profesional, puesto que uno de sus principales objetivos es el de impresionar a sus invitados.

Es así como todos esos eventos se convierten en oportunidades para quienes se dedican a planear el ordenado y ameno desarrollo de los mismos. Coordinar desde el más mínimo detalle de la comida que se va a servir, hasta la música que se tocará, es responsabilidad total de los *party planers.*

Miles de personas solventes y muchas empresas optan por recurrir en busca de estos servicios cada vez que necesitan de quien les planee y atienda sus reuniones y eventos sociales.

Las personas de buen gusto lo prefieren así, simplemente porque no les queda tiempo para organizar su evento ellos mismos, o porque carecen de los conocimientos apropiados y deciden dejarlo a merced de quienes bien conocen el oficio de *party planners* o *party specialists,* como también se les conoce a quienes se dedican a planear y organizar fiestas. Obviamente, ello le permite a los anfitriones pasar más tiempo compartiendo con sus invitados, y preocuparse menos por cómo se está desarrollando su acontecimiento social.

OTROS FACTORES REALCIONADOS DE IMPORTANCIA

Bien sabido es que para que un *party* se convierta en una ocasión memorable, no basta con servir buena comida, también hacen falta algunos otros elementos de entretenimiento, como por ejemplo, *disc jockeys,* luz y sonido, músicos, magos, payasos, etc. Con algunos de estos complementos, las fiestas se hacen más amenas y los invitados se llevan un recuerdo perdurable del evento.

Las bodas por ejemplo, son acontecimientos memorables que requieren ser planeados de manera profesional, puesto que para la mayoría de las personas, ello representa un acontecimiento único en su vida.

Capacitación: Dados los anteriores factores, este es un tipo de ocupación bastante flexible por cierto, y para lo cual no existen cursos especiales o capacitación formal, sino más bien experiencia en uno u otro de los campos relacionados, como por ejemplo *catering services* o *disc jockeys,* ocupaciones que también forman parte de este capítulo, puesto que mucho se prestan para montar un *homebased business.* Es por ello que una gran mayoría de *caterers* y animadores de fiestas, se dedican al mismo tiempo a planear eventos, actividad por la que también cobran sumas adicionales de dinero.

Se trata entonces de una ocupación que consiste básicamente en tener conocimientos acerca de otras ocupaciones relacionadas, para contactar y contratar sus servicios a nombre de un determinado cliente, con el fin de que contribuyan a la amena realización de un evento desde el principio hasta el final. En una boda por ejemplo, los *party planners* ayudan a establecer un presupuesto, seleccionar un lugar apropiado para el evento, enviar invitaciones, escoger un buen servicio de *catering,* contactar a la floristería, suministrar la música, alquilar trajes, ordenar la pastelería, etc. Para todas estas necesidades se requiere contar con una buena serie de contactos relacionados ya establecidos.

En consecuencia, quienes tienen éxito en esta ocupación son aquellas personas que cuentan precisamente con experiencia en uno o varios de estos campos relacionados, como los que hemos mencionado anteriormente.

De hecho, es otra de esas ocupaciones multifacéticas, ideal para aquellas personas con habilidades de *entertainers* y cualidades de promotor.

Con un *background* de esta naturaleza, es suficiente para mantener un buen *file* de contactos apropiados, y una lista permanente de clientes satisfechos.

Agilidad y *savvy* en Relaciones Públicas es un broche de oro en esta ocupación. Ofreciendo un esmerado servicio, los promotores más hábiles aprovechan las mismas fiestas que organizan para establecer sus propios *networks,* o redes de contactos que dan como resultado la adquisición de nuevos clientes, pues saben bien que allí mismo en las fiestas, se concentran muchas personas, quienes al quedar satisfechas pueden fácilmente convertirse en futuros clientes dispuestos a contratarlos cuando se presente la ocasión. Los *party planners* saben también que un mismo cliente con el tiempo requiere nuevamente de variados servicios. Por ejemplo, a quien se le planea una boda, más tarde va a tener un bautizo, una primera comunión, un cumpleaños, etc. Y más aún, si se trata de personas de negocios, existe la posibilidad de otros servicios más para los empleados, clientes y socios de sus empresas.

Por lo tanto, para causar una buena impresión, la atención y el esmero deberán ser en todo momento de óptima calidad. Ello representa el tipo de publicidad más efectiva que pueda existir, con el fin de mantener permanentemente un selecto número de clientes.

DE RECOGEDOR DE BOTES DE ALUMINIO, A PLANEADOR DE GRANDES EVENTOS SOCIALES

Cuando Jairo Jiménez llegó a Estados Unidos, se encontró con dos serios problemas.

En primer lugar, no contaba con el más mínimo conocimiento del idioma inglés, y esa gran barrera del idioma le intimidaba mucho.

En segundo lugar, después de unos meses se le venció su permiso de estadía, por lo que se encontraba como *illegal alien,* denominación con la cual se les conoce a los extranjeros que no tienen permiso de trabajar y residir en el país por largo tiempo.

Esto ocurría precisamente en la misma época en que el Servicio de Inmigración Norteamericano empezó a multar a los negocios que eran sorprendidos empleando a personas sin la debida documentación para trabajar libremente.

Estos dos inmensos obstáculos, le impedían conseguir un trabajo decente. En consecuencia, no le quedó otra alternativa que ponerse a hacer lo que hacen muchos que no tienen trabajo. Se trata de recolectar botes o latas de aluminio que la gente siempre tira por todas partes, y cuyo material en cantidad tiene una buena cotización por ser reciclable y de mucho uso.

En la actualidad, los recolectores de aluminio reciben más de medio dólar por libra. Es decir, que unas pocas libras de aluminio equivalen a una hora legal de sueldo laboral. De ahí que para muchos individuos les represente una módica suma de dinero con el cual cuentan libremente.

Cansado y sin resultado alguno, Jairo llevaba muchos días buscando trabajo. En cierta ocasión se encontraba descansando en un parque público y pudo observar cómo algunas personas juntaban los botes que la gente depositaba en la basura o dejaban tirados en cualquier lugar. Entonces averiguó qué era lo que hacían con ellos y en cuanto se enteró empezó a hacer lo mismo. Esto fue un gran alivio, pues ya se encontraba durmiendo en sitios muy poco dignos y subsistiendo de los que regularmente ofrecen las iglesias a los pobres o marginados.

Decía Jairo:

"todos los días madrugaba para juntar latas de aluminio por todas partes, especialmente en los parques públicos. Recuerdo que el dinero que recibí la primera vez que fui a vender mi cargamento de latas me motivó para continuar haciéndolo y ahorrar para lograr algo mejor más tarde.

Eso de recoger cierta basura y luego venderla por más de cincuenta centavos de dólar por libra, no me parecía mala idea. Fue por esa misma razón que más tarde saqué de mis ahorros, con el fin de comprarme una bicicleta con canasta para poder recoger más y más rápido. También empecé a comprarles a otras personas que juntaban menores cantidades de botes que yo, pues al venderlos, a mí me pagaban un precio mejor, ya que los intermediarios de las recicladoras así lo hacen cuando se trata de cantidades mayores. Arriba de cien o doscientas libras, pagan mucho más que por cantidades inferiores."

"Habían transcurrido ya varios meses de recoger **aluminum cans** *y ahorrar lo que más me era posible, cuando en cierta ocasión en uno de mis parques habituales, muy temprano en la mañana de un día domingo me encontré con un pequeño grupo de personas que se disponían a levantar unas carpas en ese mismo lugar. De repente, el jefe de ese* **crew** *me preguntó si quería ayudarles, ya que algunos de sus muchachos le habían quedado mal; razón por la cual estaba corto de* **help** *y ese mismo día tenían que levantar varias* **party tents** *en ese mismo parque.*

Cuando terminamos, el patrón me ofreció más trabajo en otros lugares, lo cual yo acepté, pero lo malo era que no se trataba de un trabajo permanente, sino más bien unos días a la semana. Fue así entonces que cuando no me encontraba ayudando a levantar carpas para fiestas o estudiando inglés, estaba haciendo recorridos en mi bicicleta y levantando botes por todas partes.

Ya me habían platicado que el dueño de ese negocio había empezado vendiendo comida con tan sólo una

carpa y luego hizo de ello un inmenso negocio que le
produce excelentes rendimientos, pues se trata de un
servicio que según yo me daba cuenta, solicitan los
gringos con mucha frecuencia para hacer sus fiestas
en los parques y otros lugares públicos.

Ciertamente, la idea de comprarme una o dos carpas
pequeñas para alquilárselas a personas que se en-
contraban en los parques o playas haciendo sus
picnics y divirtiéndose, empezó a darme muchas vuel-
tas en la cabeza. Como ya contaba con algunos ahorros, consideré que ese podía ser mi próximo paso a
seguir.

Por coincidencia, fue así como en cierta ocasión en
que me encontraba limpiando la oficina de mi patrón,
hallé en la basura unos catálogos con descripciones
y precios de carpas muy apropiadas para toda clase
de eventos, hasta para circos de cualquier tamaño
aparecían allí. Para mí aquello fue un verdadero ha-
llazgo, pues se trataba de la información que deses-
peradamente andaba buscando en ese momento.

Como ya tenía algo de experiencia levantando carpas
para fiestas, un poco de dinero ahorrado y me defen-
día mejor con el inglés, dejé de pensarlo y me dije: **go
for it** . Entonces pedí por correo dos carpas a un costo de quinientos dólares cada una y empecé a hacer
publicidad en los porta-avisos de los supermercados,
para alquilárselas a familias o pequeños grupos de
personas que acostumbran reunirse en los parques o
playas, con el fin de celebrar cumpleaños, aniversarios, **company picnics** o simplemente pasar un rato
agradable en un ambiente campestre o natural.

A manera de anécdota, me gusta recordar que todo
marchaba bien en esos primeros días, hasta que se me

presentó la ocasión en que casi me meto en un tremendo problema, pues me llegaron visitantes inesperados. Se trataba de la policía, que me solicitaba les mostrara el permiso requerido para tales actividades. ¡Vaya susto!, francamente les respondí que no estaba enterado de que para ello era necesario obtener un permiso especial.

*Esta vez sí que corrí con suerte, pues me dieron un **brake**, y me la perdonaron por ser la primera vez que me sorprendían quebrantando la ley municipal. No obstante, me advirtieron que si esto se repetía, no tendrían más solución que arrestarme y dejarme un buen rato "a la sombra" hasta que pagara la multa correspondiente. Esa fue una lección que aprendí y acaté rápidamente.*

*Al día siguiente, me dirigí a las oficinas del **park district** en la **city hall**, en donde muy específicamente me explicaron todo lo concerniente a estos asunto, y también me dieron datos muy importantes acerca de promociones y fiestas en lugares públicos.*

Todo ello fue información de gran valor y que mucho me sirvió más tarde, para organizar fiestas en lugares públicos".

OTRAS LUCRATIVAS E IMPORTANTES ACTIVIDADES RELACIONADAS

Más adelante continúa relatando Jairo:

"Después de algún tiempo de dedicarme solamente a rentar carpas de diferentes tamaños, según fuera el número de invitados o participantes, descubrí por medio de mi maestro de inglés, quien también era

*músico, algo que posteriormente me dio muy buen re-
sultado, puesto que me permitía ofrecer buen entretenimiento y a muy bajo costo en las fiestas que se me
presentaban. Esa gran idea consistía en que el mejor
lugar para conseguir entretenimiento bueno y barato
son los colegios y otras instituciones similares, puesto
que en la mayoría de tales planteles siempre se están
formando grupos musicales, de teatro, danza, etc.
Casi todos esos jóvenes estudiantes, están siempre
deseosos de encontrar a alguien que no solamente les
brinde la oportunidad de demostrar sus talentos, sino
también el chance de ganarse algunos dólares extra.
Oportunidad que dentro de sus limitados presupuestos, casi a cualquier estudiante le cae bastante bien.
Después de 10 años y hasta la fecha, continúa siendo
una de nuestras mejores fuentes para conseguir personal de entretenimiento, con el fin de animar las fiestas que planeamos.
Tanto que con frecuencia realizamos **auditions** y
talent shows para seleccionar a los aspirantes más
talentosos y disponibles.
Sumando lo uno con lo otro, me di cuenta que el sólo
hecho de planear fiestas, incluyendo todos estos factores, era en sí bastante rentable y con muy buena
demanda; al gringo siempre le gustan las cosas bien
planeadas y que produzcan buenos resultados, cualquiera que sea su fin".*

Food supply: *"la comida es otro segmento primordial que va muy ligado con la planeación y lo cual
también deja muy buen rendimiento",* –continúa
diciendo Jairo– *"pues casi desde un principio, aprendí a seleccionar excelentes servicios de **catering**. Con*

el tiempo he llegado a reconocer que no necesariamente los negocios más grandes son los que prestan el mejor servicio, por el contrario, los que están tratando de surgir, y lo digo por experiencia, son los que prestan un servicio más esmerado y con mayor atención a cada detalle en particular. Esto es un punto fundamental, ya que de ello depende que el cliente contrate nuevamente nuestros servicios de planeación para futuras fiestas y agasajos.

"Aunque hoy mi empresa se dedica principalmente a la planeación de toda clase de fiestas y reuniones sociales de cualquier tipo y tamaño, las que se efectúan en los parques, playas o **blockparties** *son las que dejan mejores ganancias, puesto que el alquiler de un elegante recinto, es lo que más absorbe parte del presupuesto destinado a una fiesta, mientras que en un parque, lo que más sobra es espacio y cuesta muy poco dinero, incluso en muchas comunidades hasta es gratuita la utilización de tal espacio. Lo único que se necesita es solicitar un permiso a la municipalidad con suficiente tiempo de anticipación, y sujetarse a las respectivas restricciones que puedan existir. Por lo demás, organizar fiestas bien planeadas en los parques, es algo que no solamente resulta económico, sino también muy divertido, pues a la gran mayoría de los estadounidenses le fascinan los escenarios naturales para divertirse al aire libre, muy especialmente en las épocas de verano".*

De tal suerte que este relato no es un caso insólito, sino más bien común entre aquellas personas emprendedoras que saben elegir un camino propio e independiente y continuar en él hasta llegar a la meta que se han propuesto.

Situaciones como la anterior, no solamente sirven de escuela, sino también de ejemplo para todas aquellas personas que de una forma u otra y a toda costa, están dispuestas a salir adelante por sus propios medios.

Resumiendo, en esta ocupación de organizar fiestas profesionalmente, no hay que olvidar que entretener y darle gusto a los gringos, es otra manera muy entretenida de ganarse la vida.

INFOSOURCES
Recursos y fuentes de información

Desafortunadamente, para esta ocupación en particular no existen cursos especiales de capacitación, ya que en primer lugar, se presenta una variedad de eventos distintos a planear, desde banquetes de carácter social, y de corporaciones, e inclusive celebraciones culminatorias de eventos deportivos, hasta fiestas de bodas, cumpleaños y bautizos.

En segundo lugar, para que todo salga bien en una fiesta, se requiere de algún conocimiento en distintos campos de la distribución y consumo de comida, e igualmente ocurre, en varias áreas del entretenimiento. Por lo que resulta de sentido común, buscar información en ocupaciones relacionadas, tales como: alquiler de equipos y objetos necesarios, *Catering Services, Flowers Delivery Services,* Servicios de animadores de fiestas o *Disc Jockeys,* videografía, etc. Ocupaciones todas estas relacionadas para el caso, y algunas de las cuales aparecen aquí en este mismo capítulo.

Aun más, en las bibliotecas públicas también se encuentran disponibles manuales y libros en muchos de tales tópicos y en los cuales, se pueden encontrar instrucciones e ideas aplicables, acerca de cómo planear toda clase de eventos.

En la actualidad, también existe un excelente libro-guía, titulado: *"Event Planning Services"*, en el cual aparece una serie de importantes recomendaciones a tener en cuenta antes de empezar de lleno en esta ocupación. Por ejemplo. ¿Cómo comprar equipo usado?, ¿Cómo operar desde su propia casa?, ¿Cómo buscar clientes y fijar tarifas?, Cómo seleccionar los medios más apropiados para hacer propaganda, y muchos otros puntos más, que son claves para tener éxito con este tipo de negocio.

ENTREPRENEURS GROUP
"EVENT PLANNING SERVICES/
BUSINESS GUIDE"
2392 Morse Avenue
Irvine, California 92619

EVENT PLANNIG SERVICE

PEST CONTROL SERVICE

Servicio de fumigación y control de plagas

Si observamos un directorio telefónico o guía de las *yellow pages* de la ciudad de New York o Chicago por ejemplo, nos encontramos con una larga lista de firmas que se dedican a combatir diferentes tipos de pestes o plagas urbanas. Algunas de esas firmas se hacen llamar *"exterminators"*, no obstante, se trata de un nombre muy de ficción, pues en este caso no creo que sea el adecuado. En mi opinión la palabra "control" es más apropiada, porque hasta la fecha no ha habido forma, o más bien no ha sido posible la erradicación o exterminio total de tan asquerosos roedores e insectos, como lo son principalmente las *rats* y las *roaches.* Es muy extraño que en medio de los grandes adelantos de la ciencia, aún existan plagas urbanas de esta naturaleza, que inexplicablemente sobreviven a toda clase de elementos que estén en su contra.

Las ratas y las cucarachas también son en Estados Unidos un verdadero y serio problema antihigiénico, aún en edificaciones nuevas situadas en céntricos sectores urbanos de las grandes ciudades, en donde no es nada raro encontrar docenas de *rat and roach infested buildings.* Por mucho que se fumigue, vuelven a aparecer tales plagas como por arte de magia. Debido a alguna extraña circunstancia de la naturaleza, cada vez son más resistentes e inmunes a pesticidas químicos que supuestamente los "exterminan" en el acto.

Como consecuencia, esta ocupación de fumigadores profesionales es la respuesta a una abominable situación y urgente necesidad higiénica, que es lo que precisamente mantiene ocupados todo el año a cientos de personas que por medio de sus aparatos rociadores de pesticidas prestan estos servicios de fumigación doméstica e industrial.

DEMANDA Y COMPETENCIA

Esta es una ocupación en la cual existe mucha competencia, debido en primer lugar a la inmensa necesidad de combatir tan antihigiénico problema creado por tales plagas; y en segundo lugar, debido a la facilidad que existe para montar un negocio de fumigación, puesto que el capital que se requiere inicialmente no es muy alto. El costo de los aparatos fumigadores y químicos necesarios no es mayor cosa, y tratándose de un negocio pequeño para prestar estos servicios a domicilio, la principal inversión consiste en adquirir un vehículo apropiado para movilizar los equipos de *sprayers* o tanques portables y los químicos necesarios. Tanto que la mayoría de campañías distribuidoras de equipos, también proveen manuales de instrucción acerca de su manejo y distintos empleos.

Inicialmente, la parte difícil radica en conseguir suficiente clientela que mantenga la operación funcionando permanentemente. Este es uno de los principales motivos por los que hay quienes primero empiezan tal negocio de manera *part-time,* pues ello representa el camino más lógico y práctico para intentarlo por primera vez. Uno de los elementos claves a este respecto, es saber cómo y dónde hacer la correspondiente publicidad para dar a conocer dichos servicios.

Una vez sobrepasados los obstáculos iniciales y encontrándose ya medio establecido, es posible *to keep the business rolling full-time,* puesto que estos servicios requieren necesariamente ser prestados con regular frecuencia, por así decirlo, en intervalos de cada tres a cinco meses, debido a que siguiendo el curso normal de la naturaleza, las cucarachas, ratas y otras pestes similares, aun en modernas y céntricas edificaciones, nunca dejan de reproducirse en cantidades notorias.

Dicha regularidad trae como consecuencia que los fumigadores consigan contratos anuales con sus clientes, para realizar varias visitas a sus inmuebles durante los doce meses del año.

DIFERENTES SEGMENTOS

En términos generales, existen tres sectores principales a explotar en este campo. Ellos son: el residencial, el comercial y el industrial. Por lo tanto, hay algunas firmas de fumigadores que se especializan en uno o varios de ellos.

No obstante, el sector residencial o doméstico es el más recomendable para empezar, puesto que por ejemplo, no es lo mismo fumigar una casa o departamento, que hacerlo en una fábrica. Esta última requiere diferentes técnicas y quizá equipos más costosos.

Otro segmento relacionado es el ***out-door pest control,*** ya que los patios, jardines y parques, también requieren de servicios similares de fumigación. De igual manera, las plantas, árboles y zonas verdes cuentan con sus propias plagas destructivas como lo son por ejemplo: ***ants, spiders, beatles, earwings, wasps, waterbugs,*** etc.

Debido a tales circunstancias, hay quienes complementan estos servicios con los de ***landscape gardening,*** pues estas dos ocupaciones tienen estrecha relación entre sí, y por lo general, algunos de los equipos de fumigación son los mismos, lo único que varía es el procedimiento y los tipos de pesticidas químicos que se emplean.

En resumen, por un lado con esta ocupación se trata de aliviar un antihigiénico y desagradabe problema, que es aborrecido por millones de personas, pero que no obstante tienen que vivir con él, porque lo único que se puede hacer es controlarlo por medio de la fumigación.

Mientras que por otro lado, se trata de una oportunidad más con la cual muchas otras personas se ganan la vida independientemente.

INFOSOURCES
Recursos y fuentes de información

ASOCIACIONES:
NATIONAL PEST CONTROL
ASSOCIATION
8100 Oak Street
Dunn Lorin VA. 22027

*

ASSOCIATION OF AMERICAN
PESTICIDE CONTROL OFFICIALS
P. O. Box 1249
Hardwick VT. 05843

*

THE ENTOMOLOGICAL SOCIETY
OF AMERICA
9301 Annapolis Road
Lanham MD. 20706

CATALOGOS DE PRODUCTOS:
NPCA RESOURCE CENTER.
(manuales, libros y videos)
8100 Oak Street
Dunn Lorin VA. 22027

*

GREEN GARDE.
(equipos rociadores)
500 N. Michigan Avenue
Chicago, IL. 60611

*

B&G. EQUIPMENT CO.(equipos)
P.O. Box 130
Plumsteadville PA. 18949

KNESS MFG. CO.
Hwy. 5 South P.O. Box 70
Albia, Iowa 52531

*

U.S. BORAX (insecticidas)
26877 Tourney Road
Valencia, CA. 91355

PUBLICACIONES DEL RAMO:
"PEST CONTROL TECHNOLOGY"
4012 Bridge Ave.
Cleveland, OH. 44113

*

"PEST MANAGEMENT"
8100 Oak Street
Dun Lorin, VA. 22027

PHOTOGRAPHY

Fotografía

Debido a la facilidad para el aprendizaje, y a la disponibilidad de toda clase de cámaras que se encuentran en una gran variedad de precios, la fotografía no solamente es uno de los *hobbies* más populares entre los norteamericanos de todas las edades y niveles sociales, sino que también es una lucrativa ocupación en determinados campos de especialización.

Existen millones de personas que no solamente practican la fotografía como pasatiempo, sino que también deciden hacer de ella una fuente adicional de ingresos, trabajando con fines de lucro en sus ratos libres a manera de *part-time,* por ejemplo, tomando fotografías en toda clase de eventos sociales que acontecen entre sus vecinos y amigos, o fotografiando a los equipos y juegos deportivos que se realizan en sus comunidades, o también se especializan en alguna de sus diferentes ramas.

Muchos aficionados se capacitan en una especialización en particular, tomando cursos adicionales por correspondencia o en los colegios públicos de la ciudad que enseñan de manera vocacional la fotografía, para luego dedicarse a ello *full-time* de manera profesional. De ahí que no sea raro ver cómo muchos de los artistas de la cámara más destacados en este país, han empezado simplemente tomando fotografías como un placentero *hobby* personal, para luego convertirlo en una ocupación y negocio permanente.

PRINCIPALES CAMPOS LUCRATIVOS
DE LA FOTOGRAFIA

Dentro de los principales campos que han sido y siguen siendo el fuerte de la fotografía como ocupación profesional, se destacan las siguientes ramas:

• ***Advertising/publicity.***- El mundo de las artes gráficas depende fuertemente del suministro de buenas y artísticas fotografías para elaborar material publicitario. Todo tipo de revistas y periódicos, así como de libros y catálogos están siempre en búsqueda de buen material fotográfico. Cabe subrayar que el trabajo y las fotografías usadas con fines publicitarios suelen producir excelente rendimiento económico, puesto que dicho material es muy bien cotizado, especialmente por las agencias de publicidad.

• ***Graphic Journalist.***- El reportaje gráfico, cuya principal herramienta es la cámara fotográfica, se ha conocido siempre como una activa y excitante labor periodística e informativa, ya que no sólo se recibe una recompensa económica, sino que también se obtiene satisfacción personal. Imagínese ver sus propias fotografías publicadas en medios de publicidad e información. Cabe señalar que la mayoría de los reporteros gráficos de los grandes diarios estadounidenses, han empezado a trabajar y publicar sus fotos en pequeñas revistas y periódicos de su comunidad.

• ***Industrial/Technical.***- La industria y toda clase de publicaciones técnicas, requieren de una inmensa cantidad de material fotográfico con distintos fines, desde fotografías de fábricas y maquinarias, hasta fotos para elaborar catálogos y revistas de información técnica.

• *Aereal photography*.- En Estados Unidos la fotografía aérea tiene una gran variedad de usos, especialmente para muchos casos de reconocimiento aéreo, mapas, ingeniería, asuntos agrícolas, *real estate,* eventos deportivos y de participación colectiva.

Para realizar trabajos de esta naturaleza, no es necesario ser aviador y contar con su propia avioneta o helicóptero. Estos son servicios que se contratan por horas, con la misma facilidad con que se hace una reservación para alquilar un auto.

• *Sporting events*.- Fotos de toda clase de eventos deportivos, partidos amistosos, campeonatos, competencias, grupos y equipos. Este es uno de los segmentos más propicios y divertidos para empezar a trabajar la fotografía. En ellos, cualquier principiante o aficionado tiene la gran oportunidad de practicar, adquirir experiencia y ganar dinero tomando fotos de campeonatos de las comunidades, torneos de fábricas y oficinas, asociaciones y hasta *games* intercolegiales.

• *Studio portraits*.- Son estudios fotográficos en donde se producen retratos y montajes que en la mayoría de los casos requieren de fondos especiales para darle realce a memorables fotos de familias y sus respectivos miembros, como también de material fotográfico artístico de diferente índole.

De mucho uso también en *indoor modeling, school composities,* anuarios e inclusive para toda clase de fotografías sin retoque que son requeridos en los pasaportes y otros documentos de identidad.

• *Social events* .- Fotografías de toda clase de fiestas y reuniones sociales, entre las cuales se encuentra un sinnúmero de eventos como: *birthdays,* bautizos, aniversarios, *sweet sixteens ,barmitzvahs* y otros más.Típicamente, las bodas son las que más ganancias económicas suelen producir, ya que es muy común ganar arriba de $ 600 dólares, cuando la toma de estos eventos se complementa con los servicos de *videography.*

• *Photomodeling/Fashion.* En mi opinión, esta es una de las más exitantes, interesantes, culturales y lucrativas ramas de especialización dentro de la fotografía profesional. Absolutamente todas las revistas de modas, publicaciones de interés general, catálogos y agencias de publicidad, son grandes consumidores de todo este género de material fotográfico, y es tan feroz la competencia, que tanto las agencias como los fotomodelistas constantemente lanzan *new faces.* Todo fotógrafo profesional que se encuentra envuelto en este campo, sabe que dentro del mundo del fotomodelaje existen varias especialidades y también que el pago más alto se encuentra en aquellos trabajos que son publicados. Aunque las fotografías de esculturales modelos de ambos sexos siempre tienen alta demanda, no obstante hay que tener en cuenta que no solamente los cuerpos esbeltos son los que más venden material fotográfico. También se necesitan fotografías de personas que se identifiquen con una determinada imagen o producto a vender. Por ejemplo, una anciana con atractiva apariencia, sirve para fines publicitarios como la cabeza de una familia; o también, un bebé de sólo unos cuantos meses, puede servir de modelo para fotografías que demandan las casas fabricantes de pañales u otros productos relacionados.

La producción de *black and white portfolios* es una de las áreas más lucrativas y que mantiene muy ocupados a los fotógrafos especializados en modelaje, puesto que cualquier aspirante a modelo y en cualquier campo que sea, lo primero que tiene que hacer es buscar un fotógrafo que tenga suficientes conocimientos para que le produzca su propio *portfolio* de fotografías en blanco y negro. Este es el principal requisito que exigen la gran mayoría de las agencias de modelos ya establecidas y con buena reputación, encargadas de lanzar y representar personas que trabajan como modelos en Estados Unidos y Europa.

Enviar un *portfolio* personal con una serie de poses y perfiles en blanco y negro a las principales agencias de modelaje que se encuentran en New York, Los Ángeles, Hollywood, San Francisco y Miami, ha sido el comienzo de grandes y famosas figuras del *modeling world* y la pantalla. Cabe destacar que Miami se ha convertido en los últimos años en una de las mecas del fotomodelismo mundial, principalmente en la famosa área del *south beach* en donde a diario se dan cita modelos y fotógrafos de todas partes del mundo.

De tal manera que, como el modelaje es otra de las ramas artísticas de la fotografía, la creatividad juega un papel fundamental, puesto que captar la belleza del cuerpo humano en su *full extent,* es algo que no solamente requiere mucha experiencia, sino también un buen sentido de creatividad.

EN LA ESPECIALIZACION ESTA LA CLAVE

De hecho, una cámara fotográfica saca cualquier fotografía que a uno se le antoje y en el campo que sea; no obstante, la especialización en un determinado campo es lo más recomendable para tener éxito. Por ejemplo, la mentalidad creativa de un fotógrafo apasionado por los desnudos, no es la misma de otro que se interesa en aspectos religiosos.

En efecto, establecer el área de especialización con la cual usted crea que se va a sentir más confortable y trabajar a gusto, es un factor muy importante para hacer una acertada selección.

Casi todas las especializaciones que acabamos de ver, se prestan mucho para ir aprendiendo poco a poco y al mismo tiempo ganar algún dinero haciendo trabajos como fotógrafo *free lance*. Mientras se establece clientela y se conoce mejor el mercado, es posible trabajar desde casa, tal como lo han hecho para empezar, la mayoría de fotógrafos profesionales bien establecidos.

MONTE SU PROPIO LABORATORIO
Y OBTENGA MAS GANANCIAS

Si usted cree que la fotografía en blanco y negro es hoy cosa del pasado, piénselo de nuevo. ¿Por qué? simplemente porque como lo hemos visto, las agencias publicitarias y el fotomodelaje son grandes consumidores de este tipo de material fotográfico en particular.

Para muchos conocedores en la materia, el blanco y negro es en realidad como una "radiografía" artística, en la cual se reflejan y resaltan los verdaderos rasgos fotogénicos del ser humano. Por lo tanto, si en *black & white* se revelan finos rasgos fotogénicos, indiscutiblemente que a todo color van a tener una proyección más espectacular. De ahí se desprende que una de las primeras y principales recomendaciones que hacen los expertos en el campo del modelaje a quienes se quieren lanzar, es: *"the best and sure way to launch a modeling or acting career, is to send a simple black and white portfolio to a dozen or so top modeling agencies"*; lo cual indica que cualquier aspirante a modelo, e inclusive a actor o actriz que deseen probar suerte en alguno de tan glamorosos campos, lo primero que tiene que hacer es buscar a alguien que le produzca un sencillo resumen fotográfico en blanco y negro, que es lo que se conoce como ***black & white portfolio,*** y enviarlo a varias agencias de modelaje y talentos artísticos.

Otra de las magníficas oportunidades que se presentan en esta ocupación, que con mucha razón es considerada como un séptimo arte, es que para montar en casa un laboratorio con el fin de procesar fotografía en blanco y negro, no se requiere un costoso equipo e instalación; una alcoba de casa o parte de un ***basement*** es suficiente espacio y la forma más simple, práctica y económica para empezar a trabajar la fotografía de manera profesional.

Contando ya con un ***dark room*** o laboratorio propio para procesar sus negativos y copiar las fotografías, usted se sorprenderá de lo económico y divertido que resulta aprender a trabajar primero el blanco y negro, pues aparte de que es un proceso muy sencillo, empezar de esta manera le proporciona al fotógrafo una base sólida de conocimientos técnicos de mucho uso y gran valor fotográfico. Por tales razones, la fotografía no solamente es uno de los ***hobbies*** más entretenidos y populares en Estados Unidos, sino que también, como ocupación especializada tiene un excelente potencial con fines de lucro. Averígüelo y se convencerá.

LABORATORIO A COLOR

Lógicamente que un laboratorio para color es simplemente una extensión de lo anterior, pero para ello se requieren conocimientos adicionales y un gasto mayor. No obstante, para aquellas personas interesadas que no poseen los conocimientos y el dinero suficiente para montar un laboratorio profesional en donde pueda procesar su propio material a todo color (cuyo costo puede ser de 2 mil dólares en adelante), el camino más apropiado y ecónomico con el fin de producir un razonable margen de ganancias desde un principio, consiste primero que todo en buscar los servicios de procesadores de material fotográfico independientes, básicamente por las siguientes razones:

En primer lugar, con la gran cantidad de procesadores automáticos existentes hoy en día, como lo son por ejemplo los ya muy populares *"one hour photo finish"* se corre el riesgo de perder el material a manos de inexpertos operadores de máquinas automáticas, quienes sin saber poco o nada sobre fotografía, procesan cantidades de material en muy poco tiempo, razón por la cual en muchos casos lo único que se logra son negativos y fotografías de pésima calidad. Hay que tener muy en cuenta que aunque unas fotos hayan sido bien tomadas, un mal proceso puede arruinarlas y por lo tanto, a un fotógrafo le va a ser muy difícil convencer a sus clientes con un material cuyo procesamiento y calidad dan verdadera lástima.

En segundo lugar, aunque quizá haya que pagar un poco más por ello, cuando se recurre a laboratorios profesionales, no solamente se obtiene la calidad y el profesionalismo esperado, sino también consejos y recomendaciones apropiadas cuando las circunstancias así lo exigen, algo que también sirve de escuela.

Dichos servicios de proceso fotográfico se pueden localizar en las **yellow pages,** buscando sobre el titular: **photo finish,** o **processing labs.** Allí encontrará usted un extenso número de laboratorios fotográficos que procesan desde copias de **slides** y rollos en cantidad, hasta reproducciones de murales panorámicos y transferencia de fotografías a video o discos compactos. Por lo general, dichos laboratorios procesan todo este tipo de material ofreciendo sustanciales descuentos por mayoreo, con base en la frecuencia y volumen de material a procesar. De esta manera, los fotógrafos independientes que no cuentan con sus propios laboratorios, logran un razonable margen de ganancias.

LOOKING INTO THE FUTURE

Proporcionalmente, a medida que se van adquiriendo más ahorros y conocimientos, existe la posibilidad de que usted pueda expandir su laboratorio de **black & white,** a color, ya que como hemos visto, ello no es más que una secuencia lógica de lo anterior. Luego con el tiempo se irá aprendiendo más y consiguiendo mejores equipos y accesorios.

De esta manera, no solamente podrá doblar sus ganancias, sino que también tendrá mayores posibilidades de brindar un mejor y más rápido servicio a sus clientes. Inclusive podrá ofrecer servicios profesionales de revelado y copia a quienes necesitan y andan en busca de dichos procesos fotográficos.

DESVENTAJAS EN EL USO DE CAMARAS INSTANTANEAS

Son muchos los pricipiantes que cometen el error de usar cámaras que producen fotografías instantáneamente. Estas cámaras son una gran novedad, pero su uso profesional es muy limitado, puesto que a pesar de su conveniencia no producen negativos.

Por tal razón, hay que descartar el uso de estas cámaras en la mayoría de las situaciones donde se busca vender copias adicionales de cualquier material. Si bien es cierto que de dichas fotografías se pueden sacar reproducciones, el problema radica en que su calidad no es tan buena como la que se logra con un negativo original.

Y a propósito, hablando de negativos, vale destacar que éstos son la posesión más apreciada de los fotógrafos profesionales. Nunca se sabe en qué momento un cliente va a necesitar copias adicionales de determinadas fotografías. Por esta razón, es que ellos casi nunca los entregan como parte de un trabajo, a no ser que se les pague un buen precio adicional. Generalmente los negativos siempre quedan como "propiedad intelectual" del autor, en este caso quien toma la fotografía.

INFOSOURCES
Recursos y fuentes de información

CAPACITACION:

NRI SCHOOL OF PHOTOGRAPHY
3939 Wisconsin Avenue, NW
Washington, DC. 20016

*

NEW YORK INSTITUTE OF
PHOTOGRAPHY
211 East 43rd. Street
New York, NY 10017

*

HEMPHILL SCHOOLS/Curso de
fotografía (en español)
1543 W. Olimpics Blvd.
Los Angeles, CA. 90015

ASOCIACIONES:

PROFESSIONAL PHOTOGRAPHERS
OF AMERICA
1090 Executive Way
Des Plaines, IL. 60018

AMERICAN SOCIETY OF
MAGAZINE PHOTOGRAPHERS
INC.
205 Lexington Avenue
New York, NY. 10016

CATALOGOS DE PRODUCTOS:

EASTMAN KODAK COMPANY
(manuales y libros)
Photographic Products Group
Rochester, NY. 14650

PORTER'S PHOTO CATALOG
Box 628
Cedar Falls, Iowa 50613

*

FREESTYLE
5124 Sunset Blvd.
Los Angeles, CA. 90027

REFRIGERATION AND AIR CONDITIONING

Refrigeración y aire acondicionado

¿Se alcanzaría usted a imaginar qué tan gigantesca es la industria de la refrigeración en un país superconsumidor que cuenta con una población cercana a los 300 millones de habitantes, y en donde el confort personal no es ningún lujo, sino más bien una urgente necesidad?

Al tratar de contestar esta pregunta, es fácil darse cuenta de que en Estados Unidos, la gigantesca industria de la Refrigeración y el Aire Acondicionado constituyen una imperativa necesidad, de la cual se desprende tremenda demanda por personal capacitado en sus diferentes campos relacionados.

En el mismo campo de la refrigeración, existen 3 áreas donde se requieren los conocimientos de técnicos especializados, para que se encarguen de prestar toda clase de servicios relacionados con el mantenimiento, la reparación, e inclusive la instalación de unidades especiales de enfriamiento. Por ejemplo, neveras y congeladores en el campo residencial; cámaras frigoríficas y vitrinas refrigerantes, en el campo comercial; y fabricantes de hielo, enfriadores de agua, control de gases refrigerantes, y cámaras de refrigeración en el sector industrial.

Una de las grandes ventajas existentes para iniciarse en esta ocupación, es que no se requieren costosos ni complicados o extensos cursos de capacitación. Tanto que, los programas de *apprenticeships,* y los estudios vocacionales, e inclusive los cursos de *home study* por correspondencia, han probado darle buenos resultados a muchas personas en este sentido.

A ello se debe que esta sea una de esas ocupaciones, en las cuales teniendo ya algunos conocimientos básicos, se puede continuar avanzando a medida que se está trabajando, puesto que de ella también dependen otros campos especializados, y por cierto muy bien remunerados, tal como lo veremos a continuación.

AIRE ACONDICIONADO, CLIMATIZACION ARTIFICIAL

Mientras que en muchos países el Aire Acondicionado continúa siendo un costoso lujo, en los Estados Unidos desde hace muchos años, se ha tenido como un elemento de primera necesidad, ya que como es bien sabido, para el pueblo estadounidense el confort es una de sus mayores prioridades. ¿Qué sería por ejemplo de quienes viven en Miami, o Los Ángeles durante los calurosos meses de verano sin *air conditioning;* o de quienes viven en New York, o Chicago sin calefacción durante los helados meses del invierno? A estas circunstancias se debe que sea inminente el uso de aparatos o sistemas que mantengan la temperatura cálida con el fin de que las personas se protejan contra el peligro de las congelantes temperaturas invernales; y de manera contraria, para que en el verano controlen los fuertes calores, evitando así inconfortable sofocación.

Aunque trabajar sólo con refrigeradores es una ocupación con la que miles de personas se ganan la vida en Estados Unidos, no obstante, es de indicar que también puede ser la vía más corta hacia otras lucrativas ocupaciones especializadas, que son estrechamente relacionadas, debido más que todo, a que están basadas a principios y técnicas de enfriamiento similares a los de la refrigeración.

De hecho entonces, estos son factores que abren las puertas a otras ocupaciones relacionadas, y de las cuales es bien conocida su demanda de personal capacitado **all-year-around,** en todo el territorio de la Unión Americana. Por consiguiente, también se trata de otro tipo de servicios a domicilio cuya mano de obra es muy bien remunerada.

Dual Service*:* Un aparato de aire acondicionado no solamente genera aire frío, sino que también puede producir aire caliente. Valga esta aclaración, puesto que es curioso notar, que cuando se menciona el nombre de *"air conditioning"*, muchas personas hispanas, e inclusive algunas anglosajonas, inmediatamente lo relacionan con temperatura fría. Pero resulta de que se encuentran en una equivocación, pues en realidad la función de tales aparatos, es precisamente la de: "acondicionar" artificialmente la temperatura ambiental, así sea fría o caliente. Es decir que estos sistemas tienen una función dual, o doble, que les permite producir calor en el invierno y frío en el verano; e inclusive algunos pueden también acondicionar la humedad, y hasta la calidad del aire que se respira.

En tal virtud, dicha equivocación es la que da motivo para que mucha gente siempre haya creído erróneamente, de que la calefacción y el aire acondicionado, sean dos ocupaciones totalmente diferentes. Tanto que hay quienes dicen que en esta ocupación, sólo se consigue trabajo en una determinada época del año. Pero no hay tal, quien desea capacitarse completamente, tendrá suficiente trabajo durante todo el año, tanto en el invierno, como también en verano.

DIFERENTES MERCADOS

Las áreas residenciales, el comercio y la industria, son en términos generales, los tres sectores que más frecuentemente están requiriendo servicios de instalación, reparación y mantenimiento de toda clase de aparatos relacionados con uno y otro de los sistemas ya mencionados.

En casas, automóviles, restaurantes, almacenes, fábricas, oficinas, colegios, supermercados, es decir, la lista es *endless,* puesto que prácticamente en cualquier edificación donde la gente vive y trabaja, se requiere de la presencia de técnicos capacitados para resolver una u otra situación que tienen que ver con el control de la temperatura ambiental. Y la gran ventaja aquí presente, para quien le interese esta serie de ocupaciones relacionadas, es que son servicios que pueden ser prestados a domicilio desde un *homebased business.*

EXCELENTE OPORTUNIDAD EN EL CAMPO DE LA CONSTRUCCION

Otra gran oportunidad que de aquí se desprende, y que bien vale la pena tener muy en cuenta, es la necesidad que existe por este tipo de servicios en el campo de la construcción.

Aquí también se presenta la ocasión para manejar a la vez, varias de estas labores como contratista independiente, puesto que más de la mitad de las casas que se construyen en cualquier ciudad de los Estados Unidos, cuentan con un sistema central de aire acondicionado que se extiende por toda la edificación.

Obviamente que quien se capacita en una de estas labores, después de un determinado tiempo, y con su debida acumulación de experiencia, se encontrará debidamente capacitado, si es que así lo desea, para empezar a operar como **General Contractor,** especializado en sistemas de ***air conditioning.***

De esta manera, podrá satisfacer muchas de esas necesidades en las respectivas variantes que abarcan el amplio campo de la construcción, y que es en donde siempre se esta necesitando personal capacitado para la instalación, reparación, y mantenimiento de dichos equipos.

POR DONDE EMPEZAR

Primero que todo, enfocarse en un área específica. Para ello, el sector residencial es el más recomendable, puesto que teniendo ya algunos conocimientos básicos, las herramientas necesarias, y el medio adecuado de transportación, se puede empezar a prestar algunos servicios básicos de instalación y reparación a domicilio. Ello indica que es posible ganar algún dinero, aun desde que se está recibiendo capacitación.

Luego, después de mayor entrenamiento adicional en uno u otro campo, se debe de tener muy en cuenta el sector industrial, o también como lo acabamos de ver, el de la construcción, puesto que aunque se trata de áreas en donde se requiere mayor experiencia, cualquiera que sea el sistema o la especialidad, es en donde mejor remuneración se encuentra.

En conclusión, alguien decía en cierta ocasión:
*"Quien bien se capacita en estas labores –al igual que el nombre del aceite 3 en 1– puede contar con tres carreras en una. Refrigeración es **year-around-***

***business**. Aire Acondicionado para los **hot summers**, y calefacción para los **cold winters**".*

Todo lo cual indica muy apropiadamente que en Estados Unidos un buen técnico en refrigeración y control ambiental, siempre tendrá las manos llenas de trabajo.

INFOSOURCES
Recursos y fuentes de información

CAPACITACION:

NATIONAL EDUCATION
CORPORATION
School of Air Conditioning/
Refrigeration
Scranton PA. 18515
*

HEMPHILL SCHOOLS (Cursos en español)
Refrigeración y Aire Acondicionado
1543 W. Olimpics Blvd.
Los Ángeles CA. 90015
*

AIR CONDITIONING &
REFRIGERATION INSTITUTE
1501 Wilson Blvd.
Arlington, VA. 22209

ASOCIACIONES:

AIR CONDITIONING
CONTRACTORS OF AMERICA
1513 16th. St. NW.
Washington DC. 20036

LIBROS RECOMENDADOS:

"OPPORTUNITIES IN
REFRIGERATION AND AIR
CONDITIONING" Por Richard
Budzic/VGM Publishers.
*

"REFRIGERATION AND AIR
CONDITIONING"
Popular Science Book Club
P.O. Box 2001
Lathan, N.Y. 12111
*

"MANUAL DE REFRIGERACION Y
AIRE ACONDICIONADO" /
Prentice-Hall Hispanoamericana, S.A.
*

"MANUAL DE REFRIGERACION
DOMESTICA"
por: José Hernández Valádez
Ed. Trillas.

SCREEN PRINTING

Serigrafía

¿Sabe usted cómo comprar playeras o camisetas a tres o cuatro dólares cada una y luego venderlas por quince, veinte o más dólares? ¿Alguna vez se ha preguntado cómo es que se pintan o imprimen esos dibujos, publicidad o propaganda en las playeras, camisetas y otras prendas de vestir?

Con el fin de dar respuesta a estas dos preguntas, nos encontramos con que para imprimir telas y prendas de vestir existen dos métodos principales para hacerlo: en primer lugar, tenemos los *heat transfers* que son como una especie de calcomanías, las cuales son transferidas por medio de calor para que queden estampadas en la tela. Es posible por ejemplo, tomar una de dichas calcomanías y con una plancha caliente de ropa efectuar tal proceso. No obstante, la gran desventaja de este sistema de *heat transfers,* es que después de unas cuantas lavadas, el dibujo o estampado comienza a desintegrarse.

El segundo método, que se conoce como *screen printing* es más resistente y durable que el anterior, consiste en imprimir directamente los dibujos sobre la tela o sobre cualquier superficie que se desee imprimir. Esto se lleva a cabo mediante dicho proceso, que no solamente es sencillo y económico, sino también creativamente entretenido, a la vez que lucrativo. Por ejemplo, comprar camisetas al por mayor y luego imprimirlas con llamativos diseños, propaganda u otros dibujos apropiados, suele dejar muy buen rendimiento económico, particularmente cuando se producen para lugares o eventos especiales.

Con lo anterior, creo haber dado respuesta a las dos preguntas iniciales.

¿QUE ES *SCREEN PRINTING?*

El sistema de ***screen printing*** o Serigrafía como se le conoce en español, es tan antiguo como la misma civilización egipcia y usado ávidamente por los chinos desde hace miles de años. Se trata de un sistema que hoy es de mucho empleo en Estados Unidos, aun por encima de otros modernos medios similares para producir artes gráficas, puesto que es la forma más popular, flexible y única para imprimir diseños, dibujos y hasta llamativo material publicitario.

Es única, porque a diferencia de otros conocidos sistemas litográficos, la serigrafía se puede trabajr no solamente sobre tela y papel, sino también en muchos otros materiales, como el vidrio, el plástico, la madera y los metales. Y es flexible, porque se facilita para imprimir sobre cualquier superficie, así sea plana, curva, quebrada o redonda, como lo son por ejemplo los empaques y contenedores para productos comerciales, e inclusive botellas de refrescos y cerveza, lo cual resulta muy económico para las embotelladoras, puesto que una etiqueta de papel se pierde cada vez que se usa el envase, mientras que un estampado de ***screen printing*** tiene una durabilidad máxima hasta que se rompe la botella.

**Screen Printing
Association International**
10015 Main Street, Fairfax, Virginia 22031

¿COMO FUNCIONA ESTE SISTEMA DE IMPRESION?

Básicamente, es un sencillo proceso que se raliza mediante el uso de un *screen* o malla delgada con diminutos orificios, por medio de los cuales atraviesa la tinta que va a formar un determinado grabado. Ello hace que sea un sistema mucho más económico, a diferencia de otros de litografía que requieren complicados aparatos y costosas placas de metal para lograr casi el mismo propósito.

Por muchos años, las primeras mallas que se usaron para tal proceso fueron solamente de seda, razón por la cual a la serigrafía también se le conoce como *silk screening.* No obstante, gracias al descubrimiento de nuevos materiales, hoy existe una gran variedad a escoger; las hay de *nylon,* poliester, alambre fino y otras fibras sintéticas de muy buena durabilidad.

Contrario a la verdad, muchos profesionales de la serigrafía ya establecidos, suelen dar la impresión de que se trata de un proceso costoso y complicado, pero no hay tal, es sólo una artimaña profesional con el fin de mantener a la competencia alejada.

Lo cierto es que una de las mayores ventajas al tomar este campo como ocupación *full* o *part-time,* es que hay espacio para todo el mundo y con cualquier presupuesto.

A ello se debe principalmente que éste también sea uno de los *hobbies* más practicados por miles de norteamericanos. Aunque existen modernos y costosos equipos automáticos de serigrafía, instalados en amplias edificaciones y que pueden producir –dijéramos– 10 mil payeras o camisetas estampadas al día, también es posible producir manualmente cuatro o cinco docenas en la misma sala de una casa, sin tener que consumir mucha energía eléctrica, puesto que se consiguen sencillos equipos manuales a bajo costo y que no requieren de mucho espacio para trabajar. Por ejemplo, un *basement* o garaje pueden ser el lugar apropiado para ello.

De ahí que este sea otro de los negocios *homebased* más prácticos y económicos para empezar. Es más, cuando la materia prima es adquirida al por mayor, y se buscan los mejores mercados, las *profits* o ganacias suelen ser excelentes.

Un objeto curioso, cualquiera que sea, una vez diseñado e impreso de manera creativa puede duplicar o triplicar automáticamente su valor de venta al público, lo cual en términos de negocios representa un buen margen de ganancias.

AMPLIO POTENCIAL DE MERCADO

Aparte del enorme mercado que genera el trabajo de impresión en prendas de vestir, que inclusive hasta es explotado con muy buen rendimiento en los *flea markets,* o carnavales y ferias de arte, también es de mucho atractivo y demanda en otros campos.

Debido a la amplia versatilidad de este sitema, de él mismo se desprenden y resultan bastantes ideas, por cierto lucrativas, las cuales se traducen en oportunidades que mucho se prestan para ser capitalizadas en diferentes áreas del comercio, e inclusive para publicidad empresarial. Son muchos los tipos y clases de impresos promocionales que realmente llaman la atención al público en general, y que pueden ser elaborados mediante este económico sistema de impresión como por ejemplo, *posters, bumper stickers,* afiches, pancartas, rótulos comerciales, banderines, *bill-*

boards, etc., que son usados con gran efectividad en toda clase de eventos especiales y campañas políticas. Todo ello son razones suficientes para imaginar la demanda con que cuenta este flexible y fácil sistema, que permite imprimir casi cualquier cosa que uno desee, excepto billetes de banco, y eso porque está prohibido.

GRAN OPORTUNIDAD CREATIVA

Antes de terminar, cabe destacar que la Serigrafía es también otra ocupación de índole artístico, y por cierto muy apta para personas de inclinación creativa.
Quienes cuentan con dicha cualidad, al adquirir práctica en el uso de este sistema y conocer el mercado apropiado, podrán desarrollar a través de la Serigrafía algunas de sus capacidades creativas, no solamente elaborando y adornando artísticamente una gran variedad de artículos, sino también creando llamativos productos y diseños que pueden traer muy buenas ganancias, puesto que particularmente en este campo, no se está negociando con simples mercancías comerciales, sino más bien con productos artísticos o *handicrafts* que dependiendo del buen gusto de su creador, pueden ser cotizadas como vendibes obras o artículos de arte en ferias y *art shows.* En este campo o nicho de mercado, la creatividad mezclada con la novedad suelen dar excelentes resultados.
Por lo tanto, esta rama de las Artes Gráficas, como lo es la Serigrafía artística, es otra oportunidad más en donde la creatividad frecuentemente también suele hacer "su agosto".
Todo ello indica que el sistema de *screen printing,* además de ser otra ocupación que sirve para montar un negocio

homebased, también constituye otro medio de expresión artística, lo cual puede dejarle como ganancias a usted amigo emprendedor, no solamente satisfacción personal, sino también un confortable modo de vivir.

OTRO LUCRATIVO CAMPO RELACIONADO

Muchas personas que se dedican a la Serigrafía, también aprenden a elaborar sus propias mallas para imprimir, lo cual les brinda otra oportunidad adicional para ganar dinero, haciendo por encargo las de otros impresores que carecen de los conocimientos y medios para ello.

Aunque existen varios métodos o técnicas para la producción de dichas mallas o *screens,* algunos procesos son tan sencillos que se pueden fácilmente aprender en un fin de semana. Entre ellos se encuentra uno muy similar al revelado de negativos fotográficos en blanco y negro, que por medio de agua y otros ácidos químicos permiten grabar la imagen deseada en la malla que se va a emplear para imprimir.

La elaboración de *screens* para Serigrafía es una ocupación a la cual muchas personas se dedican *full-time,* puesto que se trata de una necesidad que tiene demanda, principalmente en las grandes ciudades, y tampoco se requiere de mucho espacio, ni de un costoso equipo especial para empezar.

INFOSOURCES
Recursos y fuentes de información

CAPACITACION:

U.S. SCREEN PRINTING
INSTITUTE
1200 N. Stadem Drive
Tempe, AZ. 85281

ASOCIACIONES:

SCREEN PRINTING ASSOCIATION
INTERNATIONAL
10015 Main Street
Fairfax, Virginia 22031

CATALOGOS DE PRODUCTOS:

PRINT PROFITS SCREEN
PRINTING EQUIPMENT (equipos)
7696 301 Blvd.
Sarasota, FL. 34243

PUBLICACIONES DEL RAMO:

"SCREENPLAY"
"SCREEN PRINTING"
"SCREEN PRINTING" (en español)
Revistas publicadas por:
ST. PUBLICATIONS
407 Gilbert Ave.
Cincinnati, OH. 45202

TAX PREPARERS

Calculadores y preparadores de impuestos

"death and taxes,
are the only two inevitable
things in life"

Benjamin Franklin

Este es un popular y muy acertado dicho, con el cual se encuentran familiarizados millones de estadounidenses, puesto que cada año por la misma época les recuerda un deber y obligación que no es muy bienvenida que digamos, pero con lo cual hay que cumplir al pie de la letra. Se trata de un ritual financiero, del cual ninguna persona se quisiera acordar, pero del que nadie tiene escapatoria, puesto que la ley es muy clara en este sentido:

"nadie puede dejar de pagar sus impuestos y quien no cumpla con ello, tarde que temprano tendrá que someterse a sus últimas consecuencias".

El simple factor de crear impuestos y asegurarse de que todo el mundo cumpla con pagarlos, es lo que ha hecho económicamente de los Estados Unidos la nación más poderosa del mundo. Ello constituye a su vez un fenómeno que crea numerosas fuentes independientes de trabajo en los distintos rangos y niveles del campo tributario o fiscal, muy especialmente para miles de personas que tienen habilidad con los números y se sienten a gusto con ellos, ya que se trata de una ocupación que les permite un holgado y lucrativo modo de ganarse la vida.

El trabajo de los *tax preparers* consiste en preparar y hacer declaraciones de impuestos para personas particulares y negocios. Es un proceso que da marco a una muy bien remunerada ocupación, con diferentes ramificaciones y que también involucra a otras que tienen estrecha relación como por ejemplo *bookkeeping* y *accounting.*

Se trata entonces de un negocio cuyo futuro no hace falta predecirse, puesto que mientras existan empleados, empresas y contribuyentes en general, la maquinaria de impuestos jamás se detendrá, y por lo tanto, siempre habrá necesidad y demanda por los servicios que prestan los *tax preparers.*
Entre el día uno de enero y el quince de abril, es la época del año cuando la preparación y declaración fiscal de impuestos suele tener su mayor demanda, por ser la temporada alta a este respecto. Por ello, muchas personas tienen el concepto erróneo de que sólo se trata de un trabajo temporal, pero no es así. En realidad es una ocupación que permanece activa durante todo el año, ya que miles de profesionales, negocios y empresas, tienen la obligación de hacer estimados y pagos de impuestos con más frecuencia que otros.

El mecanismo del sistema de impuestos en Estados Unidos y el proceso tan organizado de cómo se realizan tales declaraciones fiscales, no tiene comparación en el mundo. Sin embargo, irónicamente puede ser muy complicado para algunas personas o negocios, mientras que bastante sencillo para otras, lo que da lugar a una srie de oportunidades en distintos niveles para todas aquellas personas que deseen aprender gradualmente ésta bien remunerada ocupación.
Una de las principales ventajas que tienen las personas que se dedican o quieren dedicarse a trabajar como *tax preparers,* consiste en que son servicios que pueden prestarse desde cualquier lugar y a cualquier nivel de capacitación. Es decir, que la persona que quiera capacitarse como pre-

parador de impuestos, podrá hacerlo por etapas, elaborando sencillos formularios al principio y gradualmente adquirir experiencia a través de la práctica. Por ejemplo, después de tomar algunos cursos básicos, un aprendiz podrá hacer los formularios o planillas correspondientes para preparar los impuestos menos complicados de sus parientes, amigos y vecinos; luego, a medida que va adquiriendo experiencia, podrá avanzar a otros campos más detallados, como los negocios pequeños y medianas empresas.

Hasta ahora, en todo Estados Unidos no se requiere de ninguna licencia o autorización especial para prestar dichos servicios en menor escala. Ello depende solamente del grado de capacitación y responsabilidad con que cuenta cada *tax preparer* en particular, así como de la confianza que le pueda dar quien solicita tales servicios.

De tal manera que si usted amigo emprendedor, tiene habilidad para los números y le agrada trabajar con ellos, éste es el principio lógico de una excelente oportunidad o carrera que le puede llevar bastante lejos en Estados Unidos, tanto así como llegar a ganar más de 60 mil dólares al año, que es el promedio de lo que se ganan los buenos profesionales expertos en el campo de los números. La ocupación de *tax preparer* no solamente le servirá de escuela a muy bajo costo, sino que también le permitirá avanzar sistemáticamente dentro de otras ocupaciones relacionadas y que son de las mejor remuneradas en este país.

CAPACITACION GRATUITA PARA PREPARAR IMPUESTOS

En este campo de la preparación de impuestos, se presenta una gran oportunidad de capacitación básica sin ningún costo, puesto que el mismo *Internal Revenue Service,* o *I.R.S.,* que es como se le conoce por sus siglas a la agencia del Gobierno Federal norteamericana encargada de recaudar los impuestos, dicta clases y ofrece talleres gratuitos en los 50 Estados de la Unión, incluyendo Puerto Rico, con el fin de capacitar sin ningún compromiso, a cualquier persona en toda clase de asuntos relacionados con los impuestos.

On top of that, también existen otras organizaciones que trabajan conjuntamente con el *I.R.S.* (ay-ar-es) para llevar a cabo campañas de información y asesoría en asuntos fiscales. Una de las más conocidas es *Volunteer Icome Tax Assitance (VITA),* organización nacional que también presta gratuitamente servicios voluntarios de tal naturaleza.

A la amplia disponibilidad de estos medios gratuitos de capacitación, se debe que muchos buenos *accountants* hayan empezado su ocupación o negocio desde esta área básica, y hoy cuenten con establecidas y reconocidas firmas en el campo de la declaración de impuestos. Sólo se necesita seguir con empeño una secuencia lógica de pasos, hasta llegar a la meta deseada. Recuerde que: *one thing lead to another.*

NUEVOS Y EFICIENTES MEDIOS PARA TRABAJAR CONJUNTAMENTE CAMPOS RELACIONADOS

Hace apenas unos cuantos años, hubiera sido una locura tratar de abarcar tanto en tan poco tiempo. Sin embrgo, hoy existe un factor muy favorable a tener en cuenta, gracias al eficiente y altamente productivo papel que las computadoras juegan en cualquier renglón de los números.

Aunque para las grandes empresas la teneduría de libros, la contaduría y la declaración de impuestos son áreas que constituyen un campo especializado cada uno, no obstante para las empresas medianas, pequeños negocios e individuos particulares que ganan altas sumas de dinero, son áreas que tienen estrecha relación entre sí, razón por la cual muchas personas emprendedoras que se dedican a la preparación de impuestos, aprovechando la rapidez y versatilidad con que las computadoras permiten ejecutar simultáneamente todo tipo de operaciones, han sabido complementar muy bien lo uno con lo otro, para prestar al mismo tiempo varios servicios básicos que aunque tienen distintas funciones, están ligados entre sí. De esta manera se les presenta la oportunidad de percibir ingresos superiores a los normales.

Una de las mayores ventajas aquí presentes, es que cualquier persona interesada en alguno estos campos, puede autocapacitarse por sus propios medios, a través de una computadora. Es decir, que si usted cuenta con una computadora en casa, allí mismo puede aprender a su antojo y conveniencia todos los programas que desee adquirir y que estén relacionados con tan lucrativas ocupaciones.

NOTA DE IMPORTANCIA EN GENERAL: Aunque a usted amigo emprendedor no le interese este campo como una ocupación permanente, por lo menos es muy recomendable aprovechar algunos de los cursos básicos mancionados, para que desde un principio aprenda a preparar sus mismos impuestos, pues con ello no solamente se ahorrará mucho dinero, sino que también, cuando su negocio empiece a progresar y le toque contratar a un *tax preparer* o *accountant,* sabrá exactamente qué exigirle para que haga un buen trabajo, de acuerdo a sus mismas instrucciones. No sea que le quieran "vender gato por liebre".

INFOSOURCES
Recursos y fuentes de información

INFORMACION Y CAPACITACION:

Las más importantes fuentes de capacitación e información a este respecto, son el mismo gobierno norteamericano, puesto que sus clases y seminarios no solamente siempre están al día, sino que también son gratuitos.

Usted podrá llamar, o contactar personalmente las oficinas más cercanas del *Internal Revenue Service,* y preguntar por el *Taxpayer Education Coordinator,* a quien le podrá solicitar información específica, acerca de los *Free Tax Seminars,* y *Small Business Tax Workshops.*

También, como la preparación de impuestos depende fuertemente de *Bookkeeping* y *Accounting,* usted podrá encontrar en sus respectivas *Infosources,* direcciones apropiadas para solicitar más información a tal respecto.

H & R BLOCK INCOME TAX TRAINING SCHOOL.
Por tratarse de que esta es la más grande y conocida firma dedicada a la preparación de declaraciones de impuestos en Estados Unidos, su dirección se puede obtener en el directorio telefónico de las principales ciudades del país.

*

FEDERATE TAX SERVICE
2021 West Montrose Avenue
Chicago, IL. 60618

TEACHING

Enseñanza/Instrucción y clases particulares

¿Sabe usted alguna ocupación, o lucrativo *hobby* en particular?,¿Sabe usted enseñar?, ¿Ha deseado alguna vez hacerlo?, ¿Sabe comunicarse apropiadamente?, ¿Le es fácil expresar sus ideas con claridad?, ¿Le gustaría tener muchas amistades interesantes para compartir con ellas sus conocimientos, y luego cobrar por ello?

Entonces, si su respuesta a estas preguntas es afirmativa y si ya posee suficientes conocimientos en cualquier *hobby* u ocupación con demanda, esos son los requisitos y cualidades básicas que le ayudarán a convertirse en un buen instructor o instructora. Por ejemplo, si usted sabe cocinar bien, toca algún instrumento musical, trabaja la fotografía, sabe coser o dibuja atractivamente, sabe bailar o hacer gimnasia aeróbica de manera profesional, o conoce de artes marciales y defensa personal. Es decir, que la lista de ocupaciones que tienen demanda a este respecto y con tal fin, es realmente inmensa. Y mucho más todavía en el campo de las computadoras, donde evidentemente existen excelentes oportunidades, puesto que es el tipo de enseñanza que mejor se cotiza en la actualidad.

Afortunadamente, en los Estados Unidos la libertad de empresa instruccional es tan amplia y libre, que cualquier persona puede enseñar lo que mejor sabe hacer, en el idioma que quiera y cobrar por ello lo que mejor le parezca. Siempre y cuando no se trate de algo ilegal o de una carrera que demande altos grados académicos, podrá hacerlo en donde lo desee, así sea la sala de su misma casa, o un estudio o taller particular.

Al contrario de lo que suele suceder en muchos otros países, en donde se exigen diplomas y licenciaturas y otra documentación especial para poder enseñar, en Estados Unidos, mientras no sea para trabajar como maestro de una institución docente, salvo muy contadas excepciones, no se requiere tener credenciales de maestro certificado para enseñarles a otros de manera particular una ocupación que bien conoce su instructor. Basta con "abrir tienda" y hacer toda la publicidad posible con el fin de atraer alumnos.

ES MEJOR ENSEÑAR QUE LAVAR PLATOS

El caso de quien pudiendo enseñar lo que mejor sabía hacer, pero que no obstante andaba lavando platos por miedo a la "migra", permite ilustrar de qué manera alguien que se propone, puede salir adelante y ganarse la vida compartiendo sus conocimientos con otras personas.

Hace algunos años, el plan de amnistía que otorgó el Servicio de Inmigración a los *ilegal aliens* y por medio del cual más de dos millones de ilegales obtuvieron su residencia permanente, tuvo para Raúl Rodríguez y su esposa Rosa las dos caras de la moneda.

Por una parte, él no calificó para recibir su tarjeta de residente permanente, ya que había ingresado al país después de la fecha límite que fijó el gobierno, lo cual originó que fuera despedido de su trabajo del hotel donde trabajaba como *dishwasher* desde hacía ya un largo tiempo. Mientras que por otra parte, Rosa también se encontraba en difícil situación, puesto que aunque sí estaba dentro del periodo amparado por la amnistía, le era problemático comprobar su permanencia ininterrumpida, ya que en su traba-

jo le pagaban **under-the-table** y en efectivo, razón por la
que no existían comprobantes de pago que justificaran o
representaran una importante prueba ante el **INS,** que son
las siglas con que se conoce al Servicio de Inmigración y
Naturalización norteamericano.

Ello se convirtió en una situación desesperante para ambos, pues además, Raúl tampoco encontraba otro trabajo
por falta de papeles; tanto que estuvieron a punto de regre-
sarse a su país, pero después de cavilar un poco su decisión
fue unánime: *"Ya estamos aquí, y de aquí no nos vamos
suceda lo que suceda".*

En esos días, el párroco de la iglesia por medio de la cual
Rosa se encontraba tramitando su legalización, se enteró
de que Raúl tenía conocimientos de Karate e inclusive
había sido instructor de Artes Marciales en su tierra natal.
Estos antecedentes dieron motivo a que el sacerdote le su-
giriera y ofreciera uno de los salones de la escuela parro-
quial, para que diera clases de Karate mientras se encontraba sin trabajo.

Raúl inmediatamente se dio cuenta de que ésta era una de
sus viejas ideas, pero ahora en forma de una nueva oportunidad; únicamente necesitaba hacer el esfuerzo y empezar
a buscar alumnos.

Fue así que publicó un aviso en el mismo boletín dominical
de la parroquia y además imprimió algunos *flyers* que él,
junto con su esposa, repartían principalmente en las escuelas, *shopping malls* y otros sitios donde había bastante tráfico peatonal. Tal publicidad pronto empezó a darle el resultado esperado, puesto que en poco tiempo comenzaron
a aparecer las primeras personas interesadas en tomar sus
clases.

Pocos años después, Raúl no solamente había solucionado su situación migratoria por medio de su esposa, sino que también tenía en la misma casa su propia academia de Artes Marciales ya establecida, en un amplio y apropiado salón que parecía más bien un envidiable ***recreation room.*** En tales instalaciones, él y sus ayudantes manejaban más alumnos de lo que nunca antes se pudo imaginar.

Curiosamente, Rosa es hoy una de sus principales ayudantes, puesto que se animó y no le fue difícil aprender algunas técnicas de defensa personal. Muy oportunamente, este es un campo de enseñanza que cuenta con mucha demanda en la actualidad, tanto por parte de hombres como de mujeres, debido principalmente a la ola de inseguridad que por todas partes se vive. Rosa nos comenta:

"Yo creía que eso de los atracos y la inseguridad sólo ocurría en mi país, pero me doy cuenta de que aquí también sucede. Para nosotros esto es un buen negocio, ya que es casi obligatorio en estos tiempos que la mujer sepa defenderse en la calle.

Gracias a mi marido, que para mí es el mejor instructor del mundo, ya estoy capacitada y enseño a muchas chicas que vienen a nuestra academia". –a lo cual Raúl agrega: *"Gracias a Dios y a nuestro buen amigo el curita, hoy vivimos muy bien, y lejos de esas angustias que tuvimos que sufrir en el pasado, ya nuestra casa está casi terminada de pagar y en ella tenemos nuestro propio negocio. Tal vez, si no hubiera sido por la inmigración, que me hizo correr de ese duro y mal pagado trabajo que antes tenía, todavía estuviera rompiendo platos, pero hoy en día lo que rompemos son huesos, y lo mejor de todo es que nos pagan por ello".*

EL MODERNISMO Y LA ALTA TECNOLOGIA, COMO PRINCIPAL CAUSANTE DEL AUGE EN CLASES PRIVADAS A DOMICILIO

Dar clases particulares a domicilio sobre un variado número de campos y materias no es nada nuevo, pero lo que sí es novedoso y diferente son los muchos adelantos tecnológicos que a su vez han creado otros nuevos campos, inclusive algunos de los cuales ni se conocían pocos años atrás. También han surgido otros que son dependientes o relacionados con los ya existentes, tal es el caso por ejemplo de la fotografía y la videografía. Es común encontrar fotógrafos que deciden tomar clases particulares, para ampliar sus conocimientos dentro de campos más modernos y tener así la oportunidad de duplicar o hasta triplicar sus ingresos a traves de la videografía.

Muy especialmente el mundo de las computadoras, ha abierto nuevas puertas a oportunidades en diferentes campos de la enseñanza. Tanto que la "escuela sin paredes" comienza a hacer furor y toda una realidad virtual.

Aun dentro de antiguas ocupaciones han ocurrido drásticos cambios, como por ejemplo en la contabilidad, que anteriormente para muchas personas era una tediosa y *time consuming* labor. Pero hoy, gracias a tan eficientes y maravillosos aparatos, no solamente es más rápida sino también mucho más fácil de aprender.

De hecho, tantos nuevos elementos han contribuido profundamente a visibles cambios en los diferentes sistemas de capacitación, e inclusive en el mismo conveniente *life style* de los estadounidenses, quienes ahora y gracias a la existencia de tantos nuevos medios, prefieren la facilidad de tomar clases particulares, a tener que perder el tiempo en salones repletos de alumnos. Razones por las cuales, hoy más que nunca acuden en busca de servicios privados de enseñanza para ampliar sus conocimientos y mantener así sus trabajos, o también para capacitarse y adquirir nuevos conocimientos con el fin de independizarse.

EN LA ESPECIALIZACION ESTA LA CLAVE

Lógicamente, entre más demanda tenga la materia que se enseñe y más dominio se tenga de ella, mejores serán las oportunidades y mayores sus ingresos. No es lo mismo por ejemplo, enseñar a afinar planos, que enseñar a reparar computadoras, aunque lo del piano requiere más años de práctica y estudio, irónicamente se gana más dinero enseñando lo último, ya que lucrativamente es más popular y cuenta con mayor demanda hoy en día.
Salta a la vista que en cualquier campo imaginable, los servicios de consultoria son sinónimo de enseñanza, y por lo tanto, entre una persona que enseña y un consultante hay muy poca diferencia, ya que la función primordial de ambos es la de ofrecer sus conocimientos. Razones por las cuales, los servicios de consultoria en cualquier ocupación lucrativa que sea, en la actualidad se han convertido en un gran negocio.

De tal suerte, el especializarse en una determinada materia, le permite a la persona que la enseña de manera independiente y da clases privadas, ofrecer sus servicios al público, no simplemente en calidad de maestro, sino más bien como consultante.
En conclusión, queda claro que hoy en día en el campo de la enseñanza particular e independiente estadounidense, no hace falta ser un experto licenciado o titulado en una deter-

minada materia u ocupación para compartir esos conocimientos con otras personas y cobrar por ello.

Basta con tener suficiente deseo de hacerlo, saber exponer
el tema expresándose de una manera clara y concisa, y por
supuesto, hacer publicidad permanente en todos los medios
y lugares más apropiados.

EN RESUMEN

EL SECRETO PARA UN MEJOR FUTURO, RADICA EN UNA ACERTADA SELECCION

En virtud de tantos y tan variados medio alternativos, como lo son todos los que acabamos de ver, esta obra la presenta a usted amigo emprendedor la gran oportunidad de seleccionar la ocupación que más sea de su completo agrado, para poder de tal manera lograr inteligentemente su objetivo. Un objetivo practico que deberá de consistir principalmente en: dedicarse a una ocupación que no solo le de como resultado el poderse ganar la vida independientemente, sino que también le llene de orgullo y satisfacción personal.

De ahí entonces que, la elección de una ocupación tiene que ser una acción o proceso, el cual hay que meditarlo y pensarlo muy bien desde un principio, para poder proceder a planear los primeros pasos necesarios a dar, y de una manera cautelosa pero segura.

Usted deberá de tener en cuenta que las bases del éxito en su futuro, van a depender única y exclusivamente de la decisión que este respecto decida usted tomar.

No se trata simplemente de hacerlo como la respuesta automática o solución inmediata, a la necesidad urgente de empezar a trabajar en cualquier cosa, o campo que primero se presente.

Se trata más bien de empezar con una buena orientación, y en la dirección correcta desde un principio, en una ocupación que le ofresca bienestar personal, y un futuro prometedor.

Lógicamente que casi todo recién llegado a este país, tiene que trabajar en lo primero que encuentre, pero eso tampoco le impide continuar buscando algo que este relacionado con lo que realmente quiere y puede hacer, para poder así salir adelante a su manera.

Es deplorable por ejemplo, ver como lo hacen una inmensa mayoría de inmigrantes, que simplemente "caen" en el primer empleo, o trabajo que se les presenta, y ahí tienen que aprender no lo que es su deseo, sino más bien lo que les imponen sus patrones. Luego ocurre que se ven obligados a mantener ese empleo hasta que se sienten cansados de frustración, o hasta que son despedidos por cualquier motivo y sin ninguna explicación.

A ello se debe principalmente el continuo fracasar de miles de inmigrantes, quienes llegan con grandes aspiraciones, pero que jamas se les ocurre explorar otras posibilidades o alternativas de las tantas que existen en este inmenso y rico país. Oportunidades que como bien se explica en este libro, se encuentran al alcance de cualquier persona que con empeño se proponga buscarlas para escoger la que más se adapte a sus propios planes y circunstancias.

Cabe subrayar en referencia a lo anterior, que centenares de personas, aun siendo estadounidenses y en empleos de alto nivel, se ven forzadas en el momento menos pensado a tener que cambiar de ocupación, puesto que de repente descubren que se encuentran laboralmente en un *dead-end,* o "callejón sin salida", desempeñando labores que no tienen ningún futuro, puesto que desde un principio no supieron seleccionar lo que más les convenía. O también, porque en un momento dado dejan de producir el rendimiento exigido por sus patrones, y en vez de ser reentrenados para que se pongan al día en sus conocimientos, más bien son reemplazados por personas más jóvenes.

De hecho, todo ello se debe simplemente a que también fueron de esas personas que por falta de información apropiada, "cayeron" en un empleo con el cual se conformaron desde que empezaron, sin nunca antes detenerse a analizar concienzudamente cuales eran sus verdaderas capacidades y posibilidades, para poder descubrir así su verdadera vocación, y lo que en realidad podrían haber hecho mejor y más a gusto, sin tener nada que lamentar años más tarde.

Es realmente increíble y hasta cierto punto deplorable, observar esa enorme maza de talento humano, como lo es tanta gente con suficiente preparación básica, pero tan mal empleada en esta nación. Todos esos miles de personas, especialmente inmigrantes que solo se conforman en actuar como *robots,* empujando botones, y moviendo palancas todo el día. Mientras que muchas otras también se la pasan largas jornadas, pegadas como chicles a una máquina, o línea de incesante producción; o también, llevando a cabo mediocres trabajos de tercera clase. Empleos todos estos en donde úncamente devengan mediocres sueldos, lo cual solo alcanza para comer y cubrir otras necesidades básicas, pudiendo más bien, estar disfrutando de un mejor estándar de vida, con tan solo planear y dedicar unos cuantos meses para capacitarse debidamente en una de tantas ocupaciones, que después de pocos años producen los resultados esperados. De tal manera, después de un tiempo razonable no tendrán que estar sometidos a vivir como personas de tercera clase, sin ningún futuro que valga la pena, sino que más bien por el contrario, podrán sentirse orgullosos y realizados en la vida.

Es curioso ver como es que muchas personas saben planear muy detalladamente unas vacaciones, mas sin embargo, nunca se detienen a planear su propio futuro, y como consecuencia, después se andan quejando de la vida, y hasta le hechan la culpa a su "mala suerte".

En consecuencia, no se trata de mala suerte, sino más bien, falta de saber escoger acertadamente desde un principio la ocupación más adecuada, y planear con tiempo los pasos a seguir en la dirección correcta. El secreto radica en elegir una ocupación que manejada con empeño y persistencia, conduzca a lograr los objetivos, hasta alcanzar la meta más anhelada.

Por lo tanto, al cerrar este capítulo, las bases ya están sentadas. Y es a usted mi estimado amigo emprendedor, a quien ahora le corresponde hacer una selección acertada, escogiendo libre e inteligentemente dentro de tanta y tan apropiada información aquí suministrada, lo que mejor le convenga en pro de un confortable futuro. Un futuro del cual jamas se va a tener que arrepentir, sino que por el contrario, se va a sentir muy satisfecho por poder vivir bien y a su manera, en un país en donde existen abundantes medios y oportunidades para escoger. *Now the choice is yours, and only yours.*

PARA HACER ALGO GRANDE, HAY QUE PENSAR EN GRANDE.

THINK ABOUT IT VERY WELL...

INFORMACION GENERAL DE VITAL IMPORTANCIA, PARA TODA PERSONA EMPRENDEDORA INTERESADA EN ABRIR SU PROPIO NEGOCIO.

La *Small Business Administration (SBA),* que son las dependencias oficiales del Gobierno Federal encargadas de apoyar en materia de orientación a los negocios pequeños, y dar asesoría gratuita a sus propietarios, tiene para la venta al público en general una gran variedad de publicaciones relacionadas con la apertura, el manejo, y la administración de todo tipo de negocios pequeños. Entre ellas se destacan las publicaciones tituladas *"THE BUSINESS PLAN FOR HOMEBASED BUSINESS"* "El plan de negocios para negocios basados en casa". Y *"STARTING AND MANAGING A BUSINESS FROM YOUR HOME"/*" Empezar y manejar un negocio desde su hogar".

Usted podra obtener un catálogo de sus más importantes publicaciones:, llamando al teléfono número 1-800-827-5722. o también podra escribir a:

SMALL BUSINESS ADMINISTRATION
Office Of Business Initiatives
409 Third Street SW.
Washington, DC. 20024
*
SBA PUBLICATIONS
P.O. Box 46521
Denver CO. 80201

TAX SMALL BUSINESS WORKSHOP

Department of the Treasury
Internal Revenue Service
Publication 1057 (Rev. 9-89)

SOLE PROPRIETORSHIP • PARTNERSHIPS • CORPORATIONS

EL DEPARTAMENTO DE LA TESORERIA DE LOS E.U. a través del *Internal Revenue Service (IRS),* que es el Servicio de Rentas Internas, o Hacienda, y entidad oficial encargada de la recolección de impuestos, tiene a disposición del público en general, un abundante número de publicaciones sin ningún costo, con el propósito de instruir a cualquier persona interesada con todo lo relacionado en asuntos de impuestos. Inclusive imparte cursos gratuitos en todo el país, para todas aquellas personas o propietarios de negocios pequeños que necesiten asistencia en este campo, o que deseen preparar su propia declaración de impuestos.

Para mayor información a este respecto, usted podra contactar al *Taxpayer Education Coordinator,* en las oficinas más cercanas del IRS, o llamar a la línea sin costo 1-800-424 1040 desde cualquier parte del a Unión Americana.

"THE NUMBER ONE
SMALL BUSINESS AUTHORITY"

Entrepreneur Magazine, es la revista de mayor circulación en este campo, y la que mejores oportunidades le brinda a toda persona emprendedora en cualquier tipo de negocio independiente. Cada número mensual trae importante información, y datos de interés para quienes andan en busca de nuevas ideas con el el fin de hacer progresar su negocio. En sus páginas se encuentra desde *networking opportunities,* y *effective selling techniques,* hasta manuales, libros y vídeos que no solo explican como abrir un negocio de la manera más económica, sino también cuales son las distintas formas de administrarlo y hacerlo crecer. Por tales razones, se le conoce como la revista que más ha contribuido al éxito de muchas personas emprendedoras. Esta valiosa e importante fuente de información, también se encuentra disponible en Español.

ENTREPRENEUR MAGAZINE
2392 Morse Park Avenue
Irvine, California 92713

ENTREPRENEUR MAGAZINE
Arquímedes No. 5
Colonia Polanco
México, D.F. 11560

HOME OFFICE COMPUTING, es la revista número uno en el campo de los **Homebased Business** que emplean computadoras para desarrollar sus actividades. Es el mejor medio informativo para estar siempre al día en el cambiante mundo del **hardware** y el **software.** En cada número se analizan cuales son los mejores equipos, programas y otros productos en el mercado, con el fin de lograr eficiente y lucrativo funcionamiento de una oficina establecida en casa.

Se destaca su sección de preguntas y respuestas, para aconsejar y asesorar a sus lectores con respecto a importantes puntos y aclaraciones relacionadas. También son de mucho interés, las motivadoras historias y casos que continuamente se están publicando acerca de como es que muchas personas emprendedoras han logrado independizarse, y como es que hoy manejan productivos negocios desde sus mismos hogares, mediante el uso de tan modernos medios altotecnológicos, como lo son la computadora, el **fax,** el **moden,** los celulares, etc.

HOME OFFICE COMPUTING MAGAZINE
411 Lafayette St. 4th. Fl.
New York. N.Y. 10003

INFORMATION IS POWER

J.F. Arango Duque

INVEST IN YOURSELF FIRST

CAPITULO II

MEDIOS
PRACTICOS Y ECONOMICOS DE
CAPACITACION Y APRENDIZAJE

• Una fórmula que si funciona.

1. *HOME STUDY.*

2. *VOCATIONAL EDUCATION.*

3. *ADULT CONTINUING EDUCATION.*

4. *APPRENTICESHIPS.*

5. *SEMINARS/WORKSHOPS*

6. *DOING WHAT YOU LOVE TO DO BEST (HOBBIES)*

7. *A JOB WITH A DOUBLE PURPOSE.*

• *Time to act, do it right now.*

"An investment in knowledge,

always pays the best interest"

Benjamin Franklin

-"Invertir en conocimientos, siempre paga el mejor interés"-

MEDIOS PRACTICOS Y ECONOMICOS
DE CAPACITACION Y APRENDIZAJE

UNA FORMULA QUE SI FUNCIONA

Para salir adelante y triunfar en territorio norteamericano, la primera y más importante fórmula a seguir es: *invest in yourself first.* Invertir en sí mismo, consiste en adquirir los conocimientos necesarios en una ocupación, como por ejemplo cualquiera de las que ya hemos visto en el capítulo anterior, la que más le convenga y que por lo tanto, le va a permitir realizar sus planes.

Y para lograr desarrollar esa fórmula, afortunadamente existe una gran cantidad de medios y sistemas, con abundantes oportunidades de aprendizaje que van desde: *apprenticeships* y *vocational instruction*, hasta *internships* y *home study.* Mientras existen programas de estudios formales y costosos, también hay otros abiertos y gratuitos. Todo lo cual le permite a cualquier persona que así lo desee, escoger el medio que más sea de su agrado, para capacitarse en el *skill* que mejor estime conveniente sin perder mucho tiempo, ni tener que gastarse una fortuna.

Ventajas únicas. Como ya lo hemos podido observar repetidamente, el trabajar por cuenta propia tiene sus grandes ventajas, y otra más de ellas consiste en la que se presenta en este mismo caso de la capacitación y el aprendizaje.

Bien sabido es que para trabajar como empleado y de acuerdo al puesto, todas las empresas no solamente exigen experiencia, sino también determinados grados específicos de capacitación y otros títulos académicos ya aprobados.

Mientras que quien quiere trabajar independientemente, tiene la ventaja de poderse capacitar de la manera que mejor lo estime conveniente y en sus propios términos, con el plan de estudios que mejor le convenga. Inclusive puede ganar dinero y practicar su ocupación mientras la esta aprendiendo.

El consumidor estadounidense es muy consciente de que quienes trabajan independientemente, valen por lo que ya saben hacer, no necesariamente por sus grados académicos u otros diplomas. En tal efecto, de ello también depende directamente el éxito que un emprendedor pueda tener al principio con su propio negocio. Quien solo está pretendiendo hacer lo que poco sabe, puede estar seguro de que no va a llegar muy lejos trabajando por su propia cuenta.

Otro aspecto ventajoso que mucho favorece a quienes todavía no se desenvuelven bien con el inglés, es de que casi para la mayoría de las 40 ocupaciones que son tema central de este libro, existen medios de enseñanza pública en español y a muy bajo costo, principalmente en todas las grandes ciudades donde hay una gran concentración de población hispanoparlante, como lo son por ejemplo, Los Angeles, San Francisco, Houston, Chicago, New York, Miami y varias otras más.

SIN PERDIDA DE TIEMPO, Y "AL GRANO"

Generalmente la gran mayoría de personas que inmigran a Estados Unidos en busca de mejores oportunidades, no cuentan ni con el tiempo, ni mucho menos con los recursos económicos para poder cursar estudios superiores de manera tradicional, como normalmente lo son los programas académicos que se desarrollan en los colegios, las universidades y otros centros docente oficiales.

Ello representa una gran desventaja y obstáculo que se debe en principio no sólo a que dichas instituciones requieren de que el estudiante tiene que hablar fluídamente el idioma inglés, sino que también es necesaria su presencia física por varios años en sus aulas. Además, sus costos suelen ser bastante altos, especialmente en las universidades.

Pero afortunadamente, para quienes no quieren pasar por tan tediosas y desventajosas circunstancias, en Estados Unidos no existen límites, ni tampoco reglamentaciones que imponen un sistema obligatorio de programas oficiales de aprendizaje en más de un ochenta por ciento de las ocupaciones más necesarias, tal como suele ocurrir en muchos otros países. Por el contrario, las opciones y alternativas a otras distintas formas y métodos económicos de aprendizaje práctico, sin tener que seguir largos programas de estudios, son por cierto bastante abundantes y se encuentran al alcance de cualquier bolsillo.

Estas excelentes alternataivas, facilitan el proceso de aprendizaje en una infinidad de áreas y niveles de sumo interés, para quienes en realidad lo único que les interesa es solamente aprender una lucrativa ocupación, que les permita ganarse la vida remuneradamente estable y de manera permanente, sin tener que perder mucho tiempo para capacitarse, teniendo que aprobar otras materias que jamás van a necesitar.

En virtud de tantos y tan variados medios alternataivos, usted amigo emprendedor tendrá la oportunidad de escoger el sistema de aprendizaje que en realidad sea de su completo agrado y que más se adapte a sus circunstancias, planes y capacidades.

De tal manera, sin tener que gastar decenas de meses capacitándose, en corto tiempo podrá dedicarse a hacer exactamente lo que ya ha venido planeando.

PRIMER PASO: *THE PUBLIC LIBRARY*

"THE ENTREPRENEUR'S UNIVERSITY"

Las bibliotecas públicas no son en sí mismas instituciones docentes. Pero por algo se les conoce como: "La Universidad de los Emprendedores".

La razón es muy sencilla: en estos lugares se encuentra todo un arsenal de cualquier tipo y clase de información al día que uno mismo se pueda imaginar. Por tal motivo, es que allí asisten personas de negocios, académicos, emprendedores y estudiantes de todo grado y nivel en busca de los más importantes datos y orientación que necesitan para salir adelante en una u otra de las circunstancias que más les concierne y conviene.

Como instituciones públicas que son, el papel que juegan las *public libraries* en el progreso y desarrollo del mismo pueblo norteamericano, es único en su género. Precisamente allí mismo, usted va a encontrar información más completa y a fondo, acerca de todos los medios y sistemas que a continuación vamos a ver.

En consecuencia, dirigirse a la principal *public library* de cualquier ciudad norteamericana en que usted se encuentre, va a ser el primer paso más importante y decisivo que usted deberá de dar, para poder encaminarses hacia ese futuro que siempre ha anhelado.

A continuación, va a encontrar usted mi estimado amigo emprendedor, cuales son los medios más prácticos y económicos de capacitación y aprendizaje que existen en los Estados Unidos:

1) HOME STUDY

Una vieja idea, pero con muy nuevos conceptos.

El *Home Study* no es nada nuevo en Estados Unidos, puesto que ya después de la segunda guerra mundial, se constituyó en uno de los medios más populares de autocapacitación para millares de excombatientes que regresaban victoriosos, pero sin trabajo.

Hoy en día, el sistema de *home study,* que también se le conoce como: Estudios de Capacitación Independientes, ha vuelto a recobrar una muy notoria demanda gracias al avanzado grado de desarrollo altotecnológico que el aparato receptor de la televisión, el video y las computadoras han introducido en los muchos distintos campos de la enseñanza y el aprendizaje.

Ello se debe principalmente a que dichos aparatos electrónicos son valiosas herramientas visuales que se prestan con bastante eficacia y flexibilidad, para ser usadas en todos los niveles y tipos de enseñanza, a cualquier momento y en cualquier parte. Por ejemplo, ya no solamente existen videos para *home study* en toda clase de cursos que uno se quiera imaginar, desde mecánica automotriz, carpintería, plomería, hasta decoración de interiores, cosmetología y reparación de motocicletas, sino que también, como ya lo habrá podido observar en el capítulo anterior, existe un variado número de cursos ofrecidos por diferentes instituciones dedicadas a este práctico sistema de autocapacitación, que inclusive ya incluyen una computadora y sus respectivos programas como parte del curso, lo cual le es enviado al alumno por correo para que esté convenientemente se autocapacite en su misma casa.

Ventajas y características particulares del *Home Study*:
Sólo basta con observar algunos de los siguientes puntos.
Ellos ponen muy en relieve las ventajas y oportunidades que
este práctico y flexible sistema tiene para brindarles a todas
aquellas personas emprendedoras, con el fin de que puedan
hacer algo lucrativamente productivo por sí mismas:

- No se requieren presentar exámenes u otros problemáti-
  cos e incómodos requisitos de admisión.
- Es posible empezar en cualquier momento y en cualquier
  nivel, sin tener que esperar por la iniciación de trimestres
  o semestres; ni tampoco verse obligado a tener que inte-
  rrumpir sus estudios en tiempos de vacaciones.
- De entre más de 300 carreras u ocupaciones, se tiene la
  oportunidad y amplia libertad de escoger única y exclusivamente la que más le agrade y mejores posibilidades
  le ofrezca al interesado, bien sea de larga o corta duración.
- Es mucho más económico que cualquier otro medio formal de capacitación. Además, existe la gran ventaja de
  que su costo puede irse pagando en cómodas cuotas, a
  medida que se va avanzando en el curso.
- Cuando se trata de cursos en donde se emplean computadoras, el alumno recibe por correo uno de esos valiosos aparatos electrónicos y en caso de necesitar ayuda,
  tendrá asistencia técnica por medio de instructores que
  contestan todas sus preguntas, a través de una línea telefónica espsecial y sin ningún cargo adicional. Todo ello,
  según el curso que sea, por un promedio total de dos mil
  dólares. Algo que es increíble, puesto que este es más o
  menos el costo de la sola computadora en un almacén de
  electrónicos. Se trata además, de una suma de dinero que
  un mismo lavaplatos se puede ahorrar en menos de 8
  meses de trabajo.

- No solamente se evitan numerosos gastos de pasajes para asistir a clases, sino que también se ahorra mucho tiempo y agravios que resultan de la transportación diaria. Cuando se tiene un vehículo, los embotellamientos de tráfico y los problemas de estacionamiento son desesperantes, y cuándo no, la transportación pública es todo un viacrucis.

- Sin tener que perder horas de trabajo, y en la comodidad del mismo hogar, se pueden mejorar y ensanchar las bases de conocimientos que ya se tienen en alguna ocupación o también, adquirir una mayor especialización en otras ramas relacionadas.

- Se obtiene un certificado oficial o diploma, que es respaldado por reconocidas y acreditadas instituciones con muchos años de experiencia y que a su vez poseen la debida aprobación del *U.S. Department of Education* en Washington, D.C.

- El estudiante goza de un control total sobre su propio tiempo y horario de estudio. Este tipo de autonomía, constituye uno de los factores más convenientes y característicos del *home study,* puesto que le permite al alumno estudiar las horas que quiera, como quiera y donde quiera.

  No obstante, es imperativo tener muy en cuenta que el único requisito esencial para que este sistema funcione como debe de ser, consiste en tener mucho empeño y fuerza de voluntad para imponenrse una estricta y disciplinada norma personal de estudios, de lo contrario, no se estará más que perdiendo el tiempo.

- *Earn while you learn.* Después de unas cuantas lecciones iniciales, el estudiante en calidad de aprendiz, tiene la oportunidad de hacer pequeños y sencillos trabajos en su campo de capacitación. Oportunidad que no solamente le va a permitir practicar y adquirir experiencia, sino también empezar a conocer el mercado y ganar algún dinero aún sin haber terminado sus estudios.

UN MAESTRO PARTICULAR Y PERMANENTE EN CASA

Punto por punto, a esos factores característicos del *home study,* se le suman tan modernos y revolucionarios medios electrónicos de enseñanza disponibles ya hoy en día, y nos da como resultado la presencia premanente de un "maestro electrónico" en casa, para aprender todo lo que se nos antoje.

De hecho, y dado el factor de que como es mucho más fácil recordar algo cuando se está viendo y oyendo al mismo tiempo, que cuando simplemente se está leyendo un texto de estudio, tales antecedentes confirman que no se trata de ninguna especulación, sino más bien de que según experiencia propia, es evidente que en los sitemas audiovisuales radica el secreto y la clave del aprendizaje rápido hoy en día.

Evidentemente que poder repetir un curso o lección una y mil veces hasta que se quede totalmente grabada en la memoria de un estudiante, es verdaderamente un lujo y conveniencia que ya se encuentra prácticamente al alcance de cualquier persona con modestos recursos económicos. Todo ello es algo que constituye el equivalente a poder contar exclusivamente con la presencia de un flexible y paciente "maestro" en casa, disponible a cualquier hora del día o de la noche; y que por medio de la animación audiovisual nos puede enseñar todos sus conocimientos en el campo que más sea de nuestro interés.

Uno a uno, todos estos factores están permitiendo de que el sistema de *home study,* se esté convirtiendo de nuevo, en uno de los medios de capacitación más populares, prácticos y económicos del pueblo norteamericano. Tanto es así, que inclusive en niveles primarios ya se están detectando cambios notables. De acuerdo a estudios realizados por el gobierno y otras organizaciones privadas, ya existen en Estados Unidos más de medio millón de *home schoolers,* sistema por medio del cual, padres de familia preparados se están dedicando a educar a sus propios hijos para no tener que enviarlos a escuelas, ya que según ellos, allí se encuentran expuestos a herrática orientación sexual e inclusive al pandillerismo juvenil que tanto está afectando todos los niveles de la sociedad norteamericana.

El acceso instantáneo a mares de información, es lo que más ha contribuido con el rápido crecimiento que en los últimos años ha tenido el sistema de *home schoolers.*

En tal virtud, y sin temor a estar equivocado, indiscutiblemente que la enseñanza electrónica *it's the wave of the future,* y afortunadamente los nuevos conceptos del *home study,* se encuentran hoy en el epicentro de los más futuristas y prácticos medios de autocapacitación

LOS INMIGRANTES Y EL SISTEMA DE *HOME STUDY*

¿Por qué el sistema de *home study* es una de las mejores alternativas de capacitación para la gran mayoría de inmigrantes de otros países? Porque como ya lo hemos podido apreciar, este sistema de autocapacitación no solamente permite que cada año cerca de un millón de estadounidenses logren capacitarse laboralmente desde sus propios hogares en una de tantas ocupaciones disponibles para ganarse cómodamente la vida, sino que también, beneficia de particular manera a muchos extranjeros que se deciden por tomar esta conveniente alternativa de capacitación.

Entre otras, las principales razones por las cuales lo hacen, son muy transparentes en este sentido. Veamos algunas:

a) La gran mayoría de quienes recién llegan a Estados Unidos en busca de buenas oportunidades y un mejor futuro, no tienen el dinero suficiente, ni tampoco les queda tiempo disponible desde un principio, para empezar a capacitarse inmediatamente de manera formal.

También ocurre que muchos de quienes ya se encuentran capacitados en una u otra ocupación, no saben por donde empezar y desconocen las técnicas y medios de cómo se desarrollan sus labores tal y cual son empleadas en este país, para poder así, hacerles dar el rendimiento apropidado.

Para estos individuos en particular, un breve curso de reentrenamiento, no solamente les refresca sus conocimientos, sino que también les pondrá al dia en su ocupación y en el sistema aplicable en este país, lo cual les indicará exactamente cómo y por dónde empezar. En una infinidad de casos, este simple detalle significa la enorme diferencia que existe entre quedarse atascado por años en un empleo mediocre, o poder salir adelante rápidamente por sus propios medios.

b) Existen millares de extranjeros que por tener asuntos pendientes con el Servicio de Inmigración y Naturalización no les está permitido temporalmente, ni trabajar, ni tampoco matricularse en instituciones de enseñanza.

Pero ocurre entonces, que muchos de ellos inteligentemente saben aprovechar ese tiempo de espera, para estudiar por este medio y desde su propia casa la ocupación de su preferencia. Capacitación con la cual, después de haber resuelto su situación, van a encontrarse ya preparados para defenderse competitivamente en el campo que hayan seleccionado, e inclusive, para montar un ***homebased business*** que les va a permitir trabajar por su propia cuenta.

c) Este medio alternativo de autocapacitación, se hace inclusive más fácil para inmigrantes de habla hispana, puesto que también existen reconocidad casas de estudios por correspondencia, que ofrecen cursos totalmente en Español. Entre ellos se encuentra una gran variedad de ocupaciones independientes, como muchas las que forman parte del tema central de este libro. En consecuencia, ello indica que por lo menos para empezar, la barrera del idioma no constituye un mayor obstáculo a este respecto.

CURSOS DISPONIBLES

Aunque existen más de 300 cursos disponibles a través de este sistema, la siguiente es tan solo una lista parcial de lo que en la actualidad tienen mayor demanda:

- Audio/electrónica
- Mecánica automotriz
- Reparación de televisores
- Reparación de VCR's
- Refrigeración/aire acondicionado
- Decoración de interiores
- Reparación de armas de fuego
- Mecánicos de motocicletas
- Sistemas electrónicos de seguridad
- Contabilidad
- Administración de negocios
- Mecánica Diesel
- Música electrónica
- Programación de computadoras
- Afinación de motores
- Carpintería
- Cerrajería
- Soldadura
- Fotografía
- *Videography*
- Técnicos de radares
- *Robotics*

- Dibujo
- Veterinaria
- Agentes de viajes

- *Desktop Publishing*
- Contaduría
- Serigrafía

Información más a fondo sobre cada ocupación en particular, podrá ser solicitada enviando una breve nota a las correspondientes instituciones que también aparecen en *infosources* del capítulo anterior. Gratuitamente y sin ningún compromiso, a vuelta de correo usted recibirá *brochures* que con lujo de detalle le explicarán las ventajas y procedimientos de cada ocupación seleccionada.

Principales instituciones estadounidenses especializadas en cursos de *Home Study* para autocapacitarse en casa

Las firmas que a continuación aparecen son las más reconocidas y prestigiosas empresas especializadas en suministrar un extenso número de cursos por correspondencia. Su trayectoria y reputación les hace líderes en el campo del *home study* en todo el país:

NRI SCHOOLS/CONTINUING EDUCATION CENTER
3939 Wisconsin Avenue NW
Washington, D.C. 20016

INTERNATIONAL
CORRESPONDENCE SCHOOLS
925 Oak Street
Scranton PA. 18515

FOLEY BELSAW INSTITUTE
Field building
Kansas City Mo. 64111

•

HEMPHILL SCHOOLS (español)
1543 W. Olympics Bd.
Los Angeles, California 90015

•

NATIONAL SCHOOLS (español)
4000 S. Figuer St.
Los Angeles, California 90037

Cada una de estas instituciones cuenta con un variado número de cursos disponibles por correo, los cuales son explicados en sus muy bien ilustrados catálogos.
Dado el caso de no encontrar los estudios de autocapacitación correspondientes a una determnada ocupación que no aparezca en ninguna de sus listas, debido a que tal vez sea poco común, usted podrá solicitar esa información, dirigiéndose directamente al *National Home Study Council,* que cuenta con una membrecía de 125 instituciones acreditadas y especializadas en el sistema *home study.*

NATIONAL HOME STUDY COUNCIL
Directory of Accredited Home Study Schools
1601, 18th. Street NW
Washington, D.C. 20009

De tal manera que, para quienes desean estudiar y capacitarse en una ocupación útil y lucrativa, pero que solo cuenta con poco tiempo y escaso dinero, o que tienen otros problemas que no les permiten trabajar y estudiar al mismo tiempo, el sistema de *home study* será la solución más lógica y apropiada en este caso.

2) VOCATIONAL EDUCATION

Este es uno de los más razonables y prácticos sistemas de capacitación que existen en todos los estados de la Unión Norteamericana. De acuerdo a una serie de estudios y análisis comparativos, he logrado ciertamente establecer de que: aunque la educación vocacional es muy conocida y popular en muchos otros países, cierto es de que existen marcadas diferencias entre unos y otros. En Estados Unidos no solamente sobresale lo práctico y bien organizado de este sistema, sino también la disponibilidad de becas y otros tipos de ayuda financiera con que cuenta el pueblo en este sentido, muy en particular para aquellas personas de escasos recursos económicos.

En términos generales y dentro de este sistema, el aprendizaje de una ocupación es considerada vocacional, cuando ella no depende de grados académicos avanzados.

PRINCIPALES CARACTERISTIACAS DEL SISTEMA VOCACIONAL

Las características más sobresalientes de este sistema de aprendizaje, consisten principalmente en que:

a) Sus planes o esquemas de estudio no solamente están diseñados para preparar a individuos jóvenes, sino también a personas mayores que debido a la cambiante situación laboral, necesitan reentrenarse para adquirir nuevos conocimientos y poder así, avanzar en otras áreas relacionadas con su ocupación.

b) En casi todos los planteles donde se imparten cursos vocacionales, existe la flexibilidad de contar con horarios diurnos y nocturnos; e inclusive, en algunas áreas se imparten clases los fines de semana solamente.

Tales facilidades representan una excelente ventaja, que evita la interferencia con el trabajo u otros asunos prioritarios, lo cual constituye uno de los más grandes y comunes problemas con que cuenta una gran mayoría de inmigrantes, que deseosos de progresar, intentan trabajar y estudiar al mismo tiempo, pero se encuentran con tantas interferencias, que terminan teniendo que abandonar abruptamente sus estudios.

c) Sus cursos están enfocados única y exclusivamente en la ocupación que el mismo alumno ha seleccionado para capacitarse, sin tener que perder el tiempo estudiando asignaturas u otras materias realmente innecesarias.

d) Un curso vocacional cualquiera que sea, le sirve al estudiante como ***springboard to inmediate employment.*** Es decir que, le permite a la persona una vez capacitada, ingresar a un mejor nivel de la fuerza laboral, o trabajar por su propia cuenta de manera competente, en el campo que se haya capacitado.

e) La gran variedad de programas y materias disponibles que existen, le permiten ampliamente al estudiante, escoger el curso y ocupación que mejor se preste a sus capacidades, y con la cual tenga más posibilidades de lograr lo que se proponga.

f) En la mayoría de los programas de estudio, el término medio para cursar una materia ocupacional oscila entre uno y tres semestres.

g) Por tratarse de instituciones docentes que son subsidiadas con fondos públicos, sus costos son en comparación, mucho más bajos de lo que cuestan otros programas similares ofrecidos por planteles privados. Los textos, herramientas y el equipo que se haga necesario, son obtenibles a un costo nominal, que va de acuerdo al sitio de enseñanza y a la materia que se va a estudiar.

h) En determinadas materias u oficios, una vez que el estudiante ha alcanzado cierto nivel de conocimientos, podrá empezar a hacer trabajos independientemente, aun antes de haberse graduado. Lógicamente, esto le ayudará a mantenerse y costearse el resto de su mismos estudios.

i) Según sean los ingresos anuales, y de acuerdo a la situación económica del estudiante, éste podrá recibir asistencia financiera que cubre en gran parte el costo de su programa de aprendizaje.

Punto por punto, toda esta serie de ventajas y características, permite que el sistema de Educación Vocacional, sea uno de los medios más prácticos, rápidos y recomendables de capacitación a nivel ocupacional que existen en todo el territorio norteamericano.

La siguiente es apenas una muestra parcial, como ejemplo de algunas ocupaciones agrupadas en el sistema de *vocational education,* y que en la actualidad gozan de gran crecimiento y demanda:

- Arte gráfico comercial
- Reparación de computadoras*
- Mecánica automotriz*
- Mecánica Diesel

- Técnicos en reparación de motores*
- Refrigeración y aire acondicionado*
- Asistentes médicos y técnicos de laboratorio

- Electricistas*
- Técnicos en electrónica*
- Contabilidad*
- Cosmetología
- Agentes de viajes

- Fotografía comercial*
- Manejo y administración de negocios
- Mercadotecnia/Publicidad
- Producción de radio y televisión
- Construcción*

Nota: *el asterisco que aparece al pie de cada materia, indica que se trata de ocupaciones que pueden trabajarse independientemente, y por consiguiente son explicadas de manera detallada en el capítulo anterior.*

A DONDE ACUDIR: Diríjase primero que todo, al departamento de *jobs/careers*, de la principal Biblioteca Pública, o llame al Distrito local de Educación, para información acerca de Colegios Comunitarios, *high schools* y *junior colleges*. También podrá llamar al *State Department of Education*, ya que estas dependencias también cuentan con sus propios programas de capacitación vocacional a nivel estatal; sistema que en ciertas regiones del país se le conoce como: *Occupational Education.*

Es importante destacar que: aún dentro de una misma ciudad, los programas y el número de materias varían entre sí, puesto que cada plantel escucha a las necesidades educativas de su respectiva región. Además, no todas las instalaciones tienen las mismas capacidades. Todos estos últimos detalles, apuntan a que si usted no encuentra cerca de su casa la materia que realmente más le interesa aprender, deberá entonces buscar en otros sectores de la ciudad o tal vez, en otras comunidades vecinas.

3) *ADULT CONTINUING EDUCATION*

Como corresponde a su traducción, la Educación Continua para Adultos, consiste en un sistema que es muy popular y de gran utilidad en diferentes campos del aprendizaje. Por cierto, se trata de un sistema de mucha demanda en estos tiempos cambiantes por los que se encuentra atravesando la sociedad norteamericana, los cuales obligan a la adaptación y seguimiento de nuevos sistemas tecnológicos, como también al reentrenamiento en muchos otros campos laborales de la industria y el comercio.

La Educación Continua abarca una inmensidad de ocupaciones y sirve un variado número de propósitos. Además, tiene mucha similitud con los programas vocacionales, tanto que son clases que se imparten en los mismos recintos, como lo son **high schools, community colleges, junior colleges** e inclusive, en una gran mayoría de prestigiosas universidades.

Como cada serie de cursos tiene sus determinados propósitos y objetivos para personas mayores de 18 años en adelante, estos programas no están sujetos a ningún curriculum o formato especial. Por lo tanto, la manera de cómo se imparten tales cursos puede variar de una región a otra, como también de plantel a plantel. No obstante, por regla general este vasto y útil sistema de aprendizaje continuo, puede clasificarse en dos principales categorías, a saber: **a)** *Higher continuing education* y **b)** *Adult continuing education.*

a) *Higher Continuing Education,* consite en que la gran mayoría de las universidades y otras instituciones docentes de alta educación, cuentan con este tipo de programas, por medio de los cuales se imparten cursos a sus ex-alumnos, y otras personas interesadas en continuar ampliando sus conocimientos para ponerse al día, más que todo en ocupaciones relacionadas con la alta tecnología, en donde con regular frecuencia están apareciendo nuevas técnicas y procedimientios. Por ejemplo, para un cardiólogo, es supremamente importante estar al corriente de los últimos acontecimientos relacionados con su ocupación.

b) *Adult Continuing Education.* La educación continua para adultos, es aquella impartida generalmente por medio de los *public high schools* y los *community colleges,* a personas de cualquier raza, sexo y origen que estén dispuestos a aprender cualquiera de los cursos disponibles, tanto para capacitarse o ampliar sus conocimientos en un determinado campo que produzca remuneración. O también, simplemente por tener la satisfacción personal de aprender algo nuevo y útil, como suele ocurrir con muchos *hobbies* que se pueden aprender a través de este sistema. Por ejemplo, de la misma manera que una persona puede aprender a manejar una computadora o una cámara de video, otra podrá aprender a cocinar un plato típico de algún país, o participar en cursos aeróbicos, o también instruirse con un curso de Yoga para relajarse.
Por tratarse de ser enseñanza pública y abierta, los cursos impartidos por esete sistema de *adult-ed.* como también se le conoce, varían ampliamente entre un plantel y otro. Su popularidad se debe no solamente a sus razonables costos y a su flexibilidad de horarios diurnos, nocturnos y *weekends,* sino también de que para matricularse y participar en ellos, en la gran mayoría de los casos no se requieren exámenes de admisión.
En tal virtud, esta es otra excelente oportunidad que se encuentra al alcance de cualquier persona que quiera apren-

der una de tantas ocupaciones que se enseñan por medio de este sistema en todo el país, dentro de las cuales también se encuentran algunas que pertenecern al grupo de Educación Vocacional. Veamos como ejemplo algunas de las más populares:

- Introducción al manejo de computadoras.
- Artes gráficas.
- Fotografía.
- Videografía.
- Contabilidad.
- Decoración de interiores.
- Pintura.
- Artesanías.
- Aeróbicos.
- **ESOL**. *(English for students of other languages)*
- **GED**. *(General education development)*

Y muchas otras más, que son ofrecidas de acuerdo a los esquemas y programas de cada plantel en particular.

ESOL: PRIMER PASO CONTRA LA BARRERA DEL IDIOMA

Para los inmigrantes de habla hispana, este es uno de los más valiosos beneficios que pueden obtener mediante dichos programas educativos.

Estos cursos de inglés para estudiantes que hablan otra lengua diferente, son el sistema más práctico y económico que existe en Estados Unidos para aprender el idioma, puesto que se trata de un método oficial de enseñanza, diseñado especialmente para estudiantes extranjeros, el cual se puede empezar directamente en cualquiera de sus niveles correspondientes. Es decir, que se dictan diferentes cursos especiales, para estudiantes principiantes, intermedios y avanzados. Ello representa en este caso, un factor supremamente importante, puesto que de lo contrario sabiendo un idioma a medias, solo a medias se va a poder capacitar en otros campos.

La bien planeada estructura de este sistema de aprendizaje, hace más fácil superar ese temeroso "complejo" que una lengua extranjera parece inyectar a quienes por primera vez, desean aventurarse a realizar el sueño de progresar en una nación extraña y difícil al principio.

Con este magnífico sistema, cuya enseñanza es gratuita en todos los colegios públicos del país, usted bien podrá aprender el inglés, *slowly, but surely.*

COMO TERMINAR EL *HIGH SCHOOL* EN MENOS DE 6 MESES

No muchos inmigrantes deseosos de estudiar en Estados Unidos saben que sí es posible, cursar la escuela secundaria en menos de un semestre y gratuitamente.

Para ello, existe el programa de *General Education Development* o *GED,* que como corresponde a su traducción, representa un curso de desarrollo educativo en general. Se trata de un método oficial de estudios que otorga un certificado o diploma de equivalencia a lo que en Estados Unidos se conoce como *high school,* o escuela secundaria, lo cual normalmente requiere de 3 años consecutivos de estudios. Una de las mejores ventajas de este sistema reducido de aprendizaje, es que solo consta de 5 materias básicas abreviadas, las cuales, de acuerdo al empeño del alumno pueden ser estudiadas y presentadas en menos de 6 meses. De ahí que sea un medio, al cual se le reconoce como una muy buena oportunidad educacional, especialmente para aquellas personas que no quieren perder mucho tiempo con su educación básica.

Por tales razones es que miles de **drop-outs,** que por una u otra circunstancia se ven obligados a abandonar el curso normal de sus estudios, luego recapacitan y se dan cuenta de esa alternataiva, la cual les brinda nuevamente la oportunidad de recuperar en poco tiempo, los estudios necesarios para continuar adelante e inclusive para tener acceso a algunas carreras universitarias.

Ocurre también de que muchas otras personas que nunca terminaron su **high school,** ya como adultos, inteligentemente prefieren ahorrarse todo ese tiempo que normalmente se requiere para hacerlo, e invertirlo mejor en un curso de **GED,** lo cual les va a permitir en un tiempo más corto, empezar a capacitarse en cualquiera de las principales materias perteneciences al grupo vocacional. Estudios que en un promedio de 6 a 18 meses les van a capacitar para trabajar profesionalmente en la ocupación que hayan elegido, como puede ser una de las muchas que aparecen en el capítulo anterior. Por ejemplo, una persona emprendedora que a los 19 años de edad empieza sus estudios vocacionales de Mecánico Automotor, a los 25 o 26 años ya podrá ser propietario de un taller que le produzca más dinero de lo que un mismo médico o ingeniero pueda ganar. No hay que olvidar que la gran mayoría de médicos son empleados de hospitales; mientras que un propietario de un taller de mecánica bien establecido y con buena reputación, es un individuo independiente, dueño y señor de su propio tiempo y de todas las ganancias que su negocio pueda producir.

4) *APPRENTICESHIPS*

La lista de norteamericanos famosos que se valieron de este sistema para aprender una ocupación, la encabeza Benjamín Franklin, quien aprendió de esta manera a trabajar la imprenta.

Ello no solamente indica que este ha sido para los anglosajones un medio tradicional de capacitación laboral, que data desde aquellos tiempos históricos en que los *founding fathers* presenciaban el nacimiento de esta gran nación, sino que también se trata de otra manera más de aprendizaje sistemátaico que suele producir resultados positivos.

Marcada diferencia. Trabajar en calidad de *apprentice,* no es lo mismo que ser simplemente empleado. Es inmensa la diferencia que existe entre un empleado común y corriente, a un empleado que bajo un arreglo por escrito tiene la opción de ser capacitado en su mismo lugar de trabajo, con el fin de avanzar escalonadamente. Es decir, que se trata de aprendices en vía de capacitación, y por lo tanto, gozan de un trato diferente al de un empleado ya capacitado.

De mutuo beneficio. Tal relación laboral que existe entre un empleado en calidad de aprendiz y su empleador en calidad de "maestro", durante la cual, el primero se compromete por escrito a aprender, y el segundo a enseñar durante un tiempo específico todo lo relacionado con la ocupación o trabajo a desempeñar, resulta ser de mucho beneficio para ambas partes.

Generalmente se sigue un plan que cubre todos los aspectos técnicos y teóricos de la ocupación, y se elaboran frecuentes reportes sobre el progreso del aprendiz, acerca de los diferentes procesos requeridos y relacionados con el desarrollo de las correspondientes labores. Por ejemplo, un aprendiz de mecánica automotriz, deberá aprener en un tiempo específico, como usar debidamente las principales herramientas y equipo de chequeo, como diagnosticar fallas, cómo reparar los frenos, o cambiar un sistema de escape; conocer las concernientes medidas de precaución y mantener las áreas de trabajo limpias y seguras.

Aunque no toda empresa mantiene programas de *apprinteceships,* sin embargo si es numerosa la gran variedad de ellas, particularmente las de la construcción, que fomentan y patrocinan de manera sistemática este antiguo y práctico medio de capacitación laboral. Tanto que de acuerdo al tipo de ocupación, cuando se hace necesario alguna serie de instrucciones técnicas o teóricas que requieren tomar clases en una institución docente, la misma empresa envía al aprendiz, con tiempo pago, a hacer los respectivos cursos y luego le reembolsa el costo total de dichos estudios.

Más que todo, cuando la economía del país marcha en óptimas condiciones y la demanda laboral así lo exige, es cuando más abundan oportunidades de capacitación por este medio. Desde poderosas empresas y compañías, hasta negocios de tamaño medio suelen depender bastante de este sistema, ya que fuera de que es muy práctico, también lo es de mutuo beneficio, puesto que mientras el empleado se encuentra aprendiento y avanzando a cambio de un sueldo, el empresario aumenta su rendimiento, a cambio de los conocimientos y productividad que un empleado capacitado debidamente puede aportarle a su empresa.

REGULACIONES DEL GOBIERNO FEDERAL PARA LOS PROGRAMAS DE *APPRENTICESHIPS*

Para regular de manera justa y organizada tales procedimientos, el *US Department of Labor* de los Estados Unidos, tiene establecidas las siguientes normas, para las empresas que deseen ofrecer programas de esta índole:

* El empleado-aprendiz deberá ser mayor de 18 años.

* El personal a capacitar, deberá seleccionarse en base a sus capacidades personales, buen estado físico y con habilidad para aprender y seguir instrucciones.

* Aunque alguna experiencia ya adquirida en la ocupación constituye una ventaja, no deberá ser requisito esencial para participar.

* Ofrecer igualdad de oportunidades laborales, contratando personal de manera indiscriminada.

* Estructurar un plan de instrucción lógica, para que el aprendiz pueda recibir su debido entrenamiento de una manera organizada y que conduzca a adquirir así la experiencia necesaria.

* Completar un periodo específico de instrucción, tanto en lo teórico, como también en lo práctico.

* Proveer instalaciones adecuadas, a la vez que supervisar e instruir a nivel competente.

* Realizar periódicamente evaluaciones de progreso y mantener records relacionados.

* Mantener estrecha relación, comunicación y cooperación entre ambas partes.

* Dar reconocimiento de aprobación, en cada una de las etapas o niveles superados.

* Conceder aumentos frecuentes de sueldo equitativo, de acuerdo al esfuerzo y progreso del aprendiz.

La práctica y observación de las normas anteriores, han hecho de que hoy en día, este medio sirva como escenario de capacitación laboral, a todo un sistema que abarca más de 400 títulos ocupacionales y dentro de los cuales más se destacan por su mayor demanda e interés, los de algunas nuevas carreras técnicas y de la construcción.

PRINCIPALES VENTAJAS Y CARACTERISTICAS DE ESTE SISTEMA

- Aun sin contar con ninguna experiencia al principio, el aprendiz tiene la gran oportunidad de irse capacitando gradualmente, mientras que a la vez cuenta con un trabajo fijo.
- Se percibe un sueldo, a la vez que se está recibiendo capacitación profesional, lo cual conlleva a la adquisición de los conocimientos necesarios y de la debida experiencia en una carrera u ocupación útil.
- Se tiene derecho a seguros médicos, vacaciones y otros beneficios que la empresa ofrece a todo su personal.
- El sueldo va aumentando, a medida que van aumentando los conocimientos.
- Generalmente la capacitación y enseñanza requerida, se recibe por parte de los mismos *co-workers* o compañeros ya capacitados, y bajo la supervisión de un *manager* o jefe con mayor experiencia.
- Según el tipo de ocupación y cuando las circunstancias así lo exijan, el aprendiz será enviado a tomar cursos adicionales, con tiempo libre y gastos pagados.
- La empresa se somete a tolerar moderadamente, los muchos errores que lógicamente el aprendiz habrá de cometer durante su proceso inicial de capacitación.

• Una vez cumplido con el tiempo convenido de capacitación, el empleado queda libre y sin ningún compromiso, para trabajar por su propia cuenta (siempre y cuando se trate de una ocupación que se preste para ello).

Es de vital importancia subrayar a este respecto lo siguiente: no todas las ocupaciones que se pueden aprender por este medio, se prestan para trabajar independientemente. De ahí que este sea un factor muy importante a tener en cuenta, antes de seleccionar un empleo u ocupación a la cual usted se va a dedicar permanentemente.

MAS ALLA DE UN SIMPLE EMPLEO, PUEDE ESTAR ESCONDIDO UN MEJOR FUTURO

Habiendo seguido cabalmente un programa de *apprenticeship* y encontrándose ya capacitado en una ocupación que le permita trabajar independientemente, y de manera competente, usted no deberá caer en el conformismo, sino más bien, procurar seguir saliendo adelante, y hacer una concienzuda evaluación para decidir sobre su futuro en la empresa que le capacito, y continuar trabajando ahí, o tratar de empezar a trabajar por su propia cuenta. Para ello, deberá de tomar en consideración principalmente, no el sueldo que se encuentre ganando en la actualidad, ni tampoco los beneficios a corto plazo que esté recibiendo temporalmente, sino más bien la independiencia, las ventajas y los beneficios a largo plazo que resultan y se obtienen al trabajar por cuenta propia.

Tenga también muy en cuenta que: como todo empleado bien lo sabe, la *security,* o "seguridad" de un buen empleo, con mucha facilidad puede desaparecer de la noche a la mañana; y por consiguiente, quedar nuevamente en la calle batallando por conseguir un nuevo empleo. Los *lay-offs* de las empresas, son una de las peores amenazas para quienes trabajan como empleados, y es algo que a diario está ocurriendo.

De tal manera mi estimado amigo emprendedor, que la moraleja en este caso es muy clara: presentándose una de dichas oportunidades, lo mejor es capacaitarse por este medio en una ocupación que más tarde le permita trabajar independientemente, y una vez que cumpla con su compromiso, empiece a hacerlo por su propia cuenta. A largo plazo, esa va a ser una decisión que le va a llenar de mucha satisfacción.

Dónde acudir: Información a este respecto, se podrá obtener por medio de las entidades relacionadas con cada correspondiente ocupación, como lo son por ejemplo:

— Uniones laborales del ramo.
— Asociaciones de cada correspondiente industria.
— Oficinas locales de empleo.
— Departamento de *Jobs/Careers* en las bibliotecas públicas.
—Bureau of Apprenticeships and Training, de cada Estado.
—U.S. Department of Labor.

ASISTENCIA ECONOMICA PARA ESTUDIOS Y CAPACITACION

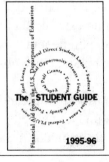

The **STUDENT GUIDE**
1995-96

"THE STUDENT GUIDE" es una guía gratuita publicada anualmente por el *U.S. Departmente of Education.* En ella se describen ampliamente todos los principales medios existentes de ayuda financiera para personas con necesidad de capacitación, y estudiantes que andan en busca de prestamos, becas, y *grants* y otros medios económicos provenientes de fondos del gobierno Federal de los Estados Unidos. De mucho interés son los programas especiales para estudiantes de escasos recursos económicos.

Se encuentra disponible en las bibliotecas públicas, o contactando al *U.S. Dep. of Education.*

5) *SEMINARS/WORKSHOPS*

Capacitación y aprendizaje no solamente viene en forma de *home study,* Educación Vocacional, trimestres, semestres, etc. También existen los populares Seminarios y Talleres de trabajo, para continuar expandiendo conocimientos una vez ya se está envuelto en una determinada ocupación.

Estos son eventos informativos, a la vez que educacionales, en donde se exponen temas de mucha importancia para bien de sus interesados. Generalmente son encabezados por empresarios, administradores y expertos en distintas áreas de la materia a discutir. A manera de conferencia, o *forum* presentan importante información relacionada con el ramo u ocupación a la cual se dedican.

Una de las mejores ventajas aquí presentes, es de que en la discusión de temas, la audiencia puede intervenir y hacer las preguntas que más estime conveniente, con respecto a su negocio o campo ocupacional al cual se dedican, como también a otros temas asociados, según el fin que tenga cada seminario.

La duración de estos educativos eventos, en donde hay mucho que aprender, puede fluctuar entre un día o inclusive un fin de semana, según sea la agenda de cursos o tópicos a desarrollar.

EJEMPLOS DE IMPORTANTES SEMINARIOS EN NUESTRO CASO PARTICULAR

Los *trade shows,* son los eventos de mayor importancia profesional para empresarios, comerciantes y propietarios de negocios grandes y pequeños. Y precisamente, los seminarios que en tales eventos se realizan, son la parte educativa e informativa de más valor que pueda tener casi todo **trade show** de importancia. Ello tiene su razón de ser así, puesto que a tales acontecimientos asiste toda clase de expertos y destacadas personalidades que se encuentran al tanto del pulso de lo que está ocurriendo y va a ocurrir en sus respectivos campos; entonces también aprovechan la oportunidad para dictar seminarios y darle a concer al público asistente esa tan importante información.

Con regular frecuencia, las grandes corporaciones que fabrican aparatos de mayor venta, también ofrecen seminarios gratuitos con el objeto de promover e informar al público, acerca de sus nuevos productos y sus aplicaciones en el mercado.

En este renglón se destacan principalmente, los seminarios que son ofrecidos por las casas fabricantes de computadoras y otras herramientas electrónicas que mucho tienen que ver con casi todo tipo de negocios, puesto que en tales eventos informativos se obtienen conocimientos e información al día, en áreas que constantemente están cambiando.

Por tales razones, no importa cuantas veces usted asista a uno de tales seminarios, siempre va a encontrar algo nuevo e importante que aprender.

Más aún. De suprema importancia y algo que ninguna persona que esté pensando en trabajar por cuenta propia puede dejar pasar por alto, son los seminarios que dictan en todo el país la **Small Business Administration (SBA),** que es la entidad oficial del gobierno, encargada de informar y ayudar a progresar a toda persona o negocio pequeño que solicite su ayuda y asistencia. Estos seminarios que en su mayoría son gratuitos o a muy bajo costo, consisten en conferencias especializadas, no solamente en información acerca de cómo montar, manejar y administrar una empresa, sino también cómo solicitar ayuda financiera al Gobierno Federal con el fin de financiar un negocio pequeño.

WORKSHOPS

Los **workshops** o "talleres" de trabajo, tienen objetivos y características similares a las de los seminarios. Pero una de las principales diferencias, es que son para grupos más pequeños, y su tiempo se divide generalmente en dos segmentos: uno para teoría e instrucciones, y el otro para práctica y ejercicios. Es decir que, primero se presenta la lectura y discusión del tema, y luego vienen ejercicios prácticos o tareas.

De singular importancia, son los **workshops** gratuitos que auspician en todos los Estados Unidos, el ***Internal Revenue Service***. Se trata de talleres que son de vital interés, y muy importantes para capacitarse en asuntos de impuestos, por la sencilla razón de que allí se pueden aprender regulaciones básicas y métodos apropiados para estar en capacidad de elaborar correctamente declaraciones fiscales. De hecho, este es un factor muy importante, porque no solamente concierne a todo negociante, sino también a toda persona que se encuentre ganando dinero de una u otra forma. De ahí se desprende que cualquier persona interesada en abrir su negocio y manejar sus propias cuentas, para su mismo beneficio, deberá de asistir a estos talleres, ya que ello no solamente le va a ahorrar dinero en su declaración de impuestos, sino que posiblemente, también le va a prevenir contra costosos errores de esta naturaleza en el futuro.

OPORTUNIDADES RELACIONADAS QUE
SALTAN A LA VISTA

Decenas de personas que les gusta trabajara con números, saben aprovechar estas oportunidades que vierten de dichos *workshops,* para empezar a capacitarse gratuitamente y aprender lo suficiente en el campo de los impuestos, puesto que como ya se explicó en el tema de los *tax preparers,* también se trata de otra lucrataiva actividad laboral que puede convertirse fácilmente en una ocupación permanente, la cual no solo tiene un amplio campo de acción y muchas posibilidades de avance dentro del mismo, sino que también permite ser trabajada independientemente.

Así pues que, bien sea lo uno u lo otro, no hay que descartar las oportunidades que ofrecen los *workshops* y muy especialmente los *seminars,* puesto que en primer lugar, constituyen exelentes fuentes para adquirir nuevos y valiosos conocimientos. Y en segundo lugar, para conocer personas y establecer importantes contactos que mañana podrán ser de bastante utilidad, tanto para usted amigo emprendedor, como también para su mismo negocio.

Información: La principal fuente de información, acerca de fechas y lugares en todo el país donde se va a realizar uno u otro evento de tal naturaleza, son las *trade magazines* de cada respectiva industria u ocupación. Una gran mayoría de tales publicaciones, se encuentran disponibles en la sección o departamento de *business/trade publications* de las principales bibliotecas públicas norteamericanas.

6) *DOING WHAT YOU LOVE TO DO BEST*

No existe cosa más fácil de aprender en esta vida, que lo que realmente a uno más le gusta hacer. Ello se debe principalmente a que existe motivación propia, y sin duda alguna que en donde hay motivación también hay empeño. Indiscutiblemente que tal raciocinio, lógicamente nos vuelve a llevar al tema de los *hobbies.*

En tal virtud, tomar primero una ocupación como pasatiempo, es uno de los medios que mejor se prestan, para gradualmente ir conociéndola más a fondo, y como consecuencia, con el tiempo se podrá llegar a tener un buen dominio de ella para explotarla a su manera.

Este es uno de los principales motivos por los cuales, miles de norteamericanos suelen convertir sus pasatiempos favoritos en fuentes permanentes de ingresos. Aunque hay muchos que solamente lo hacen de manera *part-time* para suplementar sus ingresos, también hay otros que lo hacen *full-time,* montando un negocio propio, al cual se entregan de lleno todo el tiempo.

Por tales razones, como ya lo vimos al final del capítulo anterior, es más que recomendable saber seleccionar inteligentemente un *hobby,* que no solamente proporcione satisfacción personal, sino que también se preste más tarde para convertirlo en una misma carrera o lucrativa ocupación, como lo hacen anualmente miles de emprendedores estadounidenses.

Claro está que un *hobby* tampoco es una manera rápida de capacitación en una determinada labor, ni mucho menos para hacerse rico de la noche a la mañana. Pero cierto si es que con un tiempo razonable, podrá conducir a uno u otro fin, y tal vez con mejores resultados.

Ejemplo patético de esto, es que ya no es nada raro oír acerca de **hobbies** relacionados con las computadoras, que han producido grandes fortunas a emprendedoras personas que empezaron de esta manera.

Es importante tener muy en cuenta que muchos **hobbies** no son más que una verdadera pérdida de tiempo, no obstante, también hay muchos otros que no solamente poseen un gran potencial ocupacional, sino que al mismo tiempo se prestan como bases para montar lucrativos negocios. Por ejemplo, en cierta ocasión conocí al propietario de una concurrida tienda de aeromodelismo que vendía e importaba pequeños modelos de aviones, motores y otros accesorios para este **hobby,** el cual goza de mucha popularidad en Estados Unidos. Pero lo que me pareció curioso en este caso, es de que dicho propietario y aeromodelista es un odontólogo que después de su graduación, sólo ejerció su profesión durante dos años, pues decidió mejor abandonarla, para poderse dedicar a lo que verdaderamente más le gustaba hacer.

La siguiente es una lista parcial de los **hobbies** más populares comercialmente y con mayor potencial lucrativo:

- Aeromodelismo
- Carpintería
- Cocina
- Computadoras (varios renglones)
- ***Disc Jockeys***
- Dibujo
- Electrónica
- Armas de fuego (reparación)
- ***Handcrafts***

- Jardinería
- Motociclismo (reparación)
- Fotografía
- Programación
- Serigrafía
- Taxidermista
- Videografía
- Filatelia
- Numismática
- Caza

Muchos de estos **hobbies** y otros que no aparecen en la lista, son tema o material de aprendizaje disponible a través de programas vocacionales y muy particularmente de **adult continuing education** que son impartidos como cursos libres en la mayoría de los **community colleges**, u otros colegios públicos. Esto es algo que usted podrá consultar en dichas institucines públicas de la ciudad en donde se encuentra viviendo.

Por último, es de subrayar que un **hobby,** tanto musical, como deportivo o de cualquier otra naturaleza, también puede ser un excelente medio para "probar" interesantes labores u ocupaciones que son poco conocidas, pero que tal vez resulten ser de placentero agrado para quienes les dediquen algún tiempo con el fin de explorarlas. En la vida suelen aparecer sorpresas donde uno menos pensaba encontrarlas.

7) *A JOB WITH DOUBLE PURPOSE*

Aunque el principal propósito de este libro, es el de lograr que usted mi estimado amigo emprendedor pueda ser independiente y trabaje por su propia cuenta en el país de las grandes oportunidades, no obstante es lógico reconocer de que cada regla tiene su excepción y cada excepción tiene su razón de ser.

En este caso, la razón es más que simple: como lo es bien sabido, no todos los inmigrantes que llegan a este país en busca de un mejor futuro tienen la facilidad de invertir suficiente tiempo y dinero, para empezar como quisieran desde un principio.

Por lo tanto, hay que empezar por algún lado, haciéndose necesrio tomar alternativas que aunque no sean nada buenas, por lo menos si seán rápidas, puesto que hay que comer y tener donde descansar. Y desafortunadamente por falta de información y otras circunstancias, la más razonable de esas alternativas para millares de extranjeros, es buscar un trabajo cualquiera que sea, y colocarse como empleado en lo primero que resulte, sin importar el grado de preparación, ni los conocimientos con que se cuente.

Por supuesto, para una gran mayoría de personas, el único propósito de trabajar como empleado, es simplemente el de ganarse la vida aunque sea mediocremente y con eso se conforman.

Pero ocurre que también hay otras personas de iniciativa propia y nada conformistas, que sabiendo usar la cabeza van mucho más allá de ello. Por lo que su segundo o doble propósito, es el de trabajar en un lugar que les permita aprender algo que en realidad les va a gustar hacer para salir adelante y ganarse la vida a su manera.

Estas son personas con instintos emprendedores, que saben y se han propuesto a que esa desagradable situación de tener que trabajar como empleado para otros va a ser nada más y nada menos una circunstancia temporal. Sólo va a ser una situación transitoria mientras se organizan y encuentran un empleo, que aunque van a ganar menos dinero del que esperaban, por lo menos les va a permitir empezar a lograr sus propósitos ya calculados en un plan.

Aquello de un buen sueldo, pero un mal trabajo, tiene posteriormente desagradables consecuencias, de las cuales muchos tienen que arrepentirse más tarde cuando se ven en la calle víctimas de un *lay-off,* o de un despido sin ninguna explicación.

De hecho entonces, es de vital importancia, saber buscar desde el principio un trabajo el cual le proporcione al empleado, la oportunidad de capacitarse allí mismo, aprendiendo una labor útil y con futuro. Lo ideal en este caso entonces, es buscar un trabajo en una empresa que sí ofresca programas de *apprenticeships* a sus empleados, y que a la vez sea una ocupación que permita trabajar independientemente.

De tal manera que, trabajar simplemente de empleado, pero siempre con el propósito en mente, de capacitarse en una ocupación flexible que más tarde les ha permitido trabajar independientemente, ha sido una de las más inteligentes alternativas de adiestramiento, por la cual muchos inmigrantes han optado desde un principio, y que por cierto les ha dado satisfactorios resultados a largo plazo.

Aunque al principio se vieron sujetos a sueldos mediocres, e inclusive a numerosas humillaciones y decepciones como las que se reciben cuando se trabaja de empleado, fue a sabiendas de que más tarde iban a tener la oportunidad de aplicar y usar esos mismos conocimientos allí adquiridos, con el fin de que de manera positiva funcionaran a su favor y de acuerdo a sus propios planes. Bien han sabido esas personas emprendedoras, que la única forma de salir adelante económicamente en los Estados Unidos, es trabajando por cuenta propia.

After all, hay que reconocer de que quienes trabajan como empleados, pero siempre con el firme propósito en mente de independizarse cuando mejor les sea posible, no están perdiendo el tiempo ni se están dejando "usar", sino que más bien por el contrario, están usando inteligentemente sus empleos como escuela. Una escuela que les va a permitir adquirir suficientes conocimientos, los cuales de mucho les va a servir para que se defiendan con mayor facilidad y por su propia cuenta en el futuro.

Es decir, en pocas palabras, que en las únicas circunstancias que vale la pena trabajar como empleado, es cuando se va a tener la oportunidad de aprender algo lucrativo, para más tarde hacerlo a nuestra propia manera.

TIME TO ACT, DO IT RIGHT NOW

Si usted amigo emprendedor analiza y evalúa cuidadosamente todas las libres oportunidades de capacitación descritas en este capítulo, estoy más que seguro, va a encontrar una que se adapte a sus necesidades, capacidades, circunstancias y objetivos.

Relativamente, pronto se empezará usted a dar cuenta de que al fin y al cabo no es tan difícil cuando se tiene empeño, y comparativamente, las piezas del "rompecabezas" se irán empezando fácilmente a acomodar en su correspondiente lugar.

Por lo tanto, actúe ahora mismo en bien de su propio bienestar y progreso. Es a usted a quien le corresponde elegir de manera libre e inteligente. Jamás permita que otros lo hagan por usted y le manipulen por medio de falsas ofertas y promesas.

Teniendo en cuenta todas las recomendaciones y observaciones anteriores, las puertas hacia un mejor futuro han quedado abiertas *wide open,* para que elabore y lleve a cabo un efectivo plan de capacitación propia, encaminado siempre hacía una labor independiente, que le permita disfrutar de la vida y las comodidades de este país, trabajando a gusto por su propia cuenta.

"Todo lo que aprendas a hacer bien,
mucho va a contribuir para tu propia felicidad"

Bertrand Russell

Filósofo Inglés.

J.F. Arango Duque

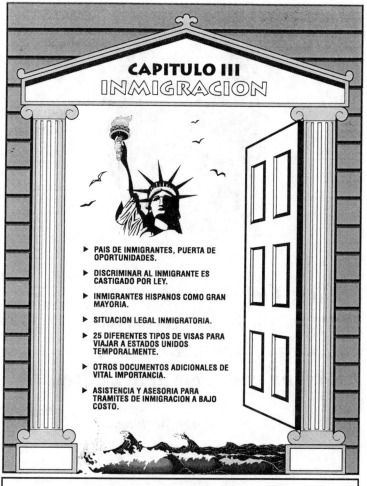

CAPITULO III
INMIGRACION

- ▶ PAIS DE INMIGRANTES, PUERTA DE OPORTUNIDADES.

- ▶ DISCRIMINAR AL INMIGRANTE ES CASTIGADO POR LEY.

- ▶ INMIGRANTES HISPANOS COMO GRAN MAYORIA.

- ▶ SITUACION LEGAL INMIGRATORIA.

- ▶ 25 DIFERENTES TIPOS DE VISAS PARA VIAJAR A ESTADOS UNIDOS TEMPORALMENTE.

- ▶ OTROS DOCUMENTOS ADICIONALES DE VITAL IMPORTANCIA.

- ▶ ASISTENCIA Y ASESORIA PARA TRAMITES DE INMIGRACION A BAJO COSTO.

"TO PROTECT OUR HERITAGE,
WE MOST PRESERVE OUR
TRADITION OF LEGAL IMMINGRATION"

U.S. IMMIGRATION AND NATURALIZATION SERVICE

WELCOME TO USA

"Where there in no liberty,
there in not free enterprise;
and without free enterprise,
no nation can grow and progress"

George Washington
Primer presidente estadounidense

"Donde no hay libertad, no existe la libre empresa; y
sin la libre empresa, ninguna nacion podra crecer y
progresar"

PAIS DE INMIGRANTES, PUERTA DE MUCHAS OPORTUNIDADES

Tradicionalmente y desde su fundación, los Estados Unidos de Norteamérica ha sido una nación formada por inmigrantes que llegaron de varios países de Europa, principalmente Inglaterra, en busca de libertad y buenas oportunidades, y que más tarde lograron un modo de vida mejor y más independiente.

El espíritu y la mentalidad emprendedora de millones de inmigrantes extranjeros, es lo que ha hecho de esta poderosa nación lo que es hoy en día, ya que, evidentemente todo inmigrante tiene desde un principio además de libertad, el derecho a escoger entre emplearse por un sueldo en lo que más y mejor le convenga, o hacese parte de la libre empresa para salir adelante por sus propios medios, y más tarde poder saborear los frutos de su propia labor.

Irónicamente, hoy existen políticos fracasados de alto rango, que aun siendo descendientes de inmigrantes extranjeros, han pretendido con fines meramente políticos y para glorificar su propio ego, cerrarles las puertas a muchas otras personas que como sus mismos ancestros también llegarón a Estados Unidos en busca de mejores oportunidades y de un mejor futuro para sus hijos.
Pero afortunadamente esas mismas "locuras" políticas de dichos funcionarios han sido declaradas como anticonstitucionales por los altos tribunales de justicia puesto que tenían tonos anti-inmigrantes e inclusive racistas. Ejemplo de ello fue el caso de la infame propuesta 187 que arremetía vergonzosamente penalizando a todos los hijos de los inmigrantes ilegales. Esto ha sido una actitud bastante

errónea, la cual le ha costado muy caro a tales políticos pues se han tenido que arrepentir al darse cuenta que desestimar el poder actual de la tradicionalista fuerza inmigratoria, particularmente la hispana, ha sido un verdadero "sucidio político" en sus carreras, ya que al fin de cuentas no solamente se han "quemado" antes de tiempo, sino que también han visto truncadas sus más íntimas ambiciones, como lo es el alto honor de alcanzar al menos una nominación para llegar a la Casa Blanca. Para el gobernador de California por ejemplo, este fue un estúpido y maquiavélico error, que le costó la candidatura a la presidencia de Estados Unidos.

Pero también existe el lado positivo, pues lo anterior ha servido como valiosa lección a muchos emergentes políticos jóvenes, para que en el futuro ni siquiera se atrevan a intentar irse contra el legado o sentimiento inmigratorio que siempre ha sido y continúa fuertemente siendo el nervio tradicional del verdadero origen de la sociedad estadounidense, y que en consecuencia es lo que ha hecho que a los Estados Unidos de Norteamérica se les reconozca universalmente como un país de inmigrantes.

En el último *State of the Union,* que es el equivalente al Informe Presidencial anual, el mismo señor Presidente Clinton contradijo a esos políticos oportunistas, enfermos de publicidad y poder, a la vez que aprovechó para reafirmar específicamente a su pueblo, acerca de los verdaderos sentimientos y principios de la política inmigratoria estadounidense, al decir textualmente que: "hay que saludar el esfuerzo de todos aquellos inmigrantes extranjeros que quieren llegar legalmente a los Estados Unidos".

UNA POLITICA DE INMIGRACION MAL ENTENDIDA

Desafortunadamente, las leyes de inmigración estadounidenses son mal entendidas en algunos países, muy en particular, a raíz del gran número de detenciones que frecuentemente se llevan a cabo en sus fronteras y aeropuertos. Pero la verdad es que el anterior mensaje del Sr. Clinton, es lo suficientemente claro a este respecto. El gobierno estadounidense en su gran mayoría, nunca ha estado en contra de la inmigración extranjera en razón de lo que ya hemos visto, y como prueba adicional de ello, cada año cerca de medio millón de extranjeros son admitidos para fijar legalmente su residencia en este país.

De lo que sí está en contra el gobierno, y el Servicio de Inmigración continuará luchando por ello, es de aquellas pesonas que quieren introducirse al país y permanecer en él de manera ilegal. Según cifras oficiales, se estima que en la actualidad existen más de cuatro millones de inmigrantes ilegales viviendo de manera permanente en los Estados Unidos.

DISCRIMINAR AL INMIGRANTE ES CASTIGADO POR LA LEY

Contrario a lo que muchas personas piensan, hoy en día sí existen leyes que protegen a los inmigrantes extranjeros contra la discriminación, muy particularmente cuando andan en busca de trabajo.

Bajo ninguna circunstancia, el hablar poco inglés y tener apariencia extranjera puede servir de base para que un patrón juzgue y niegue trabajo a personas de otros países que han sido admitidas legalmente.

En el pasado, estas fueron circunstancias que daban cabida a múltiples abusos y amargas experiencias que muchos sufrían por el sólo hecho de tener apariencia extranjera, o simplemente parecer un ***illegal alien.*** Pero gracias a nuevas reformas en política y leyes de inmigración, actualmente tales antecedentes son considerados como un delito de discriminación, y como tal, es severamente castigado por la ley. El mismo Departamento de Justicia, que es de quien depende el Servicio de Inmigración, lo pregona y respalda al anunciar textualmente que:

"Si tiene el derecho a trabajar legalmente en Estados Unidos, hay leyes que lo protegen contra la discriminación en el trabajo. Desafortunadamente, algunos patrones no conocen estas leyes. Por ejemplo, en la mayoría de los casos, ellos no pueden negarle el trabajo por no ser ciudadano de los Estados Unidos. Tampoco pueden insistir en ver documentos particulares como una tarjeta de residencia -green card- o negarse a aceptar otros documentos que legalmente establecen autorización de trabajo. Los patrones no deben pedirle papeles antes de darle el trabajo. Si ha sido discriminado por alguna de estas razones, llame al Departamento de Justicia".

Ello indica que: hoy en día ningún patrón puede obligar a su futuro empleado a que presente sus documentos antes de contratarle, ni tampoco poner en extrema duda su documentación requerida, como por ejemplo exigirle que compruebe si sus documentos son falsos o no.

Sólo después de que el empleado haya sido aceptado, el patrón deberá completar su parte correspondiente del formulario que se conoce como I-9, y si es posible, adjuntar una fotocopia de la documentación presentada para guardarla en sus archivos.

INMIGRANTES HISPANOS COMO GRAN MAYORIA

Afortunadamente, en relación a otras tantas nacionalidades residentes en los Estados Unidos, todos los inmigrantes hispanos tenemos hoy en día más ventajas, y mayores posibilidades de progresar en territorio norteamericano.

En primer lugar, porque es el grupo étnico de mayor crecimiento en la actualidad. Y en segundo lugar, gracias a que el español es prácticamente la segunda lengua predominante después del idioma inglés. Esto último no es un fenómeno nada nuevo, pues desde hace años –y muy a pesar de que muchos anglosajones nunca han querido aceptar la realidad– nuestro idioma español ha sido la lengua extranjera de mayor uso, especialmente en los estados de Texas, California, Illinois, New York, New Jersey y Florida.

Ocurre por ejemplo, que las mismas dependencias del Gobierno Federal, publican parte de su material en español, como lo es el caso de *Internal Revenue Service* y la Superintendencia Federal de Documentos, entidades oficiales que distribuyen un variado número de publicaciones en dicho idioma.

Ahora bien que, en un país donde la lengua oficial es el inglés, ello claramente demuestra la fuerza socioeconómica que ha adquirido la población hispana, la cual también ya se ha colocado como la minoría más destacada, y con capacidad de demostrar sus cualidades laborales, junto con su poder adquisitivo ante la sociedad estadounidense.

Todos estos factores, incluyendo el lingüístico, no solamente son ventajosos para quienes realmente con empeño desean salir adelante y progresar económicamente en la Unión Americana, sino que a su vez están equilibrando más los platillos de la balanza del poder, con el peso político hispanoamericano ante el poderoso gobierno norteamericano. Ello se refleja en que gracias al rápido crecimiento de nuestra enorme población, cada día vemos más y más representantes de origen hispano en los corredores y las sillas del poder en Washington.

Si sumamos todos los inmigrantes hispanos, tanto legales como ilegales, junto con los de este mismo origen que han nacido en todos los estados de la Unión Americana, fácilmente nos da como resultado una población hispanoparlante cercana a los 30 millones de habitantes, y que tienen como común denominador costumbres similares y una misma lengua.

Por tales razones, aunque los hispanos somos considerados oficialmente como una minoría dentro de la población norteamericana en conjunto, no obstante, lo cierto del caso es que sí constituímos la gran mayoría de la población extranjera residente en los Estados Unidos.

En consecuencia, para quienes les asusta la cultura anglosajona y su idioma inglés, si es que no logran salir adelante y progresar en medio de tan enorme población propia, que habla un mismo idioma y tiene costumbres similares, es porque no saben cómo ni por dónde empezar; o simplemente porque no quieren hacerlo.

SITUACION LEGAL INMIGRATORIA

Uno de los aspectos legales más importantes para todo extranjero en los Estados Unidos desde un principio, es su *status* o situación inmigratoria. A ningún extranjero le está permitido buscar empleo, a menos que haya sido admitido legalmente como residente permanente, con un permiso temporal de trabajo que así lo estipule; o con otro tipo de visa, como algunas de las que veremos más adelante. De lo contrario, el *alien* se encontrará violando las leyes de inmigración estadounidenses, y como consecuencia, en caso de ser sorprendido será deportado del país.

Para poder viajar a los Estados Unidos, existen dos principales grupos de visas, unas se obtienen en la sección consular de las respectivas embajadas en cada país, y otras a través del Servicio de Inmigración. Dichos grupos son:

a) *PERMANENT IMMIGRANT VISAS* y
b) *TEMPORARY NON-IMMIGRANT VISAS*

a) *Permanent Immigrant Visas*.- A este primer grupo pertenecen las que se obtienen a través de un sistema de cuotas y preferencias, que se hacen como resultado de tener lazos familiares con residentes permanentes, o con ciudadanos estadounidenses, tal es el caso de las adopciones. También por medio de ocupaciones especializadas, o un Certificado de Empleo expedido por el *U.S. Department of Labor*, o también a través del matrimonio,tanto con una persona de nacionalidad norteamericana; o una que ya sea residente permanente.
El contraer matrimonio con una persona nacida o *naturalized* en este país, es una de las formas más rápidas y sen-

cillas para obtener una **green card,** que es como se les conoce popularmente a las visas de residencia permanente, que otorgan el derecho a trabajar y vivir libremente en cualquier parte de los Estados Unidos.

Es conveniente saber también que después de cinco años, quien ha vivido permanentemente bajo el amparo de una **green card,** es elegible para solicitar su naturalización, es decir, obtener la ciudadanía norteamericana, y así tener derecho no solamente a un pasaporte estadounidense, sino también a votar en elecciones, e incluso a ocupar puestos públicos en el gobierno.

25 DIFERENTES TIPOS DE VISAS PARA VIAJAR TEMPORALMENTE A LOS ESTADOS UNIDOS

b) *Temporary Non-Immigrant Visas.-* De este segundo grupo se desprende una variada clasificación de visas, las cuales son expedidas de acuerdo a las intenciones y propósitos que los extranjeros que califiquen tengan para permanecer temporalmente en territorio norteamericano.

La mayoría de dichas visas, permite una estancia legal que puede oscilar entre seis meses y varios años, según sea el caso, como por ejemplo las visas de estudiantes, cuyo periodo puede ser equivalente a la duración que tenga el programa completo de estudios.

Aun con ciertos requisitos y restricciones, algunas visas temporales permiten que el inmigrante extranjero pueda trabajar durante su estadía en el país. Más aún, existen visas para trabajadores agrícolas extranjeros que llegan amparados bajo el poco conocido programa laborar de residencia temporal para trabajar en el campo, programa al que se le conoce como *Special Agricultural Working Program.*

PRINCIPALES CLASIFICACIONES:

A la fecha, los más importantes tipos de visas otorgadas para la admisión temporal de extranjeros a los Estados Unidos, son las siguientes:

• **A-1, A-2, A-3** Para diplomáticos y funcionarios públicos de otros países, y los miembros de sus familias.

• **B-1** Para visitantes que llegan en vía de negocios específicos, y otras actividades relacionadas, como por ejemplo para visitar clientes, asistir a convenciones comerciales, atender seminarios, etc.

• **B-2** Para visitantes en calidad de turistas, en viajes recreativos o de placer. Igualmente para visitar familiares o someterse a algún tratamiento médico.

• **B-1/B-2** Se trata de una combinación de las dos anteriores. Con ella es posible realizar actividades de turismo y negocios a la vez, siempre y cuando no sea para obtener ingresos o sueldos dentro del país.

• **C-1** Para extranjeros en tránsito por los Estados Unidos en vía a un tercer país.

• **E-1** Para *Treaty traders* o comerciantes que son originarios de países que tienen tratados especiales de comercio con Estados Unidos.

• **E-2** Para *Treaty investors* o inversionistas originarios de países que tienen un tratado especial de inversiones con Estados Unidos. Cabe destacar de que el Tratado de

Libre Comercio (TLC) o NAFTA, como se le conoce en inglés, ha favorecido a miles de comerciantes e inversionistas, tanto canadienses como mexicanos, para que les sea otorgada una u otra visa en estas dos últimas clasificaciones.

- **F-1** Para estudiantes interesados en realizar un programa completo de estudios académicos.

- **F-2** Para la esposa/esposo e hijos menores de la persona a quien se le otorga una de las anteriores visas.

- **G-1, a G-5** Para representantes de reconocidas organizaciones internacionales y sus cónyuges e hijos menores.

- **H-1** Para profesionales con méritos distinguidos y habilidades excepcionales, especialmente en el área de las ciencias o de las artes.

- **H-1A** Para enfermeras o enfermeros profesionales a quienes en Estados Unidos se les conoce como ***registered nurse.***

- **H-2** Para trabajadores extranjeros, en cuyos campos exista escasez de personal estadounidense. También para personas con habilidades especiales, que sean de amplia necesidad en Estados Unidos.

- **H-3** Para personas interesadas en capacitarse en áreas cuyo adiestramiento es difícil o no se encuentra disponible en su país de procedencia. También para empleados de empresas establecidas que necesiten realizar determmiandos programas de capacitación ocupacional.

- **H-4** Para la esposa o esposo de hijos menores de quienes se les otorga una visa en cualquiera de la clasificación "H".

- **I** Para periodistas, corresponsales y distinguidos miembros de la prensa y otros medios informativos extranjeros.

- **J-1** Para visitantes que participan en programas de intercambios culturales, educativos y de investigación.

- **J-2** Para la esposa o esposo e hijos menores de quienes han sido clasificados en la categoría anterior.

- **K-1** Cualquier persona soltera de nacionalidad estadounidense puede solicitar este tipo de visa, para su prometida o prometido extranjero que se encuentre en cualquier otro país del mundo.

- **L-1** *Intercompany transferees,* es decir, para empresas norteamericanas o sus afiliadas en el exterior, que deseen transferir temporalmente determinados empleados a Estados Unidos. En algunos casos, este tipo de visa permite extensiones de estadía hasta por siete años.

- **R.** Para sacerdotes, ministros y otros miembros claves de organizaciones religiosas establecidas.

- **P.** Para deportistas, atletas y artistas profesionales.

Como se puede apreciar, cada una de tales visas tiene sus propósitos específicos, en los que se refleja el variado número de posibilidades que en la actualidad existen para poder viajar a los Estados Unidos.

Dado que unos países tienen más privilegios que otros, no a todos se les asigna una misma cuota numérica, que limita el número de personas que se pueden admitir anualmente. No obstante, se estima globalmente que cerca de medio millón de nuevos inmigrantes arriban a Estados Unidos cada año para ser admitidos permanentemente. A ello se suman otros millones de personas que también ingresan en función de una gran variedad de actividades con visas temporales de *non-immigrant,* la mayoría de las cuales no están sujetas a límites de dichas cuotas.

Como resultado de tan gigantesco número de pesonas que en total arriban a este país anualmente, a las autoridades de inmigración no les queda otra alternativa que jugar un papel más estricto y rígido del que normalmente se supone, puesto que cientos de esas personas que arriban legalmente, por una u otra circunstancia deciden quedarse después del tiempo permitido, e incluso empiezan a trabajar en distintas labores.

Como si todo ello fuera poco, otros miles más de personas se arriesgan a cruzar por algún lugar la frontera México-estadounidense, a través de la cual existen centenares de cruceros clandestinos, que comprenden desde los peligrosos desiertos de Nuevo México y Arizona, hasta los inmensos montes de California, e incluyendo a todo lo largo muchas ciudades fronterizas como lo son Tijuana, Mexicali, Nogales, Piedras Negras, Nuevo Laredo, Reynosa y Matamoros, ciudades estas últimas que son limítrofes con el estado de Texas, y en donde al otro lado del Río Bravo ya es territorio estadounidense, por lo que sólo basta con nadar ese tramo para introducirse en el país. Esta es la razón por la cual la palabra *wet back* que se refiere a quienes cruzan a nado, se ha constituído en sinónimo de inmigrante ilegal. A raíz de ello, en los últimos años se ha originado un increíble y por cierto muy lucrativo mercado de documentos falsos en casi todos esos pueblos fronterizos, donde con relativa facilidad se adquieren ***phoney green cards, social security cards, working permits*** e inclusive pasaportes temporales. No es de extrañar entonces, que ya algunos congresistas en Washington han acusado al mismo Servicio de Inmigración de estar perdiendo el control de las fronteras.

Sirvan los anteriores parágrafos como advertencia, pues aunque no siempre es fácil llegar a Estados Unidos de manera legal, tampoco vale la pena exponerse a tan ilícita alternativa. Tal vez se tome mucho más tiempo, pero es preferible insistir y persistir, hasta lograr la visa apropiada, para no tener que correr el riesgo de ser deportado, o inclusive hasta perder la vida.

OTROS DOCUMENTOS ADICIONALES
DE VITAL IMPORTANCIA

Después de tener la situación de inmigración ya definida en Estados Unidos, el próximo paso a seguir es: obtener un *Social Security Number.*

Absolutamente nadie, incluyendo ciudadanos estadounidenses, peden trabajar en territorio norteamericano mientras no tengan su correspondiente número del Seguro Social. Cualquier empleador se encuentra en la obligación de exigir dicho número a toda persona que va a emplear.

Se trata de un número que le es asignado de por vida a toda persona nacida en Estados Unidos, y el cual tiene que usar para un sinfín de asuntos, desde que tiene uso de razón hasta que se muere.

The Social Security Number no solamente es imprescindible para empezar a trabajar, sino también para matricularse en cualquier institución docente, para adquirir documentos de identidad, para cumplir con obligaciones fiscales, para obtener un *drivers license,* para abrir una cuenta de banco, para obtener crédito, etc. En pocas palabras, nadie puede residir y funcionar normalmente en esta sociedad sin un número de Seguro Social. *It´s your number for life.*

Ahora bien que, de igual manera, todo extranjero que arriba a Estados Unidos con el propósito de vivir y trabajar, e inclusive para estudiar deberá inmediatamente solicitar el suyo en las oficinas más cercanas del *Social Security Administration,* que son dependencias del Gobierno Federal, totalmente separadas del Servicio de Inmigración. Usted podrá encontrar su correspondiente dirección, en el directorio telefónico de la ciudad en donde reside.

THE DRIVERS LICENSE

Adquirir un vehículo en Estados Unidos es algo muy fácil y económico, pues se encuentran cantidades de automóviles al alcance de cualquier bolsillo y presupuesto. Ello representa en sí una gran ventaja, simplemente porque carecer de transportación propia constituye un verdadero problema, especialmente en las grandes ciudades, donde las distancias suelen ser enormes. No se trata de un lujo, sino más bien de una imperativa necesidad.

En consecuencia, tal necesidad nos obliga a conseguir otro documento, que en este caso es también imprescindible, puesto que manejar un vehículo sin la debida licencia de conducir, es un hecho que en todos los estados de la Unión Americana trae graves consecuencias legales, además de costosas multas e inclusive cárcel.

Conducir con una licencia o documentos de conductor de otro país, es algo que sólo está permitido de manera temporal

Siempre y cuando una persona sepa manejar un vehículo automotor, y cuente con algunos documentos que le identifiquen, el adquirir su *drivers license* es un proceso relativamente sencillo y de bajo costo.

Corresponde a cada estado de la Unión expedir sus propias licencias de conducir, las cuales también pueden ser usadas en otros estados, siempre y cuando sea temporalmente, es decir, que si una persona decide cambiarse a otro estado, también tendrá que cambiar su licencia por una del estado en donde fije su nueva residencia.

Cabe mencionar también que, como en Estados Unidos no existe ninguna tarjeta de identidad a nivel nacional, la *drivers license* de cada estado es considerada como el documento o **ID,** (ai-di) oficial válido de identidad más común; por lo tanto, es requerido y aceptado para todo efecto y propósito de identificación personal en todo el territorio norteamericano.

ASISTENCIA Y ASESORIA
PARA TRAMITES DE INMIGRACION
A BAJO COSTO

Fuera del territorio norteamericano, muchas personas con asuntos pendientes de inmigración, no tienen ningún chance o alternativa legal frente a una decisión negativa que decida tomar un funcionario consular en su respectiva embajada. Su decisión, arbitraria o no, es única y no tiene apelación alguna. No queda más que volver a intentar nuevamente después de algún tiempo. Esta es la única esperanza que le queda a quien le haya sido negada una visa.

Mas sin embargo, dentro de los Estados Unidos la situación cambia enormemente y es diferente en ciertos tipos de casos y categorías de visas, puesto que aquí el inmigrante ya no se encuentra sólo en manos de un funcionario consular, sino más bien bajo la jurisdicción del Servicio de Inmigración y Naturalización de los Estados Unidos (**I.N.S.**), en donde por ley existe un sistema legal de apelaciones, extenciones, prórrogas, *change of status* e inclusive *special waivers.* Todo ello representa mecanismos legales relacionados con la mayoría de las clasificaciones y visas que ya hemos visto. Por ejemplo, si el inmigrante quiere hacer una solicitud especial, o un cambio que sea permisible en una determinada visa, el funcionario consular en el exterior puede negar dicha solicitud o cambio, sin ninguna explicación, y esa es la última palabra; mientras que uno de esos mismos casos dentro de territorio estadounidense, puede ser apelado por un abogado especializado en asuntos de inmigración, y lograr así que tal petición o cambio sea aceptado.

A este respecto, y teniendo en cuenta tales factores, vale la pena estar bien informado y saber a dónde recurrir en busca de orientación correcta, con el fin de proceder apropiadamente, sin cometer mayores errores o ser víctima inocente de "Notarios Públicos" o farsantes que se hacen pasar por "abogados especialistas" en casos de inmigración.

Por otro lado, tenemos que la Iglesia Católica en Estados Unidos es una de las más grandes y poderosas instituciones que sin fines de lucro, han ayudado a millones de inmigrantes de todas nacionalidades a resolver sus problemas de inmigración, e incluso en ciertos casos se ha logrado que se suspendan muchas deportaciones.

El envolvimiento voluntario de esta institución religiosa en asuntos de inmigración, es bastante fuerte y reconocido, ya que fuera de su respetada influencia, también cuenta en todo el país con un sinnúmero de oficinas y programas dedicados única y exclusivamente a defender los derechos de los inmigrantes que solicitan su ayuda. Gracias a esos desinteresados servicios, millares de inmigrantes con problemas relacionados, han logrado solucionar sus críticas situaciones. Por ejemplo, en la última amnistía inmigratoria que decretó el Congreso de los Estados Unidos, fueron varios miles de inmigrantes que como resultado, lograron sus *green cards* de residencia permanente, a través de este medio, puesto que el mismo Servicio de Inmigración autorizó a cientos de Oficinas Católicas de Servicios Comunitarios en todos los Estados de la Unión Americana para tramitar directamente los documentos necesarios para la residencia permanente de esa enorme oleada de inmigrantes ilegales de todos los países que acudían en busca de tan valiosa y desinteresada ayuda.

La mayoría de dichas oficinas, cuenta con asesores y consejeros que no solamente se encuentran capacitados en materia de inmigración, sino que también están debidamente autorizados por el mismo Servicio de Inmigración y Naturalización de los Estados Unidos para tramitar gran parte del complejo papeleo y documentación relacionada.

Lo anterior, indica que acudir a dichas oficinas tiene su razón de ser, especificamente por los siguientes motivos:

* Se encuentran autorizadas y respaldadas por las mismas autoridades del Servicio de Inmigración.
* Cuentan con asesores capacitados en los asuntos más comunes en materia de Inmigración.
* Cuando se presentan casos muy complicados, y que no están al alcance de sus asesores, saben exactamente por dónde empezar y a qué abogado especializado recurrir.
* El costo de trámites es relativamente bajo, y en algunos casos es gratuito para personas de escasos recursos económicos.

De tal modo y manera que es muy recomendable el contactar una Oficina Católica de Servicios Comunitarios que maneje casos de inmigración, antes de contactar a un abogado cualquiera.

Es muy probable que aun sin ser católico, aquel inmigrante que solicite este tipo de ayuda a una de esas oficinas, no solamente pueda lograr su objetivo, sino que también se va a ahorrar una buena suma de dinero.

Llegado el caso de que usted necesite recurrir a tales servicios, podrá buscar en el directorio telefónico, y ponerse en contacto con la Diócesis o Arquidiócesis de la correspondiente región en que reside, para que le indiquen cuál es el lugar más cercano a usted que cuente con oficinas de **Catholic Community Services,** y que ofrezca programas especiales de asesoría y ayuda a los inmigrantes.

INFORMACION ADICIONAL

"Immigration Law Advisory" es una excelente fuente de información sobre asuntos importantes y al día en inmigración. Se trata de una publicación a la cual se subscribe la mayoría de los abogados especializados en el campo de las leyes inmigratorias norteamericanas.

Es publicado por Clark Boardman Callaghan, quienes a la vez editan otros importantes libros en la materia. Dicha publicación se encuentra disponible en las principales bibliotecas públicas.

"U.S.A. Immigration Guide". Es un libro escrito por el destacado abogado Ramón Carrión, hijo de inmigrantes hispanos, y especializado en leyes de inmigración y comercio internacional. Esta importante guía define a fondo los diferentes requisitos y regulaciones provenientes del Servicio de Inmigración. Explica a su vez acerca de como está estructurado el sistema de visas norteamericano y también como entrar legalmente a los Estados Unidos. Y quienes califican para los nuevos tipos de visas de trabajo, y como obtener una de estas visas.

Se encuentra disponible tanto en inglés, cómo también en español, y es publicado por la reconocida casa editora **Sphix Publishing,** de Clearwater Florida, USA.

ESTADOS DE LA UNIÓN AMERICANA CON MAYOR POBLACIÓN HISPANA

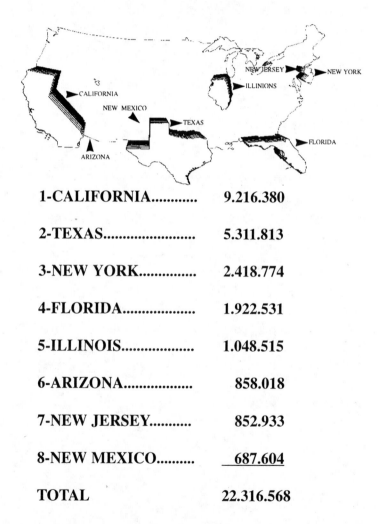

1-CALIFORNIA............ 9.216.380

2-TEXAS...................... 5.311.813

3-NEW YORK............... 2.418.774

4-FLORIDA.................. 1.922.531

5-ILLINOIS.................. 1.048.515

6-ARIZONA.................. 858.018

7-NEW JERSEY........... 852.933

8-NEW MEXICO.......... 687.604

TOTAL 22.316.568

Población hispanoamericana en 1996, de acuerdo a cifras proporcionadas por la organización Standard Rate Data Service en Des Plains Illinois, 60018.

J.F. Arango Duque

CAPITULO IV

ASUNTOS DEL INGLES

DICCIONARIO DE TRADUCCIONES

BUSINESS = (BIZNES) = NEGOCIO
OFFICE = (OFIS) = OFICINA
HOUSE = (JAUS) = CASA
WHY = (UAI) = POR QUE
BECAUSE = (BICOS) = PORQUE
TEACHER = (TICHER) = MAESTRO
RIGHT = (RAIT) = DERECHO
THERE = (DER) = ALLA
WHAT = (UAT) = QUE
CAREFUL = (KEIRFUL) = CUIDADO
DRY = (DRAY) = SECO
LUCK = (LOK) = SUERTE

0	***ZERO*** = (zirro/ou)	= Cero
1	***ONE*** = (uan)	= Uno
2	***TWO*** = (tu)	= Dos
3	***THREE*** = (tri)	= Tres
4	***FOUR*** = (for)	= Cuatro
5	***FIVE*** = (faif)	= Cinco
6	***SIX*** = (siks)	= Seis
7	***SEVEN*** = (seven)	= Siete
8	***EIGHT*** = (eigt)	= Ocho
9	***NINE*** = (nain)	= Nueve
10	***TEN*** = (ten)	= Diez
11	***ELEVEN*** = (ileven)	= Once
12	***TWELVE*** = (tuelf)	= Doce
13	***THIRTEEN*** = (tertin)	= Trece
14	***FOURTEEN*** = (fourtin)	= Catorce
15	***FIFTEEN*** = (fiftin)	= Quince
16	***SIXTEEN*** = (sikstin)	= Diez y Seis - Dieciséis
17	***SEVENTEEN*** = (seventin)	= Diez y siete - Diecisiete
18	***EIGHTEEN*** = (eigtin)	= Diez y Ocho - Dieciocho
19	***NINETEEN*** = (naintin)	= Diez y Nueve - Diecinueve
20	***TWENTY*** = (tueny)	= Veinte
30	***THIRTY*** = (tery)	= Treinta
40	***FORTY*** = (fory)	= Cuarenta
50	***FIFTY*** = (fifty)	= Cincuenta
60	***SIXTY*** = (siksty)	= Sesenta
70	***SEVENTY*** = (seventy)	= Setenta
80	***EIGHTY*** = (eigty)	= Ochenta
90	***NINETY*** = (nainty)	= Noventa
100	***ONE HUNDRED*** = (uan jandred)	= Cien
200	***TWO HUNDRED*** = (tu jandred)	= Doscientos
1.000	***ONE THOUSAND*** = (uan tausand)	= Unmil
2.000	***TWO THOUSAND*** = (tu tausand)	= Dosmil
100.000	***HUNDRED THOUSAND*** = (jandred tausand)	Cienmil
1.000.000	***ONE MILLION*** = (uan milion)	= Un Millon

ASUNTOS DEL INGLES.
DICCIONARIO DE TRADUCCIONES

¿Recuerda usted cómo aprendió a hablar su propio idioma?

Tal pregunta se puede contestar mejor con otra serie de preguntas de carácter lingüístico: ¿Cómo aprendio usted a hablar su propio idioma?, ¿Acaso lo enviaron a la escuela a los tres o cuatro años para que aprendiera gramática, ortografía y pronunciación?, ¿Verdad que no? Primero aprendió a HABLAR su idioma nativo, aunque mal, pero esa fue la vedad. Luego fue a estudiar, y allí aprendió a escribirlo, leerlo y hablarlo de mejor manera.

En consecuencia, al aprender una segunda lengua también ocurre el mismo fenómeno. Meterse en detalles de gramática, ortografía y pronunciación correcta al mismo tiempo, es lo que más difícil hace el aprendizaje de un segundo idioma, cualquiera que sea, pues ello no solamente conduce a confusión, sino también a cierto grado de frustración, lo cual desanima a muchas personas para continuar aprendiendo.

Aunque desde un principio muchos prefieren hacerlo de manera tradicional o "normal", no obstante está comprobado que aprender primero a hablar una lengua facilita mucho más lo segundo.

Creer que es un gran error escribir las palabras en español, tal como se pronuncian en inglés, es algo que inhibe a muchas personas para aprenderlo.

Dado que algunos expertos en la materia consideran que escribir las palabras de una lengua, exactamente como se pronuncian en otra, es una "atrocidad" ortográfica y gramatical, no obstante, y a pesar de ello, hay que reconocer que sí es la manera más fácil y cercana de pronunciar una palabra tal cual suena y es percibida por el oído humano. Probablemente sea muy diferente de como se escribe, pero ciertamente es también la forma más sencilla para aprender a hablar sin tropezones fonéticos desde un principio. De hecho entonces, en nuestro caso particular es necesario tener en cuenta que lo más importante para un inmigrante recién llegado a territorio estadounidense, es que logre entender y hacerse entender hablando inglés lo más pronto posible. Sin necesidad de mucha frustración, el resto vendrá a su debido tiempo.

A estas circunstancias obedece que me haya tomado la libertad de dar el significado y traducción fonética correspondiente a todas las frases y palabras empleadas en este libro, exactamente como se pronuncian y suenan al hablar. Desobedeciendo y desafiando reglas gramaticales, por experiencia propia debo admitir que ésta es quizás la forma más simple y práctica para lograr con el tiempo HABLAR el idioma inglés con una pronunciación correcta y muy poco acento.

¿QUE TAN NECESARIO ES EL INGLES PARA PODERSE DEFENDER EN ESTADOS UNIDOS?

Según lo revelan datos estadísticos que ya hemos observado, los Estados Unidos cuentan hoy en día con una población hispanoparlante que se aproxima a los 30 millones de habitantes.
Como resultado, son miles de personas las que se desenvuelven normalmente en todas sus actividades alrededor de

su misma gente, ya que además, en las principales ciudades existen barrios y colonias enteras de diferentes nacionalidades, por ejemplo en Chicago hay zonas habitadas casi en su totalidad por mexicanos y otras por puertorriqueños.

Pero a pesar de esa facilidad, para quien no sabe inglés, aprender a hablar bien la lengua oficial de este país es más bien una urgente necesidad, puesto que ello representa un factor esencial que evidentemente aumenta las posibilidades de salir adelante, y lograr los objetivos deseados. Sin duda alguna, hablar inglés hace mucho más fácil el camino hacia la meta que uno se ha propuesto alcanzar en territorio norteamericano.

De ahí entonces que quien viene con la intención de vivir y ganarse la vida en este país, sin importar cuál sea su educación o títulos académicos, tiene la necesaria obligación consigo mismo de aprender a hablar inglés, pues lo cierto del caso es que quien no lo haga así, podrá considerarse al mismo nivel de un analfabeto funcional.

OPORTUNIDAD DE PRIMERA INSTANCIA

No obstante lo anterior, conviene saber que trabajar por cuenta propia, le brinda al inmigrante hispano recién llegado una doble oportunidad en este caso.

La razón es muy sencilla: cuando se quiere conseguir un buen empleo, uno de los principales requisitos, es saber hablar y escribir bien el inglés. Mientras que como ya hemos visto, una de las grandes ventajas de trabajar por cuenta propia es que se puede escoger con quién y en dónde trabajar.

A tal efecto, en medio de tan gigantesca población hispanoparlante, prácticamente no se necesita hablar inglés, dado a que el recien llegado tiene en su entorno cientos de personas que hablan su misma lengua.

Todo lo anterior indica que: quien empieza a trabajar independientemente, y al mismo tiempo se propone aprender inglés, ya para cuando se defienda con esta lengua, también se encontrará organizado y establecido en el vecindario con su propio negocio.

Este esfuerzo le permitirá empezar a ofrecer sus servicios, cualquiera que sean, a una nueva y más lucrativa clientela, en otros diferentes sectores de la ciudad.

Aquí salta a la vista ese viejo refrán que dice: *"saber matar dos pájados de un solo tiro"*.

¿LE ASUSTA A USTED NO SABER LEER Y ESCRIBIR EL INGLES?

De momento no hay mucho de qué preocuparse. Aunque parezca increíble, por cada 100 adultos norteamericanos existen 20 que son considerados *functionally illiterate,* lo que quiere decir, analfabetos funcionales.

Aquello de que todo el pueblo norteamericano es una nación "muy bien preparada" es sólo un mito, que con antecedentes como el anterior se desvirtúa por sí mismo.

Viene este increíble dato socio-cultural a colación, puesto que existen muchas personas recién llegadas a territorio estadounidense, que no sólo se atemorizan, sino que hasta se acomplejan con la idea de sentirse incapaces de leer el titular de un periódico, o de escribir una pequeña nota en inglés.

A pesar de ello, es motivador saber que muchas otras personas, aun siendo nativos de una de las naciones más adelantadas del mundo, se encuentran en similares circunstancias que usted con respecto al idioma, pues a la fecha se estima que la población analfabeta de Estados Unidos supera los 24 millones de personas. Esto indica que usted no se encuentra sólo en este problema, pero la diferencia radica en que en su caso, su "analfabetismo" solo va a ser asunto temporal, mientras se establece y aprende el idioma.

En consecuencia, es de esta manera como la mayoría de personas con iniciativa propia se preocupa y motiva por aprovechar alguno de tan abundantes, flexibles y económicos medios existentes en todo el país para aprender a hablar, escribir y leer el inglés. Medios que aprovechados debidamente, se les puede sacar muy buen partido, puesto que después de algún tiempo y con un poco de empeño, suelen dar el resultado esperado.

Así es que, de momento no hay que sentirse mal. No vale la pena preocuparse demasiado por esta situación, siempre y cuando se tenga presente que es un asunto solamente temporal.

La comparación ya está hecha, y es usted mi estimado amigo emprendedor quien decide qué tan pronto empezará a superar esos obstáculos que se presentan en el aprendizaje de un nuevo idioma.

> ## "PERSEVERANCIA, es el màs importante atributo que cualquier persona pueda poseer."
>
> **Gloria Estefan**
> **Exitosa cantante Cubano-estadounidense.**

FACILIDADES PARA EL APRENDIZAJE DEL INGLES EN TERRITORIO ESTADOUNIDENSE

En este inmenso país, todos los inmigrantes extranjeros tienen excelentes y numerosas facilidades para aprender a hablar, escribir y leer el inglés.

La gran variedad de medios existentes hacen que el proceso de aprendizaje sea único en su género, puesto que van desde módicos cursos de *home study* por correspondencia, y costosas instituciones que cuentan con modernos equipos de enseñanza, hasta miles de escuelas y colegios públicos en todo el país, que según ya lo hemos visto en el capítulo de capacitación, ofrecen cursos y clases gratuitas de *english for students of other languages (ESOL)* en todos los niveles de aprendizaje.

Estos últimos son programas bastante efectivos y recomendables, puesto que han sido diseñados con el propósito especial de ayudar al inmigrante hispano de cualquier edad que quiera aprender.

A este respecto, las *public libraries* de todo el país, también juegan un papel trascendental, ya que en ellas se encuentran cursos de inglés disponibles en discos, cassettes, libros, manuales e inclusive videos, medios todos estos, que son excelentes herramientas para el autoaprendizaje.

Todo ello se encuentra a disposición de quienes lo necesiten, e inclusive la mayor parte de tan práctico material de enseñanza puede tomarse gratuitamente en calidad de préstamo, por espacio de algunas semanas para llevárselo y estudiar en casa.

EL LADO POSITIVO DEL *"ESPANGLISH"*

Debido a que existen corrientes en contraposición a este respecto, de ninguna manera es mi intención promover el mal uso del **"espanglish"**. No se trata tampoco de hacer aparecer este libro como una obra de mal gusto lingüístico, por el sólo hecho de estar impregnada de **"espanglish"**, que es el nombre con que se conoce la mezcla del idioma español con el inglés. Con regular frecuencia suele ocurrir que algunas personas recurren a su uso por ignorancia, mientras que muchas otras lo hacen sólo por petulancia. A pesar de eso, en este caso sí se justifica, por la sencilla razón de que, como es bien sabido, toda regla tiene su excepción, y cada excepción tiene su razón de ser.

De ahí se desprende entonces que la idea de incluir o mezclar aquí un extenso número de palabras y frases muy comunes del inglés, tiene un propósito de vital importancia para cualquier estudiante del idioma.

El empleo de tantas frases y ejemplos aplicables, y su frecuente uso, resulta ser de mucha utilidad en el proceso de aprendizaje. Esto representa un beneficio adicional para todas aquellas personas que están interesadas en aprender, o que ya están aprendiendo el idioma inglés, puesto que lógicamente, al toparse frecuentemente con tales frases y palabras, les sirve como ejemplos prácticos y reales que muy bien van a poder emplear en el futuro.

Por esta razón, y en este caso el **"espanglish"** es algo que le va a facilitar mucho al estudiante, no solamente que grave en su memoria esas nuevas palabras en inglés que brotán del texto en español, sino que también le harán caer en cuenta de cómo y cuándo es que debe usar tal y cual frase o palabra de manera apropiada .

Es consecuencia, a través de un moderado uso del **"espanglish"** se pueden presentar ejemplos fáciles y claros, exactamente de la misma manera como son aplicados en la vida real.

Curiosamente, de esta manera el estudiante adquiere motivación propia, y por consiguiente más se anima a continuar aprendiendo el idioma inglés.

EL LENGUAJE UNIVERSAL DEL COMERCIO Y LOS NEGOCIOS

Muchas personas se preguntan cuál es la diferencia entre el inglés británico y el norteamericano.

Aunque el inglés norteamericano proviene del mismo que se habla en Inglaterra, o Gran Bretaña, o Reino Unido –como usted le quiera llamar–, sí existe una pequeña diferencia.

A pesar de que las reglas gramaticales son similares, no obstante una de las principales diferencias radica en la contracción de muchas palabras comunes, y en el acento que generalmente se les da. El británico suele usar un tono de pronunciación mucho más fuerte, por ejemplo, *twenty,* es una palabra que el americano pronuncia (tueni), mientras que el inglés dice (tuenti). Lo que es un *pub* para un inglés, para un americano es un *bar.* En el inglés británico se continúan usando palabras muy tradicionales, por no decir antiguas. En contraste, el americano tiene mucho *slang* y palabras modernas, razones por las cuales muchas personas conocedoras, comparan la diferencia existente entre el inglés americano y el británico, con la misma que existe entre el español latinoamericano, y el castellano tradicional europeo.

Se trata entonces de algo similar al fenómeno que se presenta con otras lenguas, que aun dentro de un mismo idioma, según sea la región del país, unas palabras tienen diferentes usos y varios acentos. Por ejemplo en España, el acento de un asturiano es muy diferente al de un andaluz. Cuando un español habla de "ordenadores", se esta refiriendo a lo que en Latinoamérica conocemos como computadoras.

Es de observar que fuera de la Gran Bretaña y algunos otros núcleos sociales de gente educada en el resto de Europa, el inglés británico pasa a un segundo plano de importancia. De ahí se desprende que por orgullo a sus tradiciones, o petulancia, muchos ingleses suelen decir que *"en Norteamérica se habla muy mal inglés"*.

No obstante, con razón o sin ella, de la misma manera que el dólar americano es el patrón monetario mundial, el idioma estadounidense también habla por sí mismo de su alta categoría y predominancia. El poderío económico norteamericano y su dominio comercial en todo el planeta, han hecho que su inglés, aun muy por encima del francés o el alemán, se haya constituído oficialmente como el lenguaje universal del comercio y los negocios.

NUEVA Y PRACTICA OPORTUNIDAD PARA EMPEZAR A APRENDER EL LENGUAJE UNIVERSAL DE LOS NEGOCIOS

Este libro y capítulo en particular, le brindan al estudiante de inglés una nueva oportunidad para que empiece a conocer el lenguaje característico de los negocios, lo cual constituye un factor de vital importancia con respecto al inglés norteamericano.

A diferencia de muchos textos básicos de inglés, que por ejemplo se centran en temas de literatura o conversaciones personales, aquí el estudiante va a encontrar en todo su contenido un tema diferente, que le servirá de mucho en el futuro, puesto que se trata de un tema que realmente tiene bastante que ver con sus mismos planes y objetivos de progreso económico en este país.

Específicamente, al leer todo el texto de esta obra, el emprendedor estudiante de inglés conocerá muchas palabras, frases y modismos pertenecientes exclusivamente al lenguaje característico de los negocios y el comercio. Algo que es casi un requisito indispensable para ganarse la vida confortable e independientemente en cualquier lugar de los Estados Unidos.

Hay que recordar muy bien que dentro de un mismo idioma, el comercio y los negocios también tienen sus propias palabras y hasta modismos comunes. Y para un país de emprendedores, este factor es uno de sus mayores atributos, por lo que no es ningún secreto que el saber suficientes de esas palabras y términos característicos que se emplean en cualquier tipo de comercio o negocio, representa la clave del éxito en Estados Unidos.

Tanto una inmensa corporación, como también un negocio pequeño, tienen que saberse expresar y actuar *in a formal business way.*

En tal virtud, al repasar usted detalladamente todas las páginas de este texto, va a tener la oportunidad de familiarizarse con el debido uso y empleo de docenas de esos mismos términos y cientos de palabras necesarias, todas las cuales se encuentra aquí en este mismo capítulo, recopiladas y clasificadas en estricto orden alfabético, para que usted tenga un rápido y fácil acceso a sus correspondientes significados.

Por ejemplo, *bookkeeping, cash flow, accountant, tax preparer, profit margin, tax write off, wholesale, retail, credit line, business plan, accounts payable, accounts receivable, payroll, general ledger, double entry, partnership, sole propietorship,* etc.

El beneficio adicional aquí presente en este diccionario es bastante claro. Para cuando usted conozca el significado y empleo de todas las anteriores palabras, ya comenzará a tener una mejor y más clara idea acerca de lo que es necesario para empezar a manejar apropiadamente un negocio, cualquiera que sea.

Inclusive, cuando en el futuro asista a algún seminario o tome un curso sobre administtración de negocios, ya tendrá alguna ventaja a su favor para proceder en tal sentido, puesto que con los conocimientos obtenidos al estudiar y aprender todas esas frases y palabras que son tan propias del comercio y los negocios en inglés, a una persona emprendedora como usted, le va a ser muhco más facíl convertir su misma ocupación en un negocio propio que le produzca satisfactoria rentabilidad.

En resumidas cuentas, este libro le esta brindando a usted mi estimado amigo emprendedor, una no muy despreciable doble oportunidad:

En primer lugar: no solamente le ha mostrado y puesto a su consideración un sinúmero de alternativas e ideas que le van a permitir ganarse la vida trabajando independientemente, para poder así vivir bien en cualquier parte de los Estados Unidos, sin tener que ser el resto de su vida esclavo de un patrón y de un sueldo mediocre e inseguro.

Y en segundo lugar: mediante el uso del "espanglish" que se encuentra a travez de todo el texto, y el siguiente diccionario de trducciones, también va a tener una oportunidad práctica que de mucho le va a servir para que usted empiece facilmente a aprender y practicar este tan necesario e importante idioma norteamericano.

God be with you, and good luck.

J.F. Arango Duque

ADVERTENCIAS Y OBSERVACIONES FINALES

Antes de concluir, quiero destacar algunas recomendaciones, aclaraciones y advertencias que deberán tenerse muy en cuenta:

A) Bajo ninguna circunstancia, esta obra podrá tomarse como una guía absoluta de asesoría en campos legales y profesionales. Para asuntos de tal naturaleza deberá contactarse un profesional competente y especializado en cada determinada área.

B) Aunque se ha hecho todo lo posible por traer datos al dia hasta última hora y fecha de imprenta, y se han verificado por tercer vez todas las direcciones de recursos e información suministradas a través de todo el texto, no obstante quiero aclarar, que como es lógico, las empresas y entidades por una u otra razón tienen en ocaciones que cambiar de hubicación. Pido disculpas por alguna inconveniencia causada como resultado en la devolución de alguna correspondencia. A la misma vez, le suplico a mi amable lector, que en caso de presentarse tal situación, me lo haga saber, para tenerlo en cuenta y hacer los respectivos cambios en futuras ediciones. No olvidar que la biblioteca pública mantiene direcciones al dia en asuntos de toda índole. Mucho sabré agradecer también, cualquier tipo de sugerencias o críticas, pues somos humanos y por lo tanto, algunos errores tipográficos o de contenido habrán de presentarse.

C) NOTA exclusiva a toda mujer emprendedora: el emplear los determinativos el/la, ellos/ellas, y asi sucesivamente a través de toda la formación tipográfica de tan extenso texto como lo es ésta obra , requiere de más espacio adicional del que tengo disponible. Por lo tanto quiero justificar y aclarar que no se trata de "machismo calculado", ni mucho menos discriminación. Por el contrario, como incentivo adicional quiero informarle a todas mis emprendedoras amigas lectoras, que aunque parezca sorprendente y para envidia de muchos, la mujer está sobrepasando el número de hombres emprendedores. Este es un dato el cual ya fue comprobado con un reciente estudio efectuado por la agencia del Gobierno Federal SBA, el cual reveló que: "para el año 2000, más de la mitad de los negocios pequeños en Estados Unidos estarán en manos de MUJERES propietarias."

D) Con respecto al diccionario de traducciones, debo advertir de que como lo es bien sabido, todo el territorio Estadounidense es bastante extenso, y por lo tanto es lógico que al igual que ocurre en muchos otros países, también existe una gran variedad de acentos fonéticos, por lo cual la pronunciación suena un poco diferente en distintas regiones, aún dentro de la misma lengua. Como resultado, y teniendo en cuenta que siempre la mayoría manda, he tratado de usar lo que generalmente es más común y usual.

Una de las bases de este tema, han sido mis propias experiencias, después de haber vivido en diferentes áreas por más de 25 años, tiempo dentro del cual he tenido la oportunidad de escuchar incontables horas de radio y televisión. A ello se suma mi constante viajar a través de distintas regiones étnicas y geográficas de toda la Unión Amaricana, compartiendo numerosos diálogos y efectuando cantidad de entrevistas, que en sí mismo son situaciones en donde mucho he aprendido, ya que el uso de la lengua Estadounidense ha sido extensivo en muchas de esas ocaciones.

E) Por último, cualquier tipo de correspondencia que usted desee enviarme, de mi parte habrá de ser gratamente bienvenida, muy en especial aquellas notas documentadas sobre datos y casos que ameriten ser publicados en próximas ediciones; más que todo, aquello que sirva de ejemplo y motivación a otras personas que tengan iniciativa propia. Tengo la plena seguridad que sus observaciones, comentarios, sugerencias y ejemplos relacionados, continuarán enriqueciendo más el contenido de ésta obra de información orientativa, para beneficio directo de mis amigos lectores y emprendedores cuya mayor ambición es la de salir adelante por sus propios medios, en éste, el país de las grandes oportunidades.

382

Notas:

Notes:

A = (ei)

A SINGER'S DREAM = (ei singers drim) = Sueño de un cantante

A STORY TO LEARN = (ei story tu lern) = Una historia para aprender.

ACCOUNTANT(s) = (acauntant/s) = Contador (es).

ACCOUNTS PAYABLE = (acaunts paibol) = Cuentas por pagar.

ACCOUNTS RECEIVABLE = (acaunts risivibol) = Cuentas por cobrar.

ACROSS-THE-COUNTRY =(eicros di country) = A través de todo el país.

ADULT CONTINUING EDUCATION = (eidult continuing edukeishion) =

ADVERTISEMENTS = (advertaisments) = Anuncios de publicidad / propaganda en general.

ADVERTISING FROM DESKTOP = (advertaising from desktap) = Publicidad creada por medio de un sistema computarizado de diseño gráfico.

ADVERTISING/PUBLICITY = (advertaising) = Publicidad.

ADVERTISTMENT TRUCKS = (advertaisment troks) = Vehículos para publicidad móvil.

AEREAL PHOTOGRAPHY = (eirial fotografi) = Fotografía aérea

AERONAUTICAL DRAWINGS = (eronoutical drowings) = Dibujos o bosquejos aeronaúticos.

AFTER ALL = (after ol) = Despúes de todo.

AIR CONDITIONING = (eircondicioning) = aire acondicionado.

ALL YOURS TO, TRAIN AND KEEP = (ol yurs tu trein and kip) = Todo es suyo para que se capacite y se quede con ello.

ALUMINUM CANS = (aluminum kens) = Latas o botes de aluminio.

ALUMINUM SIDING = (aluminum saiding) = Láminas de aluminio para

uso en la construcción.

AMATEUR = (amashur) = Aficionado.

AMERICAN DREAM = (american drim) = Sueño Americano.

AMERICAN WAY, FROM RAGS TO RICHES = (american uei from regs tu riches) = La manera americana de harapos a riquezas.

ANNIVERSARIES = (aniversaris) = Aniversarios.

ANNUAL REPORTS = (anyuel riports) = Reportes anuales.

ANTS = (eants) = Hormigas.

APARTMENT = (apartment) = Apartamento o departamento residencial.

APPLE COMPUTERS = (apol compiurers) = Empresa fabricante de las computadoras Macintosh, Quadra, Performa, PowerPC y muchos otros productos más de *hardware.*

APPOINTMENT ONLY = (epointment only) = Con cita previa solamente.

APPRENCTICE = (aprentis) = Aprendiz.

APPRENTICESHIPS = (aprentiships) = Programas especiales de aprendizaje y capacitación en el mismo lugar de empleo.

ARGOT = (argot) = Lenguaje o terminología usada por personas de una misma ocupación.

ARMY STORES = (army stors) = Tiendas del ejército.

ART FAIRS = (art feirs) = Ferias de arte.

ART SHOWS = (art shows) = Exihibiciones y ferias de arte.

ARTIST'S MARKET = (artists market) = Mercado de artistas.

"AS IS BASIS" = (as is beisis) = En base a las condiciones en que se encuentra el artículo o la mercancia.

**ASSOCIATION OF COLLEGE
ENTREPRENEURS** = (asocieishon
of calech entreprenurs) = Asociación
del Colegio de Empresarios.
ATTORNEY AT LAW = (atorni at
loa) = Abogado.
AU PAIR = Sistema europeo que
permite a estudiantes trabajar en
Estados Unidos como niñeros o
niñeras. Estudiantes *baby-sitters,* o
cuida niños.
AUDIO/VIDEO SERVICING =
(odio,vidio servicing) = Servicio para
audio y video.
AUDITIONS = (audishions) =
Audiciones- de capacidad y talento
**AUTO DAMAGE
ESTIMATORS**=(outo demash
estimeirors) = Estimadores o peritos
de daños en autos accidentados.
AUTO-BODY REPAIRERS = (outo-
bary ripeirers) = Reparadores de
carrocerias de automóviles.

AUTO-PROGRAMMED = (outo
programed) = Auto programado.
AUTOMOTIVE BODY REPAIRERS
= (outomotiv bary ripeirers) =
Reparadores de carrocerias de
automóviles.
**AUTOMOTIVE COATING
MACHINE OPERATORS** =
(outomotiv coting machin opereirors)
= Operadores de máquinas para pintar
automóviles.
AUTOMOTIVE PAINTERS =
(outomotiv peinters) = Personas
especializadas en la pintura de
carrocerias de automoviles.
**AUTOMOTIVE SERVICE
ASSOCIATION** = (outomotiv servis
asocieishon) = Asociación de servicio
automotor.
AVERAGE = (averesh) = Promedio.

B = (bi)

BABY-SITTERS = (beiby sirers) = Cuida niños.
BABY-SITTING = (beiby siring) = Cuidar niños.
BACHELOR' S DEGREE = (beishelers digri) = Grado de bachillerato.
BACKGROUND = (bacgraund) = Fondo. Antecedentes. Experencia previa.
BACKYARDS = (bacyiards) = Patios traseros.
BALANCE SHEETS = (balans shits) = Hojas de balance (contabilidad).
BANKING SERVICES = (benking services) = Servicios bancarios.
BANKRUPTCY = (benkropsi) = Bancarrota. Quiebra.
BANNERS = (baners) = Estandartes, Banderas, Cartelones.
BAPTISMS O CHRISTENINGS = (baptisims o kraistenings) = Bautizos.
BARMITZVAHS = Celebración judía.
BASEMENT = (beiment) = Sótano.
BATTERY FILLERS = (barery filers) = Llenadores o recargadores de baterias.
BAYS = (beis) = Bahías. Espacio dentro del mecanismo interno de una computadora para instalar nuevos componentes.
BEETLES = (birols) = Escarabajos.
BELT = (belt) = Correa. Banda que hace girar el ventilador de un radiador.
BEST AND SURE WAY TO LAUNCH A MODELING OR ACTING CAREER, IS TO SEND A SIMPLE BLACK AND WHITE PORTFOLIO TO A DOZEN OR SO TOP MODELING Y AGENCIES = (di best and shur wey tu launch ei modelin or actin carrier, is tu send a simpol black and uait portfolio tu ei dozen or so tap modeling eyencis) = El mejor y más seguro camino para entrar en las carreras del modelaje o actuación, es

enviar un portafolio con fotografías en blanco y negro a una docena de las más importantes agencias.
BEST KEEP SECRET = (best kip sicret) = Secreto mejor guardado.
BESTSELLERS = (bestselers) = De más venta. Los libros más vendidos.
BIDDERS = (biders) = Postores Licitadores.
BIG BOULDERS = (big bolders) = Piedra o rocas grandes para la ornamentación de parques y jardines.
BIG ENGINES = (big inyens) = Motores grandes.
BIG MONEY = (big many) = Dinero en grande.
BILLBOARDS = (bilbords) = Cartelera para fijar avisos.
BIRTHDAYS = (birtdeys) = Cumpleaños.
BLACK & WHITE = (blak and uait) = Blanco y negro
BLACK AND WHITE PORTAFOLIOS = (blak and uait portafolios) = Portafolios con fotos en blanco y negro para aspirantes a modelos, artistas, etc.
BLACK MARKET = (blak marquet) = Mercado negro.
BLANK = (blank) = En blanco. Ej.
Blank cassette = Casete en blanco, o sin grabar.
BLOCKPARTIES = (blokparis) = Fiesta callejera de cuadra, o vecindario.
BLUEPRINTS = (bluprints) = Planos de construcción, maquinaria, diseño etc.
BOOKKEEPING = (bokiping) = Teneduría de libros -Contabilidad-
BOOKKEEPING & ACCOUNTING = (bokiping and acaunting) = Tenencia de libros y contaduria.
BOOKS = (buks) = Libros.
BOOM = (buum) = Estar en auge.
BOSS = (bos) = Jefe. Patron. Supervisor. Dueño.

BOUQUETS= (bukeist) = Ramilletes. Arreglos florales.
BOUND = (baund) = Empastar. Atar.
BRAKE-DOWN = (breikdaun) = Avería mecánica, agotamiento físico.
BRAKE-INS = (breik-ins) = Entrada violenta, forzar una entrada, robos.
BRAKE = (breik) = Quebrar, chance.
BRAKES = (breiks) = Frenos.
BRANCHES = (branchs) = Ramas, Sucursales, Dependencias.
BREAD AND BUTTER = (bred and barer) = Pan y mantequilla.
BRICKLAYERS = (brikleyers) = Obreros que colocan ladrillos en una construcción.
BROCHURES = (broshurs) = Folletos, panfletos.
BUDGET CHARTS = (badyet charts) = Tablas o esquemas gráficos de presupuestos.
BULLETIN BOARDS = (buletin bords) = Tableros para colocar boletines informativos y anuncios.
BUMPER STICKERS = (bomper stiquers) = Calcomanías o engomados adhesivos para colocar en los parachoques de los automóviles.
BUREAU = (biurou) = Agencias del Gobierno. Oficinas.
BURGLARIES = (burgleriz) = Robos a casas, tiendas, autos, etc.
BUSINESS AS USUAL = (biznes as yusual) = Mod.-volver a hacer lo mismo después de haber sido sorprendido en un acto de mala conducta.
BUSINESS BREAKFASTS = (biznes breikfast) = Desayuno para discutir negocios.
BUSINESS CARDS = (biznes cards) = Tarjetas de presentación.
BUSINESS PLAN = (biznes plan) = B-Plan. Planes y estrategias de negocios.
BUSINESS SCHOOLS = (bisnes sculs) = Colegios en donde se enseña administración de negocios.
BUSINESS SENSE = (biznes sens) = Mod. Sentido y habilidad para negociar.
BUSINESS SERVICE CENTERS = (biznes servis centers) = Centros de servicio para negocios. Servicios de información y asesoría para negocios.
BUSINESS SIDE = (biznes said) = El lado de una ocupación como negocio.
BUSINESS/TRADE PUBLICATIONS = (biznes treid publikeishons) = Publicaciones del ramo. Revistas especializadas en una determinada industria, o tipo de negocios.
BUSINESS = (biznes) = Negocio.
BUY LOW, SELL HIGH = (bay lou, sel jaig) = Mod. Comprar a bajo costo, y vender con alta ganancia.
BY ALL MEANS = (bai ol mins) = De todos modos.

C = (si)

CAD. COMPUTER AIDED DESIGN = (cad. compiurer eided disaing) = Diseño asistido por computadora.

CARBURATORS = (carbiureirors) = Carburadores.

CARPENTRY & BUILDING CONSTRUCTION = (carpentry and bilding construcshion) = Carpintería y construcción de edificaciones.

CARPENTRY HAMMERS = (carpentry jamers) = Martillos de carpintería.

CARPENTRY = (carpentry) = Carpintería.

CARPET CLEANING = (carpet clining) = Limpieza de alfombras y tapetes.

CARPET INSTALLATION = (carpet instaleishon) = Intalación de alfombras.

CARPET INSTALLERS = (carpet instalers) = Instaladores de alfombras.

CARTOONS = (cartuns) = Caricaturas, historietas, dibujos animados.

CASES IN POINT = (keises in point) = Mod. Casos en consideración. Casos como ejemplos.

CASH FLOW = (kash flou) = Flujo de dinero en efectivo de un negocio. Identifica los ingresos y gastos de un negocio.

CASH = (kash) = Dinero en efectivo.

CASSETTE DECKS = (caset deks) = Componente de un equipo de sonido para tocar casetes.

CATALOGS, SAMPLE BOOKS = (catalogs, sampol buks) = Catálogos, muestrarios.

CATERERS = (keirers) = Proveedores de comida para fiestas y banquetes.

CATERING SERVICES = (keitering servises) = Servicios de comida y cenas a domicilio para banquetes y fiestas de toda clase.

CATHOLIC COMMUNITY SERVICES = (katolic comiunity servises) = Servicios católicos comunitarios.

CD-ROM READER = (si-di rom rider) = Aparato electrónico que se utiliza para "leer" o proyectar discos compactos en la pantalla de las computadoras. Elemento esencial de multimedios electrónicos.

CEILINGS = (silings) = Cielo raso.

CELEBRATIONS = (celebreishons) = Celebraciones.

CERTIFICATES = (certifikeits) = Certificados, documentos legales.

CERTIFIED PUBLIC ACCOUNTANT = (certifaid publik acauntant) = Contador público titulado o juramentado.

CHAIN SAW = (chein sou) = Sierra eléctrica de cadena.

CHANGE OF STATUS = (cheinch of steitus) = Cambio de estado o situación inmigratoria, social etc.

CHARCOAL = (charcol) = Carbón.

CHARTS = (charts) = Cartillas gráficas, bosquejos.

CHECK LIST PRO = (chek list pro) = Programa de autochequeo para las computadoras.

CHEMICAL TREATMENTS = (kemicol tritments) = Tratamientos con productos químicos.

CHILD CARE FOOD PROGRAM U.S. DEP. OF AGRICULTURE = (chaild keir fud program yu. es. dip. of agricultshur) = Programa de ayuda con comida del departamento de agricultura de los E.U. para el cuidado de niños.

CHILD CARE = (chaild keir) = Cuidado de niños.

(THE) CHOICE IS YOURS, AND ONLY YOURS = (di chois is yurs, and only yurs) = Mod. La elección o decisión es de usted, y solamente de usted mismo.

CIRCUIT BOARDS. SOUND CARDS = (circuit bords. saund cards) = Tableros de circuitos electrónicos, o tarjetas de sonido para las computadoras.

CLERK = (clerk) = Oficinista.

CITY HALL = (city jol) = Alcaldía, Ayuntamiento.

CO-WORKERS = (co-uorkers) = Compañeros de trabajo.

COLD WINTERS = (cold uinters) = Inviernos fríos.

COLLEGE DEGREE = (kaledch digre) = Grado de escuela superior.

COLOR MATCHING = (color matching) = Igualar colores. Lograr un mismo color deseado.

COMICS = (comics) = Historietas y tiras cómicas de periódicos.

COMMERCIAL DRAWINGS = (comershal drouings) = Dibujos comerciales.

COMMERCIAL NEWS USA = (comershal nius yu-es-ei) = Noticiero o boletin comercial USA.

COMMUNITY COLLEGE = (comiunity calech) = Colegios públicos de la comunidad.

COMMUNITY PAPER = (comiunity peiper) = Periódico de la comunidad.

COMMUNITY SCHOLLS = (comiunity skuls) = Colegios de la comunidad.

COMPANY LUNCHS = (company lonchs) = Almuerzos empresariales y de corporaciones para discutir negocios.

COMPANY PARTIES = (company partis) = Fiestas y celebraciones empresariales.

COMPANY PICNICS = (company picnics) = Días de campo empresariales.

COMPUTER AIDED DESIGN = (compiurer eided dizain) = Diseño gráfico asistido por computadora.

COMPUTER BUFF = (compiurer buf) = Entusiasta aficionando a las computadoras.

COMPUTER CONSULTANTS = (compiurer consultants) = Asesores en materia de computación.

COMPUTER RELATED SERVICES = (compiurer rileired services) = Servicios relacionados con las computadoras. Reparación. Mantenimiento.

COMPUTER REPAIR SERVICES = (compiurer ripeir servises) = Servicio de reparación de computadoras.

COMPUTER TRADE SHOWS = (compiurer treid shous) = Exposiciones exclusivas del ramo de las computadoras en general.

COMPUTER UP-GRADING = (compiurer ap-greiding) = Añadir componentes más avanzados a una computadora.

CONSULTING FIRM = (consulting firm) = Firma de consultoría. Asesores de consulta.

CONTRACTORS = (contractors) = Contratistas.

CORPORATE MINUTE BOOKS = (corporeit minet buks) = Libros de minutas o records empresariales.

CORPORATED MARQUEES = (corporeited marquis) = Fiestas empresariales al aire libre en marquesinas o carpas (Pabellones).

COUNTRY CLUB = (cauntry clob) = Club campestre o de campo.

CREATE. YOUR OWN HOMEBASED BUSINESS = (crieit yur oun jombeised biznes) = Crea tu propio negocio basado en casa.

CREDIT LINE = (credit lain) = Línea de crédito por una determinada suma de dinero, extendida por un banco a un negocio o persona particular.

CREDIT UNION = (credit yunion) = Entidades particulares de las empresas, que ofrecen crédito a sus miembros.

CREW = (cru) = Grupo de personal necesario para una labor. Ej. Tripulación de un avión.

CUSTOM BROKERS = (costum brokers) = Agentes aduanales. Agencias encargadas de tramitar asuntos de importación.

D = (di)

DARK ROOM = (dark rum) = Cuarto obscuro. Ej. Un cuarto especial necesario para trabajar la fotografía.

DASHBOARD = (dashbord) = Tablero de instrumentos de los automóviles.

DATA SHEETS = (deita shits) = Hojas de datos. recopilación de datos informativos.

DATABASES = (deitabeises) = Bases de datos, almacenamiento. Bancos electrónicos de datos e información.

DAY CARE CENTERS = (dey ker centers) = Centros para el cuidado diario de niños. Guarderías infantiles.

DAY OFF = (dei of) = Día libre. Asueto.

DEALERS = (dilers) = Comerciantes, negociantes, distribuidores.

"DEATH AND TAXES, ARE THE ONLY TWO INEVITABLE THINGS IN LIFE" = (ded and taxes, ar di only tu inivitabol tings in dis laif) = La muerte y los impuestos son las dos únicas cosa inevitables en la vida.

DEDUCTIBLE BUSINESS EXPENSE = (didoctobol biznes expens) = Gasto deducible de impuestos.

DEFAULT = (difolt) = Inclumplimiento, faltar a un compromiso de carácter legal.

DEFENSE REUTILIZATION AND MARKETING SERVICE = (difens reyutiliseishon and marketing servis) = Servicios de reutilización y mercadeo del Departamento de Defensa.

DELIVERY = (delivery) = Entrega a domicilio.

DEPARTMENT OF LABOR = (dipartment of leibor) = Departamento del Trabajo de E.U.

DEPARTMENT STORES = (dipartment stors) = Grandes tiendas con variedad de departamentos. Tiendas por departamentos.

DESKTOP PUBLISHING = (desktap publishing) = Sistema de edición computarizado de publicaciones y arte gráfico.

DETAIL = (diteil) = Detallar, describir, al detalle.

DEVICES = (divaices) = Aparatos dispositivos.

DIPLOMAS = (diplomas) = Diplomas.

DISC JOCKEY = (disc yaki) = Animador musical.

DISC-PLAYERS = (disc pleyers) =Aparatos para tocar discos compactos.

DISHWASHER = (dish-uacher) = Lavaplatos.

DISSERTATIONS = (diserteishions) = Disertaciones, discutir detalladamente una materia.

DO-IT-YOURSELFERS = (du-it-yurselfers) = Quienes hacen ciertas cosas por si mismo. Ej. Quien repara su propia computadora o automóvil.

DOING WHAT YOU LOVE TO DO BEST = (duin uat yu lov tu du best) = Haciendo lo que mejor y más te gusta hacer .

DOUBLE ENTRY = (doubol entry) = Columnas dobles en un libro de contabilidad.

DOWNTOWN = (dauntaun) = Centro comercial de la ciudad.

DOWN-TIME = (daun taim) = Tiempo de interrupción forzosa. Ej. El tiempo transcurrido cuando se rompe una maquinaria que está en funcionamiento.

DOWN PEYMENT = (daun peiment) - Cuota inicial. Enganche.

DRAFTING/COMPUTER AIDED DESIGN = (drafting/compiurer eided dizain) = Diseño Gráfico técnico asistido por computadora.

DRAWING BOARD = (drouing bord) = Tablero para dibujar.

DRAWING = (drouing) = Dibujo
Creativo.
DRAWINGS = (drouings) = Dibujos.
DREAM HOUSE = (drim jaus) = La
casa soñada.
DRILL PRESSES = (dril preses) =
Máquinas de taladro.
DRIVERS LICENSE = (draivers
laises) = Licencia de conductor.
DROP-OUT = (drap-aut) = Abandonar
los estudios. Retirarse sin terminar.

DRYWALL = (dray-uol) = Material
usado en la construcción. "Tablaroca".
Paneles para construir paredes.
DRYWALL WORKERS = (dray uol
uorkers) = Quienes trabajan la
"Tablaroca". -Construcción-
DUTY = (dury) = Impuestos de
importación. Tarea o labor obligada.

E = (i)

EARN MONEY WHILE LEARNING A CAREER = (ern mony uail lerning a carrier) = Gane dinero mientras aprende una carrera u ocupación.

EARN WHILE YOU LEARN = (ern uail yu lern) = Gane dinero mientras aprende.

ELECTRICIANS = (electrishians) = Electricistas.

ELECTRONICS SERVICE TECHNICIAN = (electronics servis teknishian) = Técnicos de servicio y reparación de aparatos electrónicos.

ELECTRONIC GAMES = (electronic geims) = Juegos electrónicos.

E-MAIL = (i-meil) = Correo electrónico.

EMERGENCY CARE AND NUTRITION = (imeryenci keir and nutrishion) = Primeros auxilios en casos de emergencia y nutrición.

ENDLESS = (end-les) = Sin fin. Interminable, infinito.

ENTERTAINERS = (enterteiners) = Quienes entretienen artística o musicalmente. Farándula.

ENTIRE WORLD OF NEW OPPORTUNITIES = (entair urld of niu oportuniris) = Un mundo entero de nuevas oportunidades.

ENTREPRENEUR = (entreprenur) = Persona emprendedora. Negociante independiente. Empresario.

ENVELOPES = (envelops) = Sobres para cartas.

EQUALIZERS = (ikualaizers) = Ecualizadores de sonido.

ESPANGLISH = (espanglish) = Mezcla del idioma español con el inglés.

EVENT BULLETINS (ivent buletins) = Boletines e información sobre futuros eventos.

EXPANSION SLOTS = (expanshion slats) = Espacios o ranuras dentro de las computadoras para agregar nuevos componentes. Ej. expansión de memoria.

EXPENSES = (expenses) = Costos. Gastos.

EXTENDING A HELPING HAND = (extending ei jelping jend) = Extender una mano de ayuda.

EXTERMINATORS = (extermineirors) = Exterminadores.
–Fumigación

F = (ef)

FABRICS = (feibrics) = Tejidos. Telas.

FACTORY = (factory) = Fabrica.

FAMILY DAY CARE = (family dei keir) = Cuidado de niños en casas de familia.

FARM BOY = (farm boy) = Muchacho de granja.

FARMHOUSE = (farmjaus) = Casa de granja. Rancho.

FAX = (fax) = Sistema de comunicaciones que se usa para transmitir documentos y gráficos a través de la línea telefónica.

FAX MODEM = (fax modem) = Aparato electrónico que le permite a una computadora enviar faccimiles a distancia, por medio de una línea telefónica.

FEDERAL BUREAU OF INVESTIGATIONS. FBI = (federal biurou of investigeishions. ef- bi-ai) = Agencia Federal de Investigaciones de los Estados Unidos.

FEDERAL FIREARMS LICENSE = (federal fair-arms laisens) = Licencia federal para negociar con armas de fuego.

FIBERGLASS = (faiberglas) = Fibra de vidrio. Ej. material para la construcción de armazones de embarcaciones, y vehículos.

FILE CABINET = (fail cabinet) = Gabinete para archivar documentos, papeles, etc.

FILE = (fail) = Archivo Carpeta.

FINE PRINT = (fain print) = Letra muy pequeña que aparece al final de todo documento.

FINISH = (finish) = Terminar. Acabado en mano de obra.

FIRE RETARDANT = (faiar ritardant) = Material que retarda la acción del fuego.

FIRE SPRINKLERS = (faiar sprinklers) = Instalaciones de tuberías con rociadores especiales para que funcionen en caso de incendio.

FLAIR = (fleir) = Instinto. Inclinación. Talento.

FLEA MARKET = (fli market) = Mercados callejeros. "Pulgueros". Ej. venta de mercancia en puestos públicos como bazares, tianguis etc.

FLOOR CONTRACTORS = (flor contractors) = Contratistas especializados en instalar pisos.

FLOOR COVERINGS = (flor coverings) = Materiales para cubrimiento de pisos.

FLOOR WORKERS = (flor workers) = Trabajadores de la construcción especializados en instalar pisos.

FLORAL ARRANGEMENTS = (floral arreinchments) = Arreglos florales.

FLORAL BUSINESS = (floral biznes) = Negocio de flores.

FLOWER DELIVERY SERVICE = (flauer delivery servis) = Servicio de entrega de flores a domicilio.

FLUID PUMP = (fluid pomp) = Bomba de fluido.

FLYERS = (flayer) = Hojas volantes para hacer publicidad.

FOOD CATERER = (fud keirer) = Proveedor de comida para fiestas y banquetes.

FOOD SUPPLY = (fud suplay) = Abastecimiento de comida.

FOR A VERY GOOD PROFIT = (for ei very gud prafit) = Por una muy buena ganancia económica.

FORECLOSURES = (forcloushurs) = Acciones tomadas por el incumplimiento en el pago de una hipoteca. Pérdida de propiedad.

FORESCAST = (forcast) = Pronosticar. Planear. Ej. Hacer proyecciones de un negocio a largo plazo.

FORTUNE = (forshun) = Fortuna. Nombre de una de las más importantes

revistas estadounidenses de negocios.
FOUNDING FATHERS = (fauding faders) = Fundadores de las primeras colonias de la Unión Americana.
FORUM = (forum) = Foro.
FRAMES = (freims) = Marcos. Estructuras.
FRANCHISE = (franchais) = Franquicias. Cadena de negocios.
FREE LANCE = (fre lans) = Hacer trabajos por cuenta propia. Ej. Un fotógrafo que trabaja por su cuenta y vende su material a distintas publicaciones.
FREE TRADE = (fre treid) = Comercio libre.
FROM SCRATCH = (from escrach) = Mod. De la nada, desde abajo, desde el punto cero.
FULL EXTENT = (ful extent) = En toda su extensión.

FULL MECHANICAL SERVICE = (ful mekanical servis) = Servicio completo de mecánica.
FULL-TIME BUSINESS = (ful taim biznes) = Negocio de tiempo completo. Tener un negocio permanente.
FULL-TIME = (ful taim) = Tiempo completo.Tener un trabajo permanente.
FULL = (ful) = Lleno. Completo.
FUN FOOD BUSINESS = (fon fud biznes) = Negocio de comida especial para sitios de diversión.
FUNCTIONALLY ILLITERATE = (funkshionali iliterieit) = Analfabetos funcionales.
FUND RAISING = (fund reising) = Eventos o programas para recaudar fondos con un determinado fin.
FURNACE = (furnes) = Calentadores. Hornos.

G = (yi)

GAMES = (geims) = Juegos.
GAS-ONLY SEVICE = (gas-only servis) = Servicio de venta de gasolina solamente.
GARDEN TRACTORS = (garden tractors) = Tractores pequeños para trabajar en parques y jardines.
GENERAL CONTRACTORS AND SUB-CONTRACTORS = (yeneral contractors and sub-contractors) = Contratistas en general y subcontratistas. - Construcción-
GENERAL EDUCATION DEVELOPMENT –GED– = (yeneral edukeishion divelopment –yi-i-di) =Cursos de estudio abreviado, equivalentes al **High Scholl** o Escuela Superior. Programa oficial de estudios aprobado por el **U.S. Department of Education.**
GENERAL LEDGER = (yeneral ledyer) = Libro mayor de contabilidad.
GENERAL ORDER = (yeneral order) = Orden general.
GENERAL STRIKE = (yeneral straik) = Huelga general. Paro laboral.
GET RICH-QUICK SCHEMES = (get rich-kuik skims) = Mod. Tramar algo para hacerse rico de la noche a la mañana. Ardid.
GLAZIER = (gleizer) = Persona que trabaja con vidrios. Vidriero.
GOD BE WIHT YOU, AND GOOD LUCK = (gad be uit yu, and gud lok) = Dios este con usted y buena suerte.
GO FOR IT = (go for it) = Mod. Persigue la meta. Manos a la obra. ¡ADELANTE!
GO-KARTS = (go-karts) = Pequeños carros recreativos de carreras.
GOLD MINES = (gold mains) = Minas de oro.

GOLDEN ANNIVERSARIES = (golden aniversaris) = Bodas de oro.
GOOD LIFE = (gud laif) = Buena vida.
GOODIES = (gudiz) = Cosas buenas. Golosinas.
GRADUATIONS (gradueshions) = Graduaciones.
GRANDMOTHER = (grandmoder) = Abuela.
GRANT = (grant) = Donación de dinero.
GRASS = (gras) = Césped.
GRAPHIC JOURNALIST = (grafic yurnalist) = Reportero gráfico.
GRAVEL = (greivol) = Grava. Cascajo.
GREAT LAKES = (greit leiks) = Zona de los grandes lagos en la frontera con el Canadá.
GREEN CARD = (grin card) = Tarjeta otorgada por el Servicio de Inmigración, para residir permanentemente en Estado Unidos.
GREEN THUMB = (grin thom) = Mod. Se dice de las personas que tienen "buena mano" para las plantas.
GREEN-HOUSE GROWING = (grin-jaus growing) = Cultivo de plantas en invernaderos.
GROSS SALES = (gros seils) = Ventas en bruto.
GROUP INSURANCE PROGRAMS = (grup inshurens programs) = Programas de seguros en grupo.Ej. Pólizas de hospitalización.
GUN-SHOWS = (gun-shous) = Exposiciones de armas de fuego para la venta.

H = (eich)

HACKERS = (jakers) = Persona que se entromete en redes de computadoras para sabotear o robar datos ajenos. Piratería electrónica.

HAND-GUNS = (jandgons) = Armas cortas de fuego.

HANDBOOKS = (jandbuks) = Manuales. Libros de instrucción.

HANDICRAFTS = (jandcrafts) = Artesanias hechas a mano.

HANDS-ON TRAINING KIT = (jands-on treining kit) = Estuche con equipo o herramientas para trabajar en una determinada labor de entrenamiento.

HANDS-ON = (jands-on) = Práctica manual.

HARD COPY = (jard copy) = Copia en papel del trabajo realizado por una computadora. Salidas de impresión *laser.*

HARD DRIVE = (jard draiv) = Disco duro de una computadora.

HARD-WORK = (jard-uork) = Trabajo pesado. Labores dificiles.

HARDWARE = (jard-uear) = Todo aparato electrónico usado en el campo de las computadoras.

HEAT TRANSFERS = (jit transfers) = Calcomanias, u otros diseños que se transfieren a la tela, papel, u otros materiales por medio de calor.

HEATING AND AIR CONDITIONING = (jiting and eir condishioning) = Calefacción y aire acondicionado.

HEAVY DUTY BRUSHES = (jevy dury broshes) = Brochas de gran resistencia.

HEAVY-DUTY = (jevy dury) = Extrafuerte . De mucha resistencia. Ej. herramienta durable.

HELP = (jelp) = Ayuda, auxilio. Personal para trabajar.

HELPER = (jelper) = Ayudante.

HIGH FASHION = (jaig fashion) = Alta moda. Costura elegante.

HIGH SCHOOL DANCES = (jaig skull danses) = Bailes escolares.

HIGH SCHOOL = (jaig skul) = Escuela superior. Bachillerato.

HIGH-END-PACKAGES = (jaig-end pakeshes) = Programas de computación muy avanzados. De alto nivel.

HIGH-TECH = (jaig tek) = Altotécnologico. Técnologia de punta.

HIGHER CONTINUING EDUCATION = (jayer continuing edukeishion) = Educación superior continua. Cursos académicos.

HERE APPLIES THE PRINCIPLE OF A GOOD BUSINESS FORMULA = (jier aplais di principol of ai gud biznes formiula) = Aquí se aplica el principio de una buena fórmula de negocios.

HOBBY, HOBBIES = (jabi, jabis) = Aficiones. Pasatiempos.

HOBBYIST = (jabist) = Aficionado amateur.

HOME ENTERTEINMENT EQUIPMENT = (jom-enterteiment ekuipment) = Equipo de entretenimiento familiar -audio/video-.

HOME INSPECTION = (jom inspecshion) = Inspección estructural de casas.

HOME MEDICAL CARE SERVICES = (jom medical keir services) = Servicios de cuidado medico en casa.

HOME PLANES/BLUEPRINTS = (jom plans/blueprints) = Planos de casas.

HOME SCHOOLERS = (jom-skulers) = Hijos que son educados en casa por sus mismos padres.

HOME TRAINING PROGRAMS = (jom treining progams) = Programas de estudio para autocapacitarse en casa.

HOME-ALONE-KIDS = (jom-alon kids) = Niños y adolescentes que se

tienen que quedar gran parte de su
tiempo solos en casa, debido a que sus
padres tienen que trabajar, o cumplir
otros compromisos.
HOME-INSPECTOR = (jom
inspector) = Inspector de estructuras
de casas.
**HOME-MADE MONEY
MACHINES** = (jom-meid mony
machins) = Mod. Máquinas para
"hacer" dinero en casa.
HOME OFFICE = (jom-ofis) =
Oficina en casa.
HOME OFICCE EQUIPMENT =
(jom-ofis ekuipment) = Equipos para
oficina en casa.
HOME-REMODELING = (jom
rimadeling) = Remodelación de casas.
HOME STUDY = (jom-stody) =
Estudiar en casa. Cursos de
autocapacitación por correspondencia,
o por medios electrónicos **On-Line**
(on-lain) = En línea.
HOMEBASED BUSINESS =
(jombeis biznes) = Un negocio con
base en casa.
HOSTESS = (jostes) = Anfitriona.
Jefe o jefa de camareras.

HOT DOGS = (jat dogs) = Perros o
salchichas calientes.
HOT SUMMER = (jat somer) =
Verano caliente.
HOTELS = (jotels) = Hoteles.
HOTTEST = (jotest) = Muy caliente.
Mod. Algo que esta muy de moda. Un
producto "caliente" en ventas.
**HOW TO GET IN THEIR MAILING
LISTS** = (jao tu get in deir meiling
lists) = Cómo entrar en sus listados de
correo para que una entidad o empresa
le envie información periódica o
catálogos.
**"HOW TO MAKE $ 100,000
DOLLARS A YEAR, IN DESKTOP
PUBLISHING"** = (jao tu meik
jandred tausand dolars ei yiar in desk-
tap publishing) = Cómo ganar
$100,000 dólares al año con diseño
publicitario electrónico.
**"HOW TO MAKE MONEY WITH
FLORAL DESIGNS"** = (jao tu meik
mony uid floral dizains) = Cómo hacer
dinero con arreglos florales.
HOW-TO = (jao-tu) = Cómo hacerlo.
HUMBLE BEGINNING = (jombol
bigining) = De comienzo humilde.

I = (ai)

"IF YOU REALLY WANT TO MAKE MONEY, GO WHERE THE MONEY IS" = (if yu rily uant tu meik mony, go juer di mony is) = Si usted realmente quiere hacer dinero, váyase a donde está el dinero.

IGNITION POINTS = (ignishion points) = Sistema de encendido de un automóvil.

ILLEGAL ALIEN = (iligol elien) = Persona que no tiene documento para residir legalmente en Estados Unidos. Indocumentado. "Mojado"

IMMIGRATION AND NATURALIZATION SERVICE. INS. (immigreishion and naturaliseishion servis. ai-en-es) = Servicio de inmigración y naturalización de los E. U.

IN A FORMAL BUSINESS WAY = (in ei formal biznes uei) = Mod. Hacer un negocio o prestar un servicio de una manera profesional.

"IN GOD WE TRUST... BUT ALWAYS LOCK YOUR HOUSE AND YOUR CAR" = (in gad ui trost, bat olueis lac yur jaus and yur car) = En Dios nosotros creemos... pero siempre asegurese de cerrar bien su casa y su carro. Siempre mantega sus cosas de valor bajo llave.

IN HOME CARE = (in-jom keir) = Cuidar a alguien en casa. Asistencia médica a domicilio.

IN VIEW OF THE FACT = (in viu of di fact) = En vista de los hechos.

INCOME = (incom) = Ingresos económicos.

INDEPENDENT CONTRACTORS = (independent contractors) = Contratistas independientes.

INDOOR MODELING = (indor modeling) = Modelaje de estudio fotográfico, o pasarela,

INDUSTRIAL/TECHNICAL = (indostrial/tecnical) = Industrial/técnico.

INFOPAGES = (infopeiyes) = Páginas de información.

INFORMATION AGE = (informeishion eich) = Era de la información.

IN OTHER WORDS = (in oder uords) = En otras palabras.

INSULATION WORKERS = (insuleishon workers) = Trabajadores que manejan e instalan materiales de aislamiento térmico.

INSULATION = (insuleishon) = Aislante termico. De mucho uso en la construcción e industria en general.

INSURANCE SERVICES = (inshurrens services) = Servicios de pólizas de seguros.

INTERCOMPANY TRANSFEREES = (intercompany transferris) = Transferir empleados entre una sede corporativa y otra.

INTERIOR DECORATORS = (intirior decoreirors) = Decoradores de interiores.

INTERNAL REVENUE SERVICE (IRS) = (internal reveniu servis. ai-ar-es) Entidad Federal encargada de la recolección de impuestos. Hacienda.

INTERNAL REVENUE SERVICE (IRS) = (internal reveniu servis. [ai-ar-es]) = Servicio interno de rentas. Entidad del gobierno Federal de los Estados Unidos encargada de la recaudación de impuestos. Hacienda.

INTERNSHIPS = (internships) = Programas de capacitación que realizan universitarios en lugares de trabajo. Aprendices internos.

INVEST IN YOURSELF FIRST = (invest in yurself ferst) = Primero invierte en ti mismo.

IT' S THE WAVE OF THE FUTURE = (its di ueiv of di fiuchur) = Es la "onda" del futuro. Olas futuristas.

IT' S YOUR NUMBER FOR LIFE = (its yur nomber for laif) = Es su número de por vida.

IT'S BIG BUSINESS TODAY = (it' s big biznes tudey) = Es hoy en día un gran negocio.

J = (yei)

JACK-OF-ALL-TRADES = (yak-of-ol-treids) = Mod. Aprendíz de todo, oficial de nada.

JANITORS = (yanitors) = Encargados de la limpieza en oficinas, fábricas, negocios.

JETSKI = (yetski) = Moto-Esquí.

JOINTERS = (yointers) = Ensambladores.

JUDGE = (jodsh) = Juez.

JUNIOR COLLEGE = (yunior kaledch) = Colegio preuniversitario.

JUNK MAIL = (yonk meil) = Correo sin valor. Materíal de publicidad y anuncios de poco intéres.

K = (kei)

KARAOKE = (keireioky) = Canto/imitación por medio de pistas musicales. Catabar. Sistema japones de entretenimiento musical.

KEYBOARD = (kibord) = Piano/teclado electrónico.

KINDER-CARE LEARNING CENTERS = (kinder-keir lerning centers) = Guarderías o centros de educación preescolar para niños.

KITCHEN SOUPS = (kitchen sups) = Lugares en donde se sirve comida gratuita para los pobres.

KITCHEN TABLE = (kitchen teibol) = Mesa de cocina

L = (el)

LABOR UNION = (leibor yunion) = Unión Laboral. Sindicato de Trabajo.

LANDSCAPE-DRAWINGS = (landskeip drouings) = Dibujos de paisajes y zonas verdes.

LANDSCAPE-GARDENING = (landskeip gardening) = Jardinería ornamental.

LANDSCAPING = (landskeiping) = Arreglo de entornos de jardinería y paisajes naturales.

LASTING IMPRESSION = (lasting impreshion) = Impresión que perdura

LATHE = (leid) = Torno.

LAW FIRMS = (loa firms) = Firmas de abogados. Bufetes Legales.

LAW LIBRARIES = (loa laibreris) = Bibliotecas legales.

LAWN CARE AND BUSH TRIMMING = (laun keir and bush triming) = Cuidado del cesped, y poda de arbustos.

LAWN-MOWER = (laun mouer) = Segadora de cesped.

LAWYER (s) = (loyers) = Abogado(s)

LAY-OFFS = (ley-ofs) = Suspención de trabajo. Despidos.

LAY-OUTS = (ley-auts) = Trazar planos o composiciones gráficas, despliegue. Esquema de como va a quedar una publicación.

LEAD BULLET MANUFACTURING = (led bulet manufacshuring) = Manufacturas y recargamiento de balas.

LEAKY ROOF = (liki-ruf) = Techo que gotea.

LEARNING THE ROPES = (lerning de roups) = Mod. Aprendiendo las "cuerdas", y los trucos de una ocupación.

LEASE = (lis) = Tomar en arriendo o alquiler.

LEGAL ADVISE = (ligol advais) = Asesoría legal.

LEGAL BACKGROUND WORK = (ligol bakgraund uork) = Trabajo de investigación de antecedentes legales.

LEGAL DATABASES = (ligol deitabeises) = Bases de datos legales.

LEGAL DRAFTS = (ligol drafts) = Borradores de cartas y notas legales.

LEGAL RESEARCH TECHNICS = (ligol riserch tecnics) = Técnicas de investigación legal.

LEGAL RESEARCH = (ligol riserch) = Investigación legal.

LEGALESE = (legalis) = Términos legales. Lenguaje propio de abogados.

LETTERHEADS = (leterjeds, logos) = Hojas y sobres membretados para correspondencia. Logotipos.

LIFE-STYLE = (laif stail) = Estilo de vida.

LIMESTONE = (laimeston) = Piedra caliza.

LION'S SHARE = (laions shear) = Mod. llevarse la parte o "rebanada'' más grande.

LIVE AMMUNITION/BULLETS = (laiv amiunishion/bulets) = Municiones. Balas.

LOCKSMITHING INSTITUTE OF AMERICA = (laksmiting institiut of america) = Instituto Americano de Cerrajería.

"LOCKSMITHING LEDGER" = (laksmiting ledjer) = Nombre de publicación especial para cerrajeros.

LOCKSMITHING = (laksmiting) = Cerrajería.

LOW-END PACKAGES = (lou-end pakeshes) = Programa de computación de fácil aprendizaje. Nivele medio.

LUBRICATION = (lubrikeishion) = Lubricación.

LUNCH WAGON = (lonch wagon) = Camioneta acondicionada para vender comida.

LUNCH = (lonch) = Almuerzo.

M = (em)

MAGAZINE = (magazin) = Revista.
MAILING LISTS = (meiling lists) =
Lista de direcciónes para hacer envios
por correo.
MAIN FRAMES = (mein freims) =
Equipos de computación de gran
tamaño.
MAKE-BELIEVE = (meik biliv) =
Hacer creer. Aparentar
MALLS = (mols) = Centros
comerciales.
*MANAGEMENT CONSULTING
SERVICES* = (manachment
consulting services) = Servicios de
consultoría administrativa.
MANAGER = (manayer) =
Administrador, Gerente, Encargado.
MAPS = (maps) = Mapas.
MARKETING RESEARCH =
(marketing riserch) = Investigación de
mercado.
MEANINGLESS = (mining-les) = Sin
sentido.
MECHANICAL REQUIREMENTS =
(mekanical rikuairments) =
Requerimientos mecánicos. Ej.
Medidas para borrar una publicación.
*MEMBERS OF THE
JURY*=(members of di yury) =
Miembros del jurado.
MENUE = (meniu) = Carta de
restaurante.
MICROSOFT = (maicrosoft) = Marca
registrada de empresa productora de
software, o programas para
computadoras.
MISTAKE = (misteik) = Error.

MOBILE DISC JOCKEY = (movil
disc yaky) = Animador musical de
fiestas que presta sus servicios a
domicilio.
MODEL DESIGNS = (model
dizaings) = Patrones de diseño.
MODELING WORLD = (modeling
world) = Mundo del modelaje.
MODEM = (modem) = Componente
electrónico que conecta una
computadora a una línea telefónica,
para que una o varias computadoras se
comuniquen entre si mismas.
"MONEY MACHINE" = (mony
machin) = Mod. Máquina de hacer
dinero.
MONEY ORDER = (mony order) =
Cheque de banco. Giro postal.
MOTORBOAT MECHANIC =
(motorbout mekanic) = Mecánico en
motores acuáticos.
MOTORCYCLE MECHANIC =
(motorsaicol mekanic) = Mecánico en
motocicletas.
MOUNDS = (maunds) = Montículos
ornamentales.
MUFFLERS = (moflers) =
Silenciadores de automoviles.
MULTIMEDIA = (multimidia) =
Medios múltiples de comunicación y
entretenimiento electrónico.
*MUSICAL NSTRUMENT DIGITAL
INTERFACE. MIDI* = (miusical
instrument diyital interfeis. midi) =
Sistema que permite computarizar
instrumentos musicales.

N = (en)

NAFTA/NORTH AMERICAN FREE TRADE AGREEMENT = ([nafta] nord american fre treid eigriment) = Tratado de libre comercio entre Cánada, Estados Unidos y México. TLC.

NAMESAKE = (neimseik) = Tocayo, homónimo.

NATIONAL HOME STUDY COUNCIL = (neishonal jom estody cauncil) = Concilio nacional de Estudios en Casa. Entidad en donde están acréditadas las más importantes instituciones del *Home Study.*

NETWORK=(network) = Trabajo en red. Transmisiones en cadena. Grupo de personas que trabajan conjuntamente en busca de un mismo fin personal o comercial. Red de contactos personales y de negocios.

NEW FACES = (niu feices) = Caras nuevas.

NEW TOOLS OF THE TRADE = (niu tuls of di treid) = Nuevas herramientas del oficio.

NEWS = (nius) = Noticias.

NEWSLETTERS = (niuslerers) = Boletines o panfletos que contienen noticias e información de interés común para un determinado grupo de personas, empresas, negocios etc.

NEWSPAPERS = (niuspeipers) = Periódicos. Diarios.

NET PROFITS = (net prafits) = Ganancias netas.

NIGHT CLUBS = (naigt clobs) = Centros nocturnos.

NO WAY = (no uei) = Mod. de ninguna manera.

NON-IMMIGRANT = (non immigrant) = Quien es admitido a los Estados Unidos solamente como inmigrante temporal.

NONSENSE = (nonsens) = Algo sin sentido, disparate, tontería.

NOT ALL LEGAL WORK REQUIRES A LAW DEGREE = (nat ol ligol uork ricuayers a loa digri) = No todo trabajo legal requiere de un título académico.

NOT YEAR AROUND BUSINESS = (nat yiar araund biznes) = Un negocio que no funciona todo el año; temporadas solamente.

NOW THE CHOICE IS YOUR'S, AND ONLY YOURS = (nao di chois is yurs and only yurs) = Mod. La elección o decisión es de usted, y solamente de usted mismo.

NURSERIES = (nurseris) = - Guarderías. Viveros.

O = (o)

OBSERVATION & DRAWING = (observeishion and drouing) = Observación y dibujo.

OCCUPATIONAL EDUCATION = (ocupeishional edukeishion) = Educación ocupacional.

"OCCUPATIONAL OUTLOOK HANDBOOK" = (ocupeishional autluk hendbuk) = Manual de Perspectivas ocupacionales.

OF COURSE... AND HOW GLAD ARE THE ONES WHO ARE DO IN IT = (of cours... and jao glad ar di uans ju ar du in it) = Por supuesto... y que contentos se encuentra los que lo están haciendo.

OFF THE STREET = (of di estrit) = Sacados de la calle.

OIL CHANGE = (oil cheinch) = Cambio de aceite.

OLD MISSILE LAUNCHERS = (old misol lonchers) Lanzadores viejos de proyectiles.

OLD USED CARS = (old yused cars) Carros viejos usados.

ON TOP OF THAT = (on tap of dat) = Encima de ello.

ON-LINE = (On-line) = Cuando una computadora se comunica con otra a través de la línea telefónica o *modem*. Redes de comunicación e información a través de la computadora.

ON-LINE LAW LIBRARY = (on-lain loa laibrery) = Bibloteca legal en línea.

ON-SITE = (on sait) = En el mismo sitio.

ONE HOUR PHOTO FINISH = (uan auar foto finish) = Revelado y copiado de fotografías en una hora.

ONE THING LEADS TO ANOTHER = (uan thing lids tu anoder) = Una cosa lleva a la otra.

ONLY THE SKY IS THE LIMIT = (only di skai is di limit) = Mod. Sólo el cielo es el límite.

OUT-COMES = (aut-coms) = Resultados.

OUT-DOORS ADVERTISEMENT = (aut-dors advertaisment) = Publicidad callejera, en carreteras, y lugares públicos.

OUT-DOORS PEST CONTROL = (aut-dors pest control) Control y exterminio de plagas que se crean en los exteriores de las edificaciones, jardines, parques etc.

OUT-DOORS = (aut-dors) = Al aire libre, a la intemperie.

OUTBOARDS = (autbords) = Fuera de borda - motores-

OVER-TIME = (over taim) = Sobre tiempo extra. Trabajar más horas de lo normal.

OVERHAUL = (overjol) = Chequeo y reparación completa de algún tipo de maquinaria.

P = (pi)

PAINTERS = (peinters) = Pintores.

PALETTE KNIFE = (palit naif) = Paleta o espátula usada en la pintura .

PAPER WORK = (peiper uork) = Trabajo de oficina. Papeleo.

PARALEGALS = (paraligals) = Asistentes de abogados, y quienes también pueden ejercer algunas de sus funciones menores.

PARK DISTRICT = (park district) = Administración municipal de parques públicos.

PARKING LOT = (parking lat) = Lote de parqueo. Estacionamiento.

PART-TIME = (partaim) = Quien solamente trabaja una parte del tiempo laboral establecido. Medio Tiempo. Trabajo temporal, parcial.

PARTNERS = (partners) = Socios empresariales o de negocios.

PARTNERSHIP = (partnership) = Sociedad empresarial.

PARTY PLANERS/PARTY SPECIALISTS = (pary planers/specialists) Quienes se encargan de planear y organizar toda clase de fiestas y eventos sociales.

PARTY TENTS = (pary tents) = Carpas o marquesinas especiales para fiestas al aire libre.

PARTY = (pary) = Fiesta.

PASTE-UPS = (peist-aps) = Montaje de gráficos o fotografías para producir una publicación. Armado de originales.

PASTELS = (pastels) = Colores vivos.

PAYROLL = (peyrol) = Nómina de pagos.

PAYS-OFF-WELL = (peis-of wel) = Mod. Algo que produce muy buen rendimiento, y paga muy bien.

PEN AND INK = (pen and ink) = Estilográfica y tinta.

PERFORMERS = (performers) = Artistas que entretienen.

PERIPHERALS = (periferals) = Todo aparato electrónico que se conecta a una computadora. Periféricos.

PERMANENT IMMIGRANT VISAS = (permanent immigrant visas) = Visas otorgadas por el servicio de Inmigración para residir permanentemente en Estado Unidos.

PERSONAL NETWORK IN ACTION = (personal network in acshion) = Red de trabajo personal en acción.

PHONEY GREEN CARDS = (fony grin cards) = Tarjetas falsas de residencia permanente.

PHOTO FINISH = (fotofinish) = Revelado y copia de fotografías.

PHOTOCOMPS = (fotocomps) = Composiciones y montajes fotográficos.

PHOTOMODELING/FASHION = (fotomodeling/fashion) = Fotografía de modelaje/moda.

PICNICS = (picnics) = Comidas campestre al aire libre o de playa.

PIECE-OF-MAIND = (pis-of-maind) = Mod. No tener preocupaciones. Tranquilidad mental.

PIJAMAS = (piyamas) = Ropa para dormir.

PIPEFITTER = (paipfirer) = Plomero especializado en instalación de tuberías a presión.

PLANTING/INTALLATION = (planting/instaleishion) = Plantar árboles.

PLASTIC MONEY = (plastic mony) = Mod. Dinero plástico, tarjeta de crédito.

PLAYBOY = (pleiboy) = Nombre de revista masculina de mayor circulación.

PLOTTERS = (ploters) = Impresores de computadoras para hojas de gran tamaño, de uso en mapas, esquemas, planos, hojas de cálculo, blue prints etc.

PLUMBERS = (plomers) = Plomeros.

POLICY = (palicy) = Normas.
Políticas y reglamentaciones internas
de una empresa.
POP-CORN = (pap-corn) = Palomitas
de maíz. Crispetas.
"POPULAR SCIENCE" = (popular
saians) = "Ciencia Popular". (Nombre
de revista).
PORCH = (porch) = Pórtico,
vestíbulo.
PORTAFOLIO = (portfolio) =
Portafolio. Resumen profesional
gráfico.- Resumen de talentos
artísticos y modelos.
POSTERS = (posters) = Carteles.
POWER = (pawer) = Fuerza, poder.
POWER SAW = (pawer sou) = Sierra
eléctrica de cadena, motosierra.
POWER-BOATS = (pawer bouts) =
Botes de carreras, "cigarretas".
POWER-ROCK- DRUM SYSTEMS =
(pawer rak drom sistems) = Sistema de
sonidos de tambores de alto poder.
PRACTICAL AND ECONOMICAL
TRAINING = (practical and
economical treining) = Entrenamiento
práctico y económico. Capacitación a
bajo costo.
PRECISE EYE COORDINATION =
(prisais ay coordineishion) =
Coordinación visual precisa. Mod.
Muy buen ojo.
PRECISION TUNING = (presishion
tuning) = Afinación precisa.

PRICE LIST = (prais list) = Lista de
precios.
PRINTED = (printed) = Impreso.
PRINT-OUTS = (Print-auts) = Copias.
PRINTER = (printer) = Impresor. Ej.
Un aparato que imprime una copia de
un trabajo hecho en una computadora.
PROCASTINATION =
(procastineishion) = Dejar las cosas
para mañana. Tardanza.
PROCESSING LABS = (procesing
labs) = Labotarios especiales para
procesar material fotográfico.
PROFIT = (prafit) = Ganancias
económicas. Beneficios.
PROFIT MARGIN = (prafit marying)
= Margen de ganancias.
PROMOTIONAL TENT EVENTS =
(promoshional tent ivents) = Eventos
promocionales bajo carpas.
PROYECT KITS = (proyect kits) =
Herramientas y accesorios para
trabajar en proyectos. Estuche portátil
de herramientas.
PUB = (pob) = Bar o cantina inglesa.
PUBLIC CENTRAL LIBRARY =
(poblic central laybrery) = Biblioteca
pública central.
PUBLIC HIGH SCHOOLS = (poblic
jaig skuls) = Escuelas públicas de
secundaria.
PUBLIC LIBRARIES = (poblic
laybreris) = Bibliotecas públicas.

$Q = (kiu)$

QUALIFIED = (cualifaid) =
Competente. Capaz. Calificado
QUARTER = (kuarer) = Un cuarto de
dolar - moneda de 25 centavos. En
medida, es el equivalente en una
cuarta parte.
QUEST = (cuest) = Indagación.
Búsqueda.

QUICK = (cuik) = Veloz. Rápido.
QUIET = (cuayat) = Tranquilidad.
Callar.
QUIZ = (cuiz) = Preguntas y
respuestas. Examen.

R (ar)

RADAR DETECTOR = (reidar ditector) = Detector con radar.

RAGS-TO-RICHES = (rags tu riches) = Mod. de harapos a riqueza; de pobre a rico.

RAT AND ROACH INFESTED BUILDINGS = (rat and rouches infested bildings) = Edificios infestados de ratas y cucarachas.

RAT-RACE = (rat reis) = Mod. estilo de vida apresurado y estresado. Quienes viven de pago en pago; cuando reciben su sueldo ya lo deben todo. Tienen muchas comodidades, pero no tienen tiempo para disfrutarlas.

RATS = (rats) = Ratas.

REAL ESTATE = (riol steit) = Propiedad raíz. Bienes raíces, inmobiliarios.

REAL ESTATE AGENTS = (riol steit eiyents) = Agente de bienes raíces.

RECESSION PROOF = (riceshion prof) = A prueba de crísis, o malos ciclos económicos.

RECORD = (record) = Registros, datos .

RECREATION ROOM = (ricrieishion run) = Sala de recreación.

RED TAPE = (red teip) = Demora en trámites oficiales. Retraso en documentación oficial. Pereza burocrática.

REGISTERED GUN DEALER = (reyistered gan diler) = Vendedor registrado y autorizado para negociar con armas de fuego.

REGISTERED NURSE = (reyistered nurs) = Enfermera con licencia para ejercer dicha profesión.

RELATIONSHIP = (rileishionship) = Relación entre personas. Amistad.

RENOVATION PROYECTS = (rinoveishion proyects) Proyectos de renovación.

RENTALS = (rentals) =Alquileres. Rentar aparatos y propiedades

REPAIR SHOP = (ripeir shap) Taller de reparación .

REPORTS = (riports) = Reportes.

RESEARCH = (riserch) = Investigar.

RESUME = (rizume) = Resúmenes de trabajo –curriculm vitae.

RETAIL = (riteil) = Ventas al por menor . Menudeo

RETIRED = (ritaiard) = Retirado. Jubilado. Pensionado.

RIDE-ON MOWERS = (raid-on mowrs) = Segadoras de cesped grandes –de montar.

RIGHT = (raigt) = Derecho.

RIGHT TO BEAR ARMS = (raigt tu bear arms) = El derecho constitucional de portar armas de fuego.

RIGTH FROM THE BEGIN = (raigt from di bigin) = Mod. Desde el principio.

RIP-OFFS = (rip-ofs) = Estafas. Timos.

ROACHES = (rouches) = Cucarachas.

ROBOTICS = (roborics) = Tecnología de automatización eléctronica.

ROCK GARDENS = (rak gardens) = Jardines de cascajo y roca.

ROLL = (rol) = Rodar. Mod. el papel que desempeña algo o alguien.

ROLLERS = (rolers) = Rodillos.

ROOF = (ruf) = Techo.

ROOFERS = (rufers) = Trabajadores especializados en el manejo e instalación de techos.

ROOMMATES = (rum-meits) = Compañeros de cuarto.

ROUTERS = (rauters) = Herramienta especial para trabajar la madera.

S = (es)

SALVATION ARMY = (salveishion army) = Institución de caridad y ayuda pública.

SAMPLE COPY = (sampol capy) = Copia de muestra. Ejemplar de cortesía. Ej. Una revista que es enviada gratuitamente a una persona.

SANDERS = (sanders) = Lijadores. Pulidores.

SATELLITE-DISH = (satelay-disch) Antena parabólica que recibe y retransmite señales de satélites.

SAVVY = (savy) = Conocimientos. Sabiduría.

"SAY IT WITH FLOWERS" = (seid it uid flauers) = "Dígalo con flores"

SCHEDULE = (esquechul) = Horario. Agenda. Programa.

SCHOOL COMPOSITIES = (skul camposits) = Composiciones o mosaicos fotográficos de los alumnos de una escuela para el anuario.

SCREEN = (escren) = Pantalla. Malla.

SCREEN PRINTING = (escren printing) = Serigrafía.

SCUILLY = (scuiyi) = Espátula especial que se usa para el trabajo de la serigrafía.

SEALED BIDS = (siled bids) = Ofertas selladas en sobre, para participar en subastas o remates.

SEASONAL = (sisonal) = De temporada. Referente a las estaciones climatológicas del año.

SECOND-HAND STORE = (second jand stor) = Tienda que vende artículos usados.

SECOND-HAND = (second jand) = De segunda mano. Usado.

SECURYTY GUARDS = (sequiurity gards) = Guardias de seguridad.

SELF-EMPLOYED = (self emploid) = Persona que trabaja por cuenta propia.

SELF-EMPLOYMENT = (self-employment) = Emplearse a sí mismo.

SELF-STEEM = (self estim) = Auto-estima. Iniciativa propia.

SERVICE TECHNICIANS = (servis tecnicians) = Técnicos de servicio.

SERVICE VAN = (servis van) = Camionetas de servicio. Furgoneta equipada con equipos y herramientas necesarias para prestar un determinado servicio a domicilio.

SERVICE-ON-WHEELS = (servis on wiils) = Mod. Servicios sobre ruedas. Negocios móviles.

SETTLING FEES = (setling fis) = Acordar tarifas y honorarios.

SHEETMETAL WORKERS = (shitmetal uorkers) = Quienes trabajan con hojas o láminas de metal Ej. Haciendo conductos metálicos de ventilación, o para aire acondicionado.

SHOE STRING = (shu string) Cordón o agujeta para zapatos. Mod. Se dice de quien empieza un negocio, practicamente sin ningun capital. De la nada.

SHORTS = (shorts) = Pantalón corto. Bermudas.

SHOW BIZ = (show-biz) = Mod. Negocios de la farándula y el espectáculo.

SHOWCASE SIGNS = (showkeis saings) = Avisos para vidrieras y vitrinas.

SHOWS = (shows) = Exhibiciones. Muestras comerciales. Entretenimiento artístico.

SIDE-JOB = (said jab) = Un trabajo, o trabajos que se hacen en adición al que se tiene permanente. Ej. Un electricista que trabaja permanentemente para una empresa, también hace trabajos por fuera cada que se le presente la oportunidad.

SILK SCREENING = (silk scrining) = Otro nombre con que también se conoce la serigrafía.

SILLY = (sily) = Necio.

SING-ALONG = (sing-along) =

Cantar con pista musical. **Karaoke.**
SING-BOARDS = (saing bords) =
Porta avisos. Tableros para rótulos o
letreros.
SKETCHS = (skechs) = Diseños,
bosquejos.
SKILL = (skil) = Habilidad, oficio,
destreza.
SKYSCRAPER = (skay-screiper) =
Rascacielos. Edificios muy altos.
SLANG = (slang) = Modismo,
vulgarismo, jerga.
SLIDES = (slaids) = Transparencias,
diapositivas fotográficas.
SLOWLY, BUT SURELY = (slowly
bat shurly). Mod. Despacito, pero
seguro.
**SMALL BUSINESS
ADMINISTRATION.** SBA = (smol
biznes administreishion [es-bi-ei]) =
Administración (nacional) de Negocios
Pequeños, Entidad oficial del
Gobierno Estadounidense encargada
de ayudar y asesorar a los propietarios
de negocios y empresas pequeñas.
SMALL ENGIN = (smol enyin) =
Motor pequeño.
SMALL MONEY = (smol mony) =
Poco dinero.
SMALL TRUCK = (smol trok) =
Camioneta pequeña. Furgoneta.
Autovan.
SNOWBLOWERS = (snowblouers) =
Aparatos removedores de nieve.
SNOWMOBILES = (snowmobils) =
Motocicletas para la nieve.
SOCIAL EVENTS = (soshial ivents)
= Eventos sociales.
**SOCIAL SECURITY
ADMINISTRATION** = (soshial
sekiurity administreishion) =
Administración del Seguro Social.
Entidad oficial del Gobierno,
encargada de la recolección de
impuestos para la jubilación y otros
beneficios para todo empleado.
SOCIAL SECURITY CARD =
(soshial sekiurity card) = Tarjeta del
Seguro Social.

SOCIAL SECURITY NUMBER =
(soshial sekiurity nomber) = Número
que le es asignado a toda persona que
vive en Estados Unidos.
SOFTWARE = (soft-wear) = Todo
tipo de programas, diskets, y
materiales que se emplean en las
computadoras y otros aparatos
relacionados. * **(Into Hardware).**
SOLE PROPIETORSHIP = (sol
propaiorship) = Propietario único.
Dueño único de un negocio.
SOUND BLASTER = (saund blasters)
= Aparato electrónico que produce
explosiones o estallidos de sonido.
SOUND CARDS (saund cards) =
Tarjetas electrónicas de sonido para las
computadoras.
SOUND TRACKS = (saund traks) =
Pistas de sonido.
SOUND TRUCKS = (saund troks) =
Vehículos equipados con altoparlantes
y efectos de sonido para hacer
publicidad ambulante.
SOUTH BEACH = (saud bich) =
Playa sur.
SPARK PLOGS = (espark plogs) =
Bujias para autos.
SPEAKERS = (spikers) = Altavoces,
Bocinas. Parlantes.
**SPECIAL AGRICULTURAL
WORKING PROGRAM** = (speshial
agricoltshural working program) =
Programa especial de imigración para
trabajadores extranjeros en el campo.
SPECIAL WAIVERS = (speshial
weivers) = Procedimientos de
cambios.
SPIDERS = (spaiders) = Arañas.
SPONSOR = (sponsor) Patrocinador.
Auspiciador.
SPORT EVENT = (sport ivent) =
Evento deportivo.
SPRAY TANKS = (sprey-tanks) =
Tanques rociadores para fumigar.
SPRAYERS = (spreyers) = Rociadores
atomizadores.
**SPRINGBOARD TO INMEDIATE
EMPLOYMENT** = (springbord tu

inmidiat employment) Mod. Tabla o
"trampolin" hacia un empleo
inmediato.

SPRY GUNS = (sprey-gans) =Pístolas
rociadoras.

STAND = (stand) = Puesto de ventas.

START-UP-COSTS = (estart ap costs)
= Costos para empezar un proyecto o
negocio.

STARTING FROM SCRATCH =
(starting from scratch) = Empezar
desde el principio.

*STATE DEPARTMENT OF
EDUCATION* = (steit dipartment of
edukeishion) = Departamento
–Ministerio, o Secretaria– de
Educación de los Estados Unidos.

STATE OF THE UNION = (steit of
di yunion) Informe anual presidencial.

STATE PLANING = (steit planing) =
Planeación de bienes e inversiones
personales.

STEP-BY-STEP = (estep bai estep) =
Paso a paso.

STONEMASONS = (stonmeisosn) =
Albañil especializado en el trabajo de
la piedra.

STRESS = (estres) = Agotamiento
físico. Cansancio mental.

STUDIO PORTRAITS = (studio
portreits) = Retratos profesionales de
estudio.

SUB-CONTRACTORS = (sub-
contractors) = Sub-contratistas
Personas que trabajan para

contratistas.

SUCH AS = (soch as) = Tal como.

SUMMER = (somer) = Verano.

SUPPLIES = (suplais) = Provisiones.
Abastecimientos.

SUPPORTING DOCUMENTS =
(suporting documents) = Documentos
de prueba. Que soportan alguna
evidencia.

SURPLUS MERCHANDISE =
(surplus merchandais) = Mercancía
sobrante.

SURPLUS = (surplus) = Sobrantes.
Excedentes.

SWEET'S SEARCH = (suits serch) =
Sistema computarizado del directorio
sweet's para buscar toda clase de
materiales y herramientas empleadas
en la construcción.

SWEET SIXTEENS = (suit sixtins) =
Fiesta de los 16 años de edad. En
Estados Unidos no se acostumbra
celebrar los "15", sino más bien los
"sixteens".

*"SWEETS DIRECTORY OF
CONSTRUCTION MATERIALS"* =
(suits directori of constrocshion
matirials) = Directorio SWEETS, de
materiales de construcción.

T = (ti)

TABLOIDS = (Tabloids) = Periódicos en formato tabloide.

TAKE OVER = (teik over) = Tomar o absorber otra empresa.

TALENT AGENCY = (talent eyency) = Agencia de talentos. Contratadores de Cantantes, Artistas, Modelos etc.

TALENT SHOWS = (talent shows) = Selección de talentos artísticos, audiciones.

TAPES = (teips) Casetes de cintas magnetofónicas para audio y video.

TAX = (tax) = Impuesto.

TAX PREPARATION = (tax pripeireishion) = Preparación y cálculo de impuestos a pagarle al tesoro público.

TAX PREPARERS = (tax pripeirers) = Calculadores, preparadores de impuestos.

TAX REPORTS = (tax riports) = Reportes de impuestos.

TAX RETURNS = (tax riturns) = Devolución de impuestos.

TAX WRITE OFF = (tax rait-of) = Deducciones, gastos que califican para reducir los impuestos.

TAXPEYERS = (taxpeyers) = Contribuyentes al fisco nacional. Toda persona que paga impuestos.

TEAM WORK = (tim uork) = Trabajo en equipo. Conjunto.

TECHNICAL SUPPORT LINES = (teknical suport lains) = Línea de soporte técnico. Líneas telefónicas de soporte y asesoría técnica. Línea de información para ayudar a clientes que han comprado aparatos que requieren de algunas instrucciones técnicas.

TECHNICAL WRITING = (teknical raiting) = Escribir acerca de asuntos técnicos.

TECHNICAL-KNOW-HOW = (tecnikal now-jau) = Conocimientos técnicos.

TECNICAL SUPPORT = (tecnikal suport) = Soporte técnico.

TELECOMMUTING = (telecomuting) = Personas que trabajan desde su casa para empresas, y despachan el producto de su trabajo a través de la computadora.

TELEVISION SETS = (televishion sets) = Aparatos de televisión.

TEMPORARY NO-IMMIGRANT VISAS = (temporary non-immigrant visas) Visas temporales para residencia temporal en Estados Unidos.

TEST THE IDEA = (test di aidia) = Probar la idea.

THANK YOU VERY MUCH = (tank yu very moch) = Muchas gracias.

THE = (di) = El, la, los, las.
NOTA: Todas las frases que comienzan con *"The"*, aparecen clasificadas en la letra que corresponde a la palabra siguiente.
Por ejemplo: *The choice is yours*, aparece en la letra "C"

THESIS = (tesis) Tésis.

TILESETTERS = (tailserers) = Trabajadores de la construcción especializados en la instalación de baldosa, azulejos, teja, etc.

TIME IS MONEY = (taim is mony) = El tiempo es dinero

TIME TO ACT, DO IT RIGHT NOW = (taim tu act, du it raigt nao) = Es tiempo de actuar, hagalo ahora mismo.

TIME-CONSUMING = (taim cosuming) = Mod. algo que consume mucho tiempo. Perder tiempo.

TIMING LIGHTS = (taiming laigts) Pistola para poner a tiempo, o sincronizar cierto tipo de maquinaria.

TO BEGIN WITH = (tu bigin uitd) = Para empezar.

TO BE ON THE SAFE SIDE = (tu bi on di seif said) = Mod. Para estar seguro. Protegerse.

TO KEEP THE BUSINESS ROLLING FULL-TIME = (tu kip di biznes roling ful-taim) = Mod. para

mantener el negocio funcionando todo el tiempo.
TO MAKE MONEY, YOU HAVE TO SPEND MONEY = (tu meik mony, yu jav tu spend mony) = Para hacer dinero, tienes que gastar dinero
TO PROFIT FROM BOTH SIDES = (tu prafit from bot saids) = Para sacar provecho por ambos lados
"TO PROTECT OUR HERITAGE WE MOST PRESERVE OUR TRADITION OF LEGAL IMMIGRATION". = (tu protect aur jeriteich, ui most priserv aur tradishion of ligol inmigreishion) = "Para preservar nuestra herencia, tenemos que preservar nuestra tradición de inmigración legal". –INS.
TOLL-FREE = (tol-fri) = Línea telefónica 1-800 gratuita a todo el territorio estadounidense. Lada 91800 en México
TRADE MAGAZINES = (treid magazins) = Revistas y Publicaciones especializadas en cada ramo o industria.
TRADE SHOWS = (treid shows) = Exposiciones del ramo, en cada determinada industria, o tipo de comercio. Muestras industriales y comerciales.
TRANSMISSION = (transmishion) = Transmisiones de automóviles
TRAVEL AGENCY = (travel eyency) = Agencia de viajes.
TREATY INVESTORS = (triry investors) = Inversionistas provenientes de países que tienen tratados comerciales con Estados Unidos.
TREATY TRADERS = (triry treiders) = Negociantes y comerciantes provenientes de países que tienen

tratados comerciales con Estados Unidos.
TREND = (Trend) = Tendencia
TRICK = (trik) = Truco. Artimaña.
TRICKS OF THE TRADE = (triks of di treid) = Mod. gajes del oficio.
TROUBLESHOOTING = (traubolshutin) = Reparar, componer, buscar daños.
TRUCKS = (troks) = Camiones.
TRUNK = (tronk) = Cajuela, baúl de automóvil.
TUNE-UPS = (tun-aps) = Afinaciones.
TURN-OFF = (turn-of) = Apagar. Mod. Desanimarse.
TURN-TABLES = (turn-teibols) = Tocadiscos.
TURNKEY BUSINESS = (turnki biznes) = Mod. Se dice de un negocio que esta listo en todos sus aspectos para empezar a funcionar.
TUTORIAL = (tutorial) = Instrucciones de manejo que vienen incorporados en los programas de las computadoras, y que aparecen en la pantalla para aprender paso a paso sus correspondientes funciones. Parte esencial de todo *software.*
TV DINNERS = (ti-vi diners) = Comidas rápidas. Alimentos congelados para preparar en horno de micro-ondas.
TWENTY = (tueny) = veinte
TWENTY FOUR HOME-STUDY HOTLINE = (tueny-fur-aur jom-study hat-lain) = Línea "caliente" las 24 horas del día para asistir y asesorar a quines estudian en casa.
TWO-WAY BUSINESS = (tu-wey biznes) = Mod. Un asunto que funciona en ambos sentidos; hay que dar para recibir.

U = (yu)

**U.S. DEPARTMENT OF
EDUCATION** = (yu. es. dipartment of
edukeishion) = Departamento de
Educación de los Estado Unidos.
U.S. DEPARTMENT OF LABOR =
(yu. es. dipartment of leibor) =
Departamento del Trabajo de los
Estados Unidos.
**U.S. IMMIGRATION AND
NATURALIZATION SERVICE** =
(yu. es. immigreshion and
naturaliseishion servis) Servicio de
Inmigracíon y Naturalización de los
Estados Unidos. –INS.
**U.S. PROPERTY AND GENERAL
MERCHANDISE FOR SALE** = (yu.
es. prapery and yeneral merchandais
for seil) = Propiedad y mercancía en
general del Gobierno de los E.U. para
la venta al público en general.
UNCLAIMED MERCHANDISE =
(uncleimed merchadais) = Mercancía
no reclamada.

UNCLE SAM = (onkol sam) = Tío
Sam. –U.S.
UNDER THE TABLE = (onder di
teibol) = Mod. Pasar dinero por
"debajo de la mesa" Pagar dinero sin
cumplir con obligaciones fiscales. Por
"debajo del agua".
**UNITED STATES DEPARTMENT
OF COMMERCE** = (yunaited steits
dipartment of comers) = Departamento
de comercio de los Estados Unidos.
UP-GRADING = (ap greiding) =
Agregar componentes o programas
más avanzados a una computadora.
UP-STATE NEW YORK = (ap-steit
niw york) = Arriba del estado de
Nueva York.
"USA-EXPORT" = (yu-es-ei-export)
= Nombre de una de las principales
publicaciones del Gobierno
especializadas en asuntos de
exportación.

V = (vi)

VALVES = (valvs) = Válvulas.
VAN = (ven) Furgonetas de servicio.
Camionetas.
VEEP = (vip) = Slg. Vicepresidente.
VERBATIM = (verbeitiam) = Al pie
de la letra.
VIDEO CASSETTE RECORDERS =
(vidio caset ricorders) =
Videocasseteras.
VIDEO DESKTOP PUBLISHING =
(vidio desktap publishing) = Editor
electrónico de video asistido por
computadora.

VIDEOGRAPHY = (vidiografi) =
Videografía
VIDEOTAPING = (vidio-teiping) =
Gravación en video.
VOCATIONAL INSTRUCTION =
(vokéishional instrocshion) =
Aprendizaje e instrucción vocacional.
Cursos de capacitación técnica
impartidos por Instituciones Públicas
Docentes.

W = (doubol-yu, o doubol vi)

WAIT-AN-SEE-ACTITUD = (ueit-and-si-actitud) = Mod. esperar a ver que pasa.

WALK-IN CLOSET = (wolk-in closet) = Closet amplio donde se puede caminar.

WALL-TO-WALL = (wol-tu-wol) = De pared, a pared, alfombrado total.

WANT-ADS = (want-ads) = Secciones de avisos clasificados de trabajo.

WAREHOUSE = (wearjaus) = Depósito. Lugar de almacenamiento.

WARNING = (uorning) = Aviso de precaución.

WASP = (wasp) = Avispa.

WAIT-AND-SEE-ACTITUDE = (ueit-and-si-actishud) = Mod. Esperar a ver que pasa.

WATERBUGS = (warerbogs) = Chinches de agua.

WATERCOLORS AND OILS = (warercolors and oils) = Acuarelas y óleos.

(THE) WAVE OF THE FUTURE = (di ueiv of di fiushur) = La ola u "onda" del futuro. Tendencias futuristas.

WEALTHY = (welty) = Adinerado. Rico.

WEDDINGS INVITATIONS = (wedings inviteishions) = Bodas/Invitaciones para bodas.

WEEK-ENDS = (wek-ends) = Fines de semana.

WEEKLY ALLOWNCE = (wekly alawns) = Determinadas sumas de dinero que los padres dan a sus hijos, una vez por semana.

WELCOME TO THE NEW WORLD OF VIDEOGRAPHY = (welcom tu di niu world of videografy) = Bienvenidos al nuevo mundo de la videografía.

WELDERS = (welders) = Soldadores.

WET-BACK = (uetbak) = Espaldas mojadas. Termino con que se les denomina a los inmigrantes ilegales que cruzan el río de la fontera Méxicoestadounidense.

WHAT IS GOING ON = (uat is going on) = ¿Qué está sucediendo?

WHEELING AND DEALING = (wiling and diling) = Mod. Negociando aquí, negociando allá. Arte para negociar.

WHERE TO BEGIN? = (juer tu bigin) = ¿por dónde empezar?

WHETHER OR NOT = (weder or not) = Mod. De todas maneras.

WHOLESALE SHOWROOM = (jolseil showrum) Salón de ventas al por mayor.

WHOLESALE = (jolseil) = Venta al por mayor.

WHOLESALLER = (jolseler) = Vendedor al por mayor.

WIDE OPEN = (waid open) = Totalmente abierto.

WINDOWS = (windows) = Ventanas.

WINDSHIELD = (windshield) = Parabrisas.

WINTER = (winter) = Invierno.

WORD PERFECT = (word-perfect) = Uno de los mejores programas para el procesamiento de palabras.

WORD PROCCESORS = (word-procesors) = Procesadores de palabras.

WORD PROCESSING = (word-prosesing) = Procesamiento de palabras, captura electrónica de datos.

WORD-OF-MOUTH = (word-of maut) = Mod. De boca en boca. Correr la voz. Medio muy efectivo de públicidad para promover un negocio.

WORKING COUPLES = (uorking capols) = Matrimonio en donde ambas personas trabajan para ganarse la vida.

WORKING FROM HOME = (uorking from jom) = Trabajando desde casa.

WORKING PERMITS = (working permits) = Permisos de trabajo.
WORKSHOPS = (workshaps) = Talleres de trabajo.

WORLDWIDE = (worldwaid) = Mundial.

X = (eks)

X-RAYS = (ex-reis) = Rayos equis.
XENOPHOBE = (zenofob) = Xenofobia. Odio racial. Discriminación.

Y = (wai)

YEAR-AROUND-BUSINESS = (yier-aroun biznes) = Negocio que funciona todo el año.
YEAR-AROUND = (yier-araund) = Todo el año.

YELLOW PAGES = (yelow peiyes) = Páginas de la sección amarilla del directorio telefónico.

Z = (zi)

ZEST = Gusto. Animo. Entusiasmo.
ZONE = (zoun) = Zona.
ZONING CODES = (zoning couds) = Códigos de Zona. Separación de territorios urbanos. Ejm. Zona residencial.

ZONING = (zounin) = Dividir por zonas. Ejemplo: Dividir un área metropolitana en distintas zonas.